幼児教育
知の探究 *13*

幼児理解の現象学
メディアが開く子どもの生命世界

矢野智司

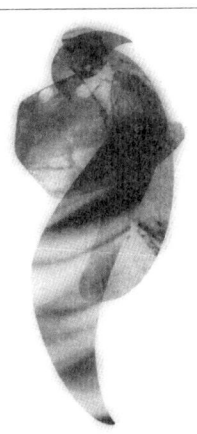

萌文書林

ザリガニ 1
Crawfish 1
1983 oil on canvas 273×221mm

目　次

序　章　子ども理解の臨界点と生命論的転回
　　　　　—「幼児理解の現象学」の外へ— ………………… 1
　§1　午前0時の幼児理解の現象学 ……………………………… 1
　§2　子どもの理解と生命世界への開け ………………………… 3
　　　1．メディアを介した子どもの理解 ………………………… 3
　　　2．メディアが開く新たな自己と世界 ……………………… 6
　　　3．ボールという名のメディアがもたらす経験と体験 …… 8
　§3　幼児教育学の生命論的転回に向けて ……………………… 11
　§4　生成変容する森の歩き方 …………………………………… 14
　　　1．生成変容する思考の森の地図 …………………………… 14
　　　2．思考の森はツリー構造ではない ………………………… 16

第1部　メディア身体の人間学

第1章　生命論とメディア身体の教育学 …………………………… 26
　§1　問題としてのメディア ……………………………………… 26
　　　1．環境世界論からみたメディア論への途 ………………… 26
　　　2．人間存在とメディアの不可分性 ………………………… 28
　§2　メディアを生みだす生命の哲学 …………………………… 30
　　　1．生命の問題圏と生命論的転回 …………………………… 30
　　　2．バタイユから西田幾多郎へ ……………………………… 32
　　　3．歴史的世界において道具をもって物を作る身体 ……… 34
　§3　メディアとしての技術 - 身体 - 道具 ……………………… 37
　　　1．メディアとしての道具と身体 …………………………… 37
　　　2．技術 - 身体 - 道具という系 ……………………………… 39

3．無限の学習可能性を開く歴史的身体の二重性……………… 42
　§4　歴史的身体として経験し発達する場としての実践共同体…… 45
　　　1．歴史的世界におけるメディア概念の拡張………………… 45
　　　2．歴史的身体と歴史的世界としての実践共同体…………… 48
　§5　体験し生成する身体………………………………………… 50
　　　1．創造的進化における学習する身体………………………… 50
　　　2．体験する身体………………………………………………… 53
　§6　教育と教育学の生命論的転回に向けて
　　　　―生成（生命性）と発達（有能性）……………………… 56

　□その日ヘレン・ケラーに起こったこと ……………………… 61

第2部　メディアが開く子どもの生命世界

第2章　健康領域論：運動体験がもたらす世界の転回 ……………… 68
　§1　運動体験の言語化の試みとその限界点……………………… 69
　§2　鉄棒運動における生成と発達………………………………… 71
　　　1．労働をモデルとする発達の論理…………………………… 71
　　　2．鉄棒の感動…………………………………………………… 73
　§3　溶解体験としての鉄棒………………………………………… 76
　　　1．もうひとつの鉄棒詩………………………………………… 76
　　　2．「世界の心棒」を感じる鉄棒……………………………… 77
　　　3．有用性からの離脱としての溶解体験……………………… 79
　§4　教育における体験の貧困化…………………………………… 80

第3章　言葉領域論：子どもに世界を開く言葉の力 ……………… 84
　§1　物語るという出来事…………………………………………… 85
　　　1．読書という出来事…………………………………………… 85

2．贈与としての物語………………………………………… 86
　　3．出来事としての物語………………………………………… 88
　§2　教育における物語の力の衰弱………………………………… 91
　　1．貧困化するモラルジレンマという物語…………………… 91
　　2．情報化する国語教育………………………………………… 94
　§3　物語の力と細部………………………………………………… 96
　　1．オノマトペは要約に抗する………………………………… 96
　　2．細部はメッセージに抗する………………………………… 99
　§4　物語の力と教育の力…………………………………………… 101

　　□シュタイナーへの道―宮澤賢治の心象スケッチという通路 …… 105

第4章　表現領域論：メディアが開く子どもの表現世界……………… 107
　§1　メディア受容という名の創造………………………………… 108
　　1．「鑑賞」という名の創造 …………………………………… 108
　　2．知覚の経済学を侵犯するイニシエーションとしての芸術…… 110
　　3．鑑賞と溶解体験……………………………………………… 113
　§2　メディアが開く子どもの表現の世界………………………… 115
　　1．子どもが世界構築として絵を描くこと…………………… 115
　　2．道具・素材・手法の発明と経験‐体験の生起…………… 117
　　3．版画からインスタレーションへ…………………………… 119
　§3　無用の体験の法外な価値……………………………………… 120

第5章　人間関係領域論：子どもが集団遊びのなかで作るメディア … 123
　§1　子どもが子ども集団のなかで作る子ども文化……………… 124
　　1．メディアを生みだす子ども………………………………… 124
　　2．「子ども文化」論から見た子ども………………………… 126
　§2　子ども集団の消滅と子ども文化の衰退……………………… 128

1．子ども集団の消滅と子ども文化の行方………………………… 128
　　　2．バーチャルな世界と子どもの「現実」の変容………………… 130
　　§3　子どもに自主性を教えることの不可能性……………………… 132
　　　1．自主性とはいかなることか……………………………………… 132
　　　2．子どもは集団遊びのなかで自主性を学ぶ……………………… 133
　　　3．経験と体験の場としての実践共同体…………………………… 136
　　　4．実践共同体としての「遊びの共同体」と「学びの共同体」… 138
　　§4　子ども文化が衰退するなかでの大人の役割…………………… 141

　□遊戯と自由の古典的理解―ホイジンガとカイヨワ ……………… 147

第6章　環境領域論：子どもが動物と出会うことの畏れと喜び……… 151
　　§1　人類史的課題としての動物との出会い方……………………… 152
　　　1．命の教育と動物…………………………………………………… 152
　　　2．メディアとしての動物…………………………………………… 154
　　　3．子どものメディアとしての動物絵本…………………………… 155
　　§2　人間を社会の外に導く他者としての動物……………………… 157
　　　1．人間が動物になることの深さ…………………………………… 157
　　　2．産業社会におけるシャーマンと狩猟民………………………… 159
　　　3．動物性を生きる子どもの喜び…………………………………… 162
　　§3　子どもと大人の命を象る動物…………………………………… 164
　　　1．「メディアのなかの動物」と「他者としての動物」………… 164
　　　2．外部としての動物………………………………………………… 165
　　§4　動物を飼うということ…………………………………………… 168

　□狩猟の享楽と供犠の恍惚 …………………………………………… 174

第3部　子どもの生命変容

第7章　生命の子どもとメディア変容 …………………… 180
§1　子ども期の歴史学 …………………………………… 181
1．「子ども（期）」は歴史的な概念である………………… 181
2．「青年（期）」もまた歴史的な概念である……………… 183
§2　メディアの変容と子どもの変容 …………………… 185
1．子ども（期）の消滅？…………………………………… 185
2．メディアの変容と子どもの問題………………………… 187
§3　子ども‐大人の人間学と子どもについての物語 … 189
1．子どもについて語るとはどのようなことか…………… 189
2．遊ぶ子どもの人間学……………………………………… 190
3．「子どもの時間」と子どもについての物語 …………… 194
4．子どもについての「厚い記述」………………………… 196
5．「深い記述」と輝く蝶と共振する子どもの心 ………… 198
§4　子どもとシステムの外部 …………………………… 203
1．システムの外部を生きる子ども………………………… 203
2．教育の二重の課題………………………………………… 205
3．「より深く」をめぐって ………………………………… 206
4．芸術の力と子どもの力…………………………………… 208

第8章　子どもの悪の体験と自己の変容 ………………… 211
§1　悪の体験と自己の変容 ……………………………… 212
1．破壊＝死の体験による自己の変容……………………… 212
2．悪は善の反対ではない…………………………………… 213
§2　悪の体験としての遊び・性愛・生命の破壊 ……… 215
1．悪の体験としての遊び…………………………………… 215
2．眩暈と賭けの遊び………………………………………… 217

3．悪と性愛の体験……………………………………………… 220
　　4．エロティシズムと禁止の侵犯……………………………… 221
　　5．動物殺害とイノセンスの喪失……………………………… 223
　§3　悪の体験と教育の限界点……………………………………… 226
　　1．悪の体験を手段とする危険性……………………………… 226
　　2．死を受けとめるメディア…………………………………… 227
　　3．スタンド・バイ・ミーの力………………………………… 230

第4部　生命の幼児教育

第9章　メディアが開く生命の幼児教育……………………………… 236
　§1　遊ぶ子どもの力………………………………………………… 236
　　1．発達のための遊び？………………………………………… 236
　　2．目的そのものとしての遊び………………………………… 239
　§2　生命のフレーベルとメディアの思想………………………… 242
　　1．溶解体験としての生の合一………………………………… 242
　　2．メタファーの思考法と生命を開くメディア……………… 244
　　3．「子どもは植物である」というメディア………………… 248
　　4．生命のフレーベルのメディア身体………………………… 250
　§3　生命論的転回と幼児教育学の革新…………………………… 253
　　1．発達の重要性と教育の一元化の問題……………………… 253
　　2．よみがえる生命のフレーベル……………………………… 256
　　3．経験と体験という二つの生の在り方……………………… 258
　　4．「発達としての教育」を侵犯する「生成としての教育」…… 260
　　5．教育の二つの次元に現れる他者のかたち………………… 261
　　6．「最初の先生」という他者………………………………… 263
　§4　子どもという他者と子育て体験……………………………… 264
　　1．子どもとの関係の変容は何が問題なのか………………… 264

2．子育て体験の課題……………………………………… 266
3．生命に触れる子育て体験とその支援………………… 268

あとがき…………………………………………………………… 273
引用・参考文献…………………………………………………… 276
引用・参考文献（50音順）……………………………………… 287
事項索引…………………………………………………………… 297
人名索引…………………………………………………………… 301
初出一覧…………………………………………………………… 306
13巻の発刊によせて……………………………………………… 308

序章

子ども理解の臨界点と生命論的転回
―「幼児理解の現象学」の外へ―

§1　午前0時の幼児理解の現象学

　口絵は片山健の「ザリガニ1」というタイトルの絵である。巨大なザリガニを背負った幼児が立っている。窓の外では，黒雲が渦巻き，鋭角に稲光が射している。雷音も鳴り響いているのだろう。危機（臨界点）の到来を，予感させる異様な光景のようでもあるが，なぜだか不思議と懐かしさを感じさせる風景のようでもある。
　絵を注意深く見てみよう。幼児の背中には，巨大なザリガニがへばりついている。幼児とザリガニとは，密接に体を接して一体化しているようで，その間には境界線すらないようにも見える。幼児とザリガニではなく，それはさながら二者が連結した［幼児-ザリガニ］というひとつの生き物のようだ。ザリガニのハサミのところから，しずくが床に垂れており，つい先ほどまで水のなかにいて，ちょうどいま陸に上がってきたかのようである。そのように思うと，幼児もまた羊水の袋から抜けでて，この地上に立って間もないようにも見える。この［幼児-ザリガニ］は，一方で幼児でありながら，ザリガニと連結することで，野生の力を秘めた人間を超えた存在であるようだ。

その野生の力が禍々(まがまが)しくもあるが，しかし，幼児は直立し，また何ものか（道具＝メディア）を手に握ることで，言葉の出現に先立ち，環境世界のうちにまどろむ動物性を否定し，自然的身体の境界をすでに超え出ているようだ。人類がはじめて直立し歩行した瞬間の姿にも見える。

　このように思いをめぐらせたところで，この絵画世界からは，おさまりのよい適切な中心主題を読み取ることもできず，見れば見るほど落ち着かなくなるのはなぜだろうか。絵画世界では，人間／動物の境界線はおろか，主体／客体，人間／環境，精神／身体，文化／自然，といったさまざまな境界線が，過剰さによって侵犯されている。そのため境界線を区切りとして入れることで世界を秩序化する知の遠近法は，その力をうまく発揮することができず，この絵では，どのような意味も確定することができない。知の遠近法が否定されているだけではない。絵画世界では，壁も，窓も，窓の向こうにあるはずの黒雲も，すべてが同じ平面と化しており，絵画の遠近法も否定されている。そこには奥行き（パースペクティヴ）を感じさせる手がかりが欠けているため，絵を見るときに立つべき鑑賞者の正しい立ち位置を確定する権利を，鑑賞者から奪ってもいる。そのため，この絵画世界は，鑑賞者の地平に位置づくことがなく，すべてのものが等価なのである。

　しかし，それゆえにというべきだろうか，この絵では，幼児という生の在り方が，きわめて正しく写し取られているように思える[1][註1]。人間的な価値のパースペクティヴが成立する以前の生，人間と動物との境界線が自明でない生，過去に向け記憶の海に錘鉛をどこまで深く下ろしても到達しえない生のはじまり……。幼児の生とは，本当はこのようなものではないのだろうか。この1枚の絵画が，私たちの内なる幼児のイメージを破綻させ，世界の真実を現し，私たちの「現実」をこれまでとは異なるものへと更新する。しかし，絵画を前にした一瞬の驚きの体験は，一語一語区切りながら，吟味された言葉によって，一連の思考の過程を明らかにする物語として語られねばならない。しかし，それは不可能な課題でもある。

　「幼児」は英語でinfantと呼ばれるが，この語はラテン語のinfāns（in- 否

定＋fār話す＋-ans現在分詞語尾）に由来している。つまり「幼児」の原義とは，未だ言語活動をもたない生のことである。そして，これから私たちが，この言葉を未だ語らない生を語るために，このテキストで取りあげるのは，言語による分節化を経ていない主客未分の純粋経験であり，言語化できない溶解体験であり，言葉をもつことのない動物的生である。その一瞬においては差異をもたず，一瞬の後には差異が生じて分節化された時間となる，臨界点ともいうべき午前0時の生である。したがって，私たちの「幼児理解の現象学」とは，「午前0時の幼児理解の現象学」ということができる。言葉で語ることのできない生を，言葉によって解明していくこと，このことが不可能な課題の理由である。しかし，幼児教育の独自性は，この語ることの困難さのうちに，集約されてもいる。

　本書は，幼児理解の不可能さの体験からはじまり，幼児の臨界点の事象に焦点を当て，語ることのできない幼児の生を言葉でもって語ることで，これまで幼児教育学や発達心理学をはじめ人間諸科学が提供してきた，なめらかな幼児理解の枠組みから未知の外部へといたる，「幼児理解の現象学」の冒険の書である。

§2　子どもの理解と生命世界への開け

1．メディアを介した子どもの理解

　「幼児」という用語は，対象とする期間が少し狭すぎるので，本書では「子ども」という用語を使用することにしよう。このことによってもたらされる「幼児理解」を捉える視野の広がりの結果は，本書のなかで具体的に証明されることになる。さて子どもの理解は，科学者が研究対象を理解するように，研究対象として注意深く観察したり，その行動を細大漏らさず記録したり，

精密機器を使用して計測したり，あるいは特定の状況を実験的に再現できたりすることではない。なにより子どもは，認識の対象でもなければ，何かの目的を達成するための手段でもない。私たちにとって子どもの理解は，私たちの生の在り方と密接にかかわっている。そのため，自然科学の研究手法を範にとって，人間の成長発達を客観的に捉えてきた発達心理学の知見も，研究主題の選択はもとより，理解や解釈のレベル以前の観察や記述のレベルで，観察事象の選択や編集の仕方，あるいは記述の視点や用語の選択において，歴史的社会的に規定されているのは，当然のことといってよい[2]。

　子どもの理解とは，子どもの行動をつぶさに観察し，その行動を漏れることなく正確に記述する，といった類のことではなく，あるいは反対に，子どもの内なる心の動きをすべて写しだすといった類のことでもない。子どもの理解は認識としてではなく，子どもとかかわる行為のなかでなされる。私たちに子どもが理解できるのは，逆説的ではあるが，私たちの心が子どもの心と直接につながっているからではなくて，身体と道具というメディア（媒介者）を介してしか交通できないからである。このメディアが私たちと子どもとの共通の世界を開いていく。子どもの理解は，この交通のダイナミズムとしてメディアを介してのやりとりのなかで，互いの言行を修正しつつ進んでいく。行為しつつ理解するのは，親や保育者ばかりではない。子どももまた他者を理解しようとする存在であり，子どもにとっても，他者理解はメディアを介して試行錯誤を繰り返しながらなされていく。このとき，私がメディアの具体的な例として考えているのは，言葉による会話のやりとりではなく，身体を介したボールのやりとりである。幼児と親とは，ボールを転がすやりとりのなかで，互いの理解を開いていくのだ。

　L. ウィトゲンシュタインの「言語ゲーム論」は，言語学的転回を強力に推し進めることになった重要な理論である。その言語ゲームを説明するのに，ウィトゲンシュタインは『哲学探究』（1953-1958年）において，ゲームと規則の基本問題を考えている。そこでは，ボール投げをしている場面を思い浮かべることからはじまる。

言語とゲームの類比が光明を投げかけてはくれないだろうか。われわれは、ひとびとが野原でボール遊びに打ち興じ、現存するさまざまなゲームを始めるが、その多くを終りまで行なわず、その間にボールをあてもなく空に投げ上げたり、たわむれにボールをもって追いかけっこをしたり、ボールを投げつけ合ったりしているのを、きわめて容易に想像することができる。そして、このとき誰かが言う。この全時間を通じて、ひとびとはボールゲームを行なっているのであり、それゆえボールを投げるたびに一定の規則に準拠していることになるのだ、と。／でも、われわれがゲームをする（spielen＝遊ぶ）とき――〈やりながら規則をでっち上げる〉ような場合もあるのではないか。また、やりながら――規則を変えてしまう場合もあるのではないか。[3]

　ウィトゲンシュタインは、規則なしにはゲームは遂行されないが、しかし、ゲームの遂行において、規則は数学の演算規則のような絶対的なものではないことを示している。ゲームは、厳密な規則にしたがって機械的に反復される自動運動ではない。ゲームの過程において、規則が生起し規則自体が変化していくのである。規則がゲーム進行のなかで改変されていく例を、容易にみることができるのは、子どもの遊びにおいてである。つまり、ウィトゲンシュタインがここであげている例は、野球のような予め規則の決まったスポーツゲームではなく、ボール投げという子どもの遊びなのである。子どもの遊びでは、ゲームの遂行の過程において、規則自体が組みたてられ、さらにまた、その組みたてられた規則も自在に変更されていく。この規則変更の自在さこそが、遊びの醍醐味なのだ。しかも、この過程では、ゲームに参加しているメンバーの提案と処理のコミュニケーションのなかで、規則が成立し、規則が変更されていく。このときの遊びの原風景は、規則を共有している者どうしのゲームではなく、見知らぬ二人の人間がたまたま出会い、そこに出現するコミュニケーションの発展である[註2]。このことは二人が親子で

あっても原理は同様である。ここでのポイントは，このボール遊びの記述から，言語ゲームを引きだすのではなく，むしろ「身体とボールを介したボール投げ」というメディア身体論を引きだすところにある。理解は規則の共有なしには成立しないが，規則の前提なしにすでにボールは投げられる。規則はボールと身体というメディアを介して生起する。そして規則がそうであるように，理解もこの行為のなかで生じるのである。

　私たちは後に，親子が試行錯誤のなかで，メディアを介してごっこ遊びという特殊なコミュニケーションの仕方を，教え－学ぶ姿を見ることになるだろう。保育者は，メディアを介して子どもとの間に意味が開かれると同様に，子どもにおいても，意味はメディアを介してたえず変化していく。そして新たなメディアと出会うたびごとに，そのメディアを介しての制約された表現手法を通して，子ども自身の「もの」や「こと」への意味づけも，またその構造を複雑にしながら変化させていく。心（自己）は，体の内側に存在する不動の実体などではなく，歴史的身体による行為と結びついたメディアの実現のプロセスにおいて現れる。そのために，「心」で捉えられた意味は，あらかじめ確定し固定されてはおらず未決定であり，意味はメディアによって方向づけられ焦点化されて象られていくのである。メディアを通してのかかわりのなかで，意味は刻々と生まれ，そのかたちも刻々と変化していく。

2．メディアが開く新たな自己と世界

　子どもの理解を課題とするとき，メディアについての理論が不可欠である。本書は，遊びや物語，詩や絵本，鉄棒や砂場，そして動物といったメディアが経験や体験を生起させ，子どもにどのような新たな自己と世界とを開くのか，そしてまたどのようにして新たな自己と世界とを開くのかを，明らかにする。ここでいう「メディア」という言葉は，普段私たちが使用している用語法とは異なる意味で使われているので，注意が必要である。通常「メディア」という言葉は，何かを伝えるための媒質として，いわばメッセージを運

ぶための透明な容器のようなものとして理解されている。例えば，新聞はニュースを伝える「メディア」だといわれる。この場合，新聞は透明な媒体であり，それ自体は伝えるメッセージから中立なものと見なされている。

　しかし，ここで述べるメディアとは透明な媒体などではない。メディアとは，人が経験や体験をするさい，媒介となってそのメディアに固有の自己と世界への通路を開いていく，「もの」や「こと」のことである[註3]。もっともこの説明は不正確なものであり，即座に訂正を必要とする。この説明では，一方に「自己」がおり，他方に「世界」があって，その間を「メディア」が媒介する，というように3項がそれぞれ独立して存在するかのような誤解を生む。ところがそうではない。3項は独立した項ではなく，むしろ自己と世界とは，メディアを介して生まれるといった方がより正確である。この3項は，行為の連関において分かちがたく結びついているのだ。したがって，ここではメディアが「もの」だといっても，確固たる実体あるいは固有の物質といった，主客対立の図式で見いだされるような「もの」のことではない。すべて一連の行為＝実践のうちの中間項をなすものだが，自己とメディアとの境界線を引くことはたやすいことではない。それというのも，自己と外との境界線は，皮膚によって境界づけられている生物学的身体（肉体）とその外側，という素朴な慣習的な観念で示せるわけではないからである。このことについては，次章でまた詳しく述べるが，メディアを介して実践する身体論の試みは，従来の主体／客体，人間／環境，精神／身体といった二分法を，行為＝実践の立場から捉え直そうとする試みである。

　メディアとは，媒介となってそのメディアに固有の自己と世界への通路を開いていく「もの」と「こと」であると述べたが，この「もの」と「こと」との境界線も，自己とメディアと世界との境界線と同様に，あらかじめ決めることはできない。「もの」とは意味が確定された「こと」のことであり，「こと」とは意味が確定されず流動する「もの」のことである。しかし，意味の確定とはいつの場合においても暫定的なものだから，「もの」が「こと」になることは十分にありえる。いま論理の抽象度をあげてメディアとしての「も

の」や「こと」を，「かたち」として統一的に捉えることにしよう。例えば，金槌という道具のかたち（形態）において，あるいはお辞儀という身体のかたち（形）であることにおいて，あるいは思考するときに使用する記号や社会的カテゴリーというかたち（形式）において，行為＝実践の通路を制約することで，固有の質をもった経験や体験を生起させる。要するに，道具類はすべてメディアである。また身体と言語・記号は，人間の経験と体験とを生みだす上で，根幹をなすメディアである。しかし，何がメディアであり，何がメディアでないのかも，最初から決まっているわけでもない。原理的には，どのような「もの」も，またどのような「こと」も，経験を生みだす媒介者あるいは体験をもたらす媒介者となれば，すべからくメディアなのである。

　それでは，そのような概念をわざわざ導入する必要はないではないか，と考えるかもしれない。しかし，「メディア」という用語を取り入れることによって，「もの」「こと」から，身体や言葉というそれぞれ独立して論じられてきた事柄を，統一的に捉えることができるだけでなく，自己と世界とをダイレクトに結びつけるのではなく，その媒介をなす［技術‐身体‐道具］の連関とつなげて考える論理の場が開かれるからである。このことは子どもの理解はもとより，教育や保育の事象を捉える上で，きわめて有効である。

3．ボールという名のメディアがもたらす経験と体験

　メディアは，かたちを与えることによって，行為や動作そして思考や感覚に制約を加え特定の方向に方向づけることになるが，そのことで，かえって新しい自己と新しい世界を開いていく。ふたたびボールを例にとろう。ボールはその特性によって，つかむ，はなつ，投げる，当てる，押す，撞く，転がす，蹴る，シュートする，ドリブルする，ヘディングするといった個人の身体的な世界とのかかわりをもたらす。そこではボールによってはじめて新しい身体の動かし方，あるいは新しい身体行為のかたちが開発される。野球での投手の投球法ひとつ取りあげても，直球，カーブ，フォーク，ナックル

といったようにさまざまな投球法が工夫されている。そのことによって，人はこれまで経験されなかった遊戯世界と，はじめて結びつくことができるようになる。ボールを知らなかった古代人は，球体を転がすときの喜びも，蹴ったときの爽快感も経験したことはなく，また球体が転がる大地も，吸い込まれるように飛んでいく天空も知らなかっただろう。

　ボールが開くのは，個人の身体技法（身体技術）の変容や拡張や，それにともなう身体の感触の変容だけではない。ボールは，仲間とキャッチボールをする，味方にパスをする，あるいはドリブルをしながら敵をかわすといったように，他者との日常の機能的なコミュニケーションとは異なる，応答的で役割的な共身体的世界を開きもする。つまりボールというメディアの特性が，言葉を介してのコミュニケーションとは別のコミュニケーションのかたちを作りだしていくのである。

　またそれはさらに高度なゲームのかたちへと発展し，日常生活とは異なるルールや戦術で動くゲーム世界の可能性を開く。サッカー，野球，ドッジボール，バスケットボール，バレーボール，テニス，ゴルフ，卓球，ボウリング，ビリヤード……思いつくままにあげてみたが，それぞれのボールの素材や大きさのちがいもさることながら，1個のボール（メディア）が人間に開くゲーム世界の形態（メディアの複合体としてのメディア）は驚くほど多様で，また実際の個々のゲーム内容は，訓練された高い技能と予測不可能な偶然とが重なり合い無限に豊かなものとなる。例えば，野球とサッカーとは，まったくルールが異なるだけでなく，ゲームによって開かれる自己の在り方や世界の在りようは，同じボールからはじまったものとは思えないほど異なっている。それらのゲーム世界は，アメリカの野球やブラジルのサッカーのように，そのゲームを愛し支持する広範な地域文化の特質と密接に結合し，集合的な興奮と記憶とを生みだし，場合によっては，ゲーム世界の英雄譚が，まるで神話や伝説のように，その地域での人生を語る基本的な語彙や物語の枠組みを提供しさえすることだろう。遊戯世界がそうであるように，ゲーム世界の作りだす生命の奥行きはとても深いので，そのゲーム世界のうちに包まれ生き

る者にとっては，そのゲーム世界こそが人生の本当の意味を学ぶことのできる「学校」として経験されることになるだろう。

しかし，この意味の生成する経験は，1個のボールとかかわる一瞬一瞬に，私とボールとの境界を失い溶解する体験によって支えられている。私とボールとフィールドとは，互いに他を支えあいながら，一体となってさまざまなかたちを取って変化していく。そこには境界線はない。この一瞬一瞬の体験は，既知の意味体系に回収されることのない未知の何ものかであって，体験の後になって「ああ！」とか「おお！」といった言葉ならざる言葉（根源語）によって，この世界につなぎ止められることができるものである。この対象化することのできない「溶解体験」（作田啓一）は，世界との連続性を生みだし，比類のない喜びを抱かせるのである。ボールゲームのもたらす喜びは，この溶解体験に属している。本書では，とくにこの生の在り方，意味を生みだす「経験」と区別し，「体験」と呼ぶことにする。メディアは経験と共に体験を生みだすのである。

すべての道具・教具が原理的な可能性においてそうであるように，ボールのような遊具もすべて意味を生みだすとともに，意味に回収されない出来事を生みだすメディアである（後で詳しく述べることになるが，正確には道具＝メディアではなく［技術-身体-道具］の連関をなすのがメディアで，「道具」はそのメディアの一部にあたる）。さらに絵本や物語のような言葉にかぎらず，鉄棒のような器具や，砂場といった遊びを生みだす装置もまたメディアのひとつなのである。そればかりか，種々のかたちをもった遊びも，メディアである。

遊びがメディアだといわれると，奇妙に聞こえるかもしれないが，例えば，隠れん坊のような明確な規則をもった遊びは，それに参加する子どもたちの生を方向づけ，［鬼から身を隠す-隠れた子どもを捜しだす］といったように，遊びの参加者の役割として行為選択を制約することで，生に独特なかたちと陰影とを与え，そのことによって，その遊びに固有の経験と体験とを引き起こすメディアである。しかし，それはどのような経験と体験というのか。W. ベ

ンヤミンの影響を受けた藤田省三は,「或る喪失の経験―隠れん坊の精神史」(1981 年) のなかで, 隠れん坊について次のように論じている。

　隠れん坊とは, 急激な孤独の訪れ・一種の沙漠経験・社会の突然変異と凝縮された急転的時間の衝撃, といった一連の深刻な経験を, はしゃぎ廻っている陽気な活動の底でぼんやりとしかし確実に感じ取るように出来ている遊戯なのである。すなわち隠れん坊は, こうした一連の深刻な経験を抽象画のように単純化し, 細部のごたごたした諸事情や諸感情をすっきりと切り落して, 原始的な模型玩具の如き形にまで集約してそれ自身の中に埋め込んでいる遊戯なのであった。そうしてこの遊戯を繰り返すことを通して, 遊戯者としての子供はそれと気附かない形で次第に心の底に一連の基本的経験に対する胎盤を形成していったことであろう。[4]

隠れん坊にかぎらず, 規則をもったどのような遊びのうちにも, それぞれの遊びに固有の経験と体験を見いだすことができるのである。

§3　幼児教育学の生命論的転回に向けて

　本書では, 人間以外の動物とは異なり (霊長類研究にしたがえば, ある程度までは霊長類にも当てはまるのだが), 人間はメディアを介して経験し体験していることを明らかにする。その上で, メディアが具体的にどのような経験や体験を子どもに開いていくのか, そしてまた, どのようにして経験や体験を開いていくのか, を明らかにする。しかし, メディアの働き全般について語るわけではない。経験のもつ働きについても述べるが, 本書では従来の幼児教育学においては十分に論じられることのなかった, 生命に触れる体験を

子どもにもたらすメディアに焦点を当てる。

　そして，メディアの力を考察するところから，「子どもの理解」ということをどのように考えるべきかを明らかにする。そして幼児教育学を，経験によって有能性を高める発達と，体験によって子どもの生命性を深める生成との二重性において捉えることで，幼児教育の原理を革新しようとするものである。いま幼児教育は，積年の課題だった幼保一元化や幼小連携の新たな展開のなかで，自分たちの教育が保育所の保育や小学校の教育とどのように異なるのか，あるいはいかなる独自性をもっているのかについて模索している。それにたいする本書の答えは，きわめてシンプルである。幼児教育の独自性とは，遊びを中心として，メディアの力を最大限に発揮させることで，社会的な有能性を高める発達を実現するだけでなく，同時に，生命性を深める教育を実現するところにある。

　反省してみればよくわかることだが，幼児教育の歴史とは，この有能性と生命性の教育を実現するメディアの発明の歴史である。F.W.J. シェリングの能産的自然の思想を教育思想へと発展させた F.W.A. フレーベルの「恩物」や，ベルクソンの創造的進化の宇宙論に結びついて人間の教育へと発展する M. モンテッソーリの「教具」，積み木・砂場・鉄棒・ジャングルジム，あるいは数々の遊戯と遊具と絵本など，具体的なメディアのない幼児教育を考えることはできない。そして，このメディアが実現するのは，子どもの「発達の経験」と「生成の体験」の二重においてである。

　かつて Leben, life, 生（生活・人生・生命）という言葉が，幼児教育学でも輝きをもって使われていたことがある。フレーベルやモンテッソーリやR. シュタイナー，あるいは J. デューイらの教育思想，あるいは F.W. ニーチェやベルクソンら生の哲学と共振しながら発展してきた幼児教育の思想がそれである。この「生（生活・人生・生命）」という言葉のなかには，日々の日常の生活にかかわる諸能力の発達を促す経験だけでなく，これから本書で詳しく説明することになる生命に触れる生成の体験が含まれてもいた。しかし，教育空間の世俗化の徹底と，科学主義・技術主義に基づく子ども理解が，こ

のようなかつての生活概念がもっていた生命論とつながる思想的ふくらみを言葉から失わせてしまい，そのことによって子どもという生(ライフ)（生活・人生・生命）の捉え方を著しく衰弱させてきている。

　本書はその意味で，メディア概念を手がかりに，生活の思想を生命の次元で深める幼児教育の可能性を，今日の人間諸科学の水準から理論的に捉え直そうとするものである。これまで日常生活に人間的な生に厚みをもたらしてきたさまざまな価値の差異を，経済的価値一色に塗りつぶしてしまうグローバリゼーションの広がりのなかで，生活主義が本来もつべき生命的次元を明らかにし，さらに，子どもという生の在り方におけるこの次元を捉える必要性を示すことで，幼児教育学を構築する道筋を提示したい。そのようなわけで，これらの課題を射程に入れている本書は，メディア身体論に基づく幼児教育学であると同時に，生命論的転回に向けた幼児教育学のデザインの書でもある。

　したがって，本書では，生(ライフ)（生活・人生・生命）の生命論的革新という課題と結びつけて，子どもの生のみならず子どもとともに生きる大人の生の革新が，論じられることになる。子どもの生の変容は，大人の生の変容と対にして語られなければならないからである。幼児教育のテクストが，幼児だけを描いているとしたら，それは制度的に作られた枠組みに思考が制限されてしまい，その枠組みが動かしがたい普遍的な枠組みであるかのように勘違いしてしまい，人間の生成変容のダイナミズムの全体性において，幼児の生を捉えようとしていないからである。本書は，幼児教育を主要に論じてはいるが，従来の幼児教育の枠組みを踏み超え，幼児教育という通路を通って「人間の教育」の全体を論じたものである。メディアがいかに人間に生命に触れる体験をもたらし，新たな自己と世界とを開くかを主題とする，理論的‐実践的な人間学の書なのである[註4]。

§4　生成変容する森の歩き方

1．生成変容する思考の森の地図

　本書の構成について，シンプルな案内地図と歩き方を提示しておこう。もっともこの地図は本当の地図がそうであるように，本書の道筋をすべて描きだしてはいない。本書全体を縦断する別の道筋が開かれ，著者が予期しなかった各章のつながりを，読者が独自に発見するかもしれない。そして，場合によっては，本書の図と地とが反転してしまい，別の図柄を見いだすことになるかもしれない。しかし，それこそ著者の希望するところである。中心へとすべての道が行きつくようなものではなく，一歩踏みだすたびに新たな道の交叉の可能性を発見してしまい，どこに抜けるのかわからなくなってしまう，生成変容する思考の森のような本を作ることこそ著者の願いだからである。

　第1部「メディア身体の人間学」第1章「生命論とメディア身体の教育学」では，本書全体のテーマであるメディアと生命に開かれる子どもの体験との関係について，それを捉える基本原理の輪郭線を描く。生命論的転回を遂げるべく，西田幾多郎の人間存在論の要である行為的直観の原理を手がかりに，そこから西田の身体理論を，動物学者J.v.ユクスキュルの環境世界論と結びつけ，メディア身体論へと仕立てあげる。メディア身体論とは，人間の身体とはどこまでも道具・技術と結びついた身体であり，そのメディア身体を介して自己と世界とは不可分な系を作りだしているという原理である。これが本書の学習理論ならびに教育理論の基本原理となる。

　第2部「メディアが開く子どもの生命世界」では，第1部で明らかにした原理にしたがって，メディアが子どもにどのような経験と体験を開くか，またどのようにして開いていくかについて，幼児教育の基本的カテゴリーである5領域に分けて論じる。そこから本書の立場であるメディアを介しての「子

どもの理解」という構図が明らかになる。第2章「健康領域論：運動体験がもたらす世界の転回」では，第1章でのメディア身体論の考察を承けて，鉄棒運動を手がかりに，身体運動をメディアを媒介とした運動論として述べる。第3章「言葉領域論：子どもに世界を開く言葉の力」では，同様に第1章でのメディア身体論をもとに，言葉そして物語がどのようにして子どもに新たな自己と世界とを開くのか，宮澤賢治の作品を手がかりに論じる。第4章「表現領域論：メディアが開く子どもの表現世界」では，メディアによる鑑賞と創作のダイナミズムを，子どもの芸術活動を例にあげて明らかにする。また第5章「人間関係領域論：子どもが集団遊びのなかで作るメディア」では，「子ども集団」という子どもにとって重要な文化的社会的環境世界を考察し，その子ども集団を集団として機能させてきた子ども文化によって，子どもがどのようにして自主性を獲得することができるのかについて論じる。またこの子ども文化が，子ども自身によるメディア創造という点において，どれほど大きな意義をもっているかを明らかにする。さらに第6章「環境領域論：子どもが動物と出会うことの畏れと喜び」では，動物と子どもとの関係をメディアとしての動物と他者としての動物の緊張する両義性として展開する。原理的な考察に馴染みのない読者は，西田のテクストの読解をもとにしてメディア身体論の構築が論じられる第1部はとばして，まずこの第2部の具体的な主題の解明から読み始めるとよい。そのあとで第1部を読めば，なぜ原理的な考察が必要であるか，よく理解することができるだろう。

　第3部「子どもの生命変容」では，メディアの側からではなく，子どもの生の側から，「生の変容」について詳しく論じる。ここでいう「生の変容」というのは，成長や発達といった意味も含むが，考察では第1部で述べた体験と深く結びついた生成が中心になる。第7章「生命の子どもとメディア変容」では，子どもという生の在りようがどのようなものであるのかを，歴史的社会的研究の成果を踏まえつつ，生命論のレベルにまで深めて論じる。第8章「子どもの悪の体験と自己の変容」では，子どもの生の側から生命に触れる体験の諸相を，生（生活・人生・生命）に臨界点をもたらす「悪の体験」

として論じる。幼年期を越えてさらに思春期・青年期まで視野に含めることで，幼児教育の独自性の意味を考えることになる。

そして第4部「生命の幼児教育」では，これまでの考察をもとにした保育の原理と，子育てそして保育者・教師について論じる。第9章「メディアが開く生命の幼児教育」では，メディアの力を理解し，生命に触れる体験を教育の課題とすることで，これまでの幼児教育そして幼児教育学がどのように変容するのか，その可能性を明らかにする。さらに「発達としての教育」と「生成としての教育」の関係を明らかにする。

各章の末には少し長めの註がついている。それらの註は，本書の研究がこれまでの教育学研究とどのような関係にあるのか，その系譜上の位置を明らかにするとともに，隣接する研究領域とどのように結びついているのか，その関係を示すためである。さらに本書のメディア身体論には，理論的な検討課題がまだいくつか残されており，註はその検討課題の覚え書きともなっている。さらにコラムは，章の内容の補足と，ときには章の主題の拡張を目的に挿入している。

2．思考の森はツリー構造ではない

本書は生成変容する思考の森のような本をめざしていると述べた。しかし，思考の森のような本を意図的に作ることには,論理的な矛盾が孕まれている。「都市はツリーではない」という名言を語ったのは,建築家 C. アレグザンダーである。彼によれば，ブラジリアのように人工的に計画されデザインされた都市では，居住地区や商業地区などのように機能ごとにブロックが別れたツリー構造（図1）になるのに対して，ロンドンのように長い年月をかけて自生してきた都市では，それぞれが機能が単一化したブロックの集合体とはならず，同じ場所にさまざまな機能が重なり合うセミ・ラティス構造（図2）を作るようになるというのだ。一見すると最初から計画されデザインされて作られた都市の方が，道路が碁盤の目のようになっており，遠近法で描かれ

序章　子ども理解の臨界点と生命論的転回―「幼児理解の現象学」の外へ―　　17

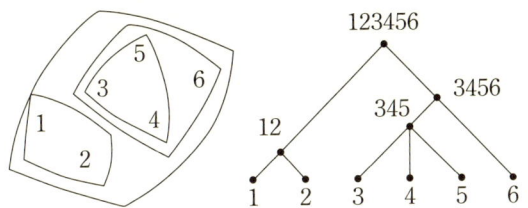

出典：Alexander, C., 1965 "A City is not a Tree," *DESIGN*, 206, pp.46-55.＝押野見邦英訳「都市はツリーではない」上下『デザイン』7・8月号，1967

　ツリー（樹状非交叉図式）とは，任意の二つのクラスなりメンバーをとるとき，どれをとっても一方が他方に完全に含まれるか，あるいは全く無関係になるようなメンバーの集合を意味する。例えば，（345）は（3456）に完全に含まれてしまうのにたいして，（12）と（3456）は全く重なり合わず無関係である。ツリー型のシステムは幾何学的な明解さをもち理解しやすい。官僚組織や軍隊は，このハイアラーキ型のシステムの代表例である。人間が机上で作りだす都市計画は，このシステムをモデルに制作されている。メンバーが都市を構成しているユニット（広場，道路，駐車場，住宅，オフィス，店舗，工場……）としたとき，都市計画者はそれぞれを機能に分けて理路整然と配置しようとする。

図1　ツリー（樹状非交叉図式）

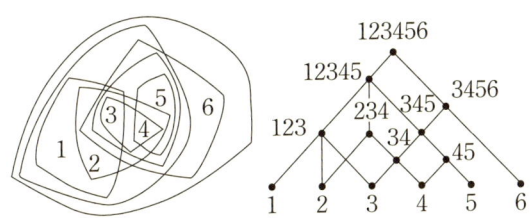

出典：Alexander, C., 1965 "A City is not a Tree," *DESIGN*, 206, pp.46-55.＝押野見邦英訳「都市はツリーではない」上下『デザイン』7・8月号，1967

　セミ・ラティス（semi-lattice 網状交叉図式）とは，二つの重なり合うメンバーをとるとき，両方に共通なメンバーもこの集まりに属しているメンバーの集合を意味している。例えば，（234）と（345）は，ともにこの集まりに属しており，共通部分である（34）もこの集まりに属している。このシステムでは，お互いに重なり合ったクラスをもっており，自然発生的なシステムは，この特徴をもっている[5]。ツリー構造の一義性とは異なり，このシステムではクラスが互いに重合しているため，多義的になる。もとより，セミ・ラティスもツリー構造と同様に加算的な要素を元にしたモデルであって，本書の「生成」を語るためのモデルとして不十分なものといえる。しかし，ツリー構造では捉えきれない「生成」の事象に，数学的明晰さでもって接近するためのメディアとしては，とても有効である。

図2　セミ・ラティス（網状交叉図式）

た絵画のように見通しがよく，機能的で便利で住みよいように思われるかもしれないが，そのような都市は実際に生活してみると生きられた空間となってはおらず，住み心地がそれほどよくもない。

それにたいして，長い年月をかけて自生してきた都市は，雑然としており見通しも悪く，しかも道路はときには三叉路や五叉路になったりしているのだが，このさまざまな機能が互いに重なり合う場所の方が，むしろ人間は生きている感触をえることができるというのである。いまこのツリー構造とセミ・ラティス構造とを図化して比較すると，前頁のようになる[6]。

本書は，部・章・節・項を構成単位にして，階層化することによって構築されているところから，ツリー構造の構築物であるかのように見えるだろう。しかし，本書は，ツリー構造を装ってはいるが，実のところ意味と意味とが多重に織りなすセミ・ラティス構造をなしている[註5]。それは私が意図して作りだしたわけではない。さらにそれは，私の思考が知の遠近法に習熟せず，しばしば事象の関係を取り違えてしまい，論理的で秩序だった論述ができないからでもない。本書で描こうとしている事柄自体が，つまり過剰な子どもの体験が，そしてその体験を生起させるメディア自体が，ちょうどザリガニを背負った幼児の絵のように，知の遠近法を歪ませたり破綻させたりする性格をもっているからである。そして，このことが言葉では語りえぬ体験を言葉で語るというパラドックスを孕んだ「深い記述」（後述）を要請する理由でもある。

経験を主題とし発達について論じるのには，ツリー構造の方がふさわしいが，過剰な体験に触れることでエネルギーを更新し生成を深める運動を論じるには，ツリー構造の論述では困難である。たえず新たな意味を生みだしつづける「深い記述」を主要な手がかりとする思考の森では，作者も気がつかない間に，文章と文章とが共鳴し合い，意味と非意味とがせめぎあい，交叉する道や抜け道が無数にできてしまうのである。碁盤の目のように整然と直交する十字路によって区画された街角とは異なり，三叉路は奇妙な場所にショートカットで行きついてしまう。あるいは道をひとつ選びまちがえると，

いつのまにか目的地から遥かに遠ざかってしまい，予期しなかった未知の風景や出来事に出会うことになる。生成変容する思考の森では，偶然の出会いを喜ぶ能力が読者にも求められている。

このようなわけで，本書は手っ取り早く有効な幼児教育のメソッドや幼児理解のノウハウを求める読者には，その要望に十分に応えることはできない。しかし，本書を読むことで，保育者は日々の子どもたちとのかかわりが，そして保育の実践が，人間の生成変容にどこまでも包括的にしかも深くかかわっており，有能性へと向けた発達の次元だけでなく，生命性へと向けた生成の次元と切り結んでいるかを，理解することができるだろう。そして，そのとき，あたりまえのように見ていた遊ぶ子どもの姿は，これまで見ていたものとはまったく異なって見えることになるだろう。また，その遊びを立ちあげ，遊びのプロセスを支える，遊具やさまざまなものやこと，これらのメディアの連関を捉える見方が，根本から変わることだろう。そうすると幼児の理解の仕方も，その理解の広がりも深さも，そして日々の保育への取り組み方も，必ず変わるはずである。

これから保育の現場に立とうとする未来の保育者は，保育の現場が子どもの発達に向ける場として，どれほど有意義な場であるかを知るとともに，この場所が広範な人間形成の諸事象とどれほど深くつながるかけがえのない場所であるかを，知ることができるはずである。これまでの幼児教育の取り組みの意味づけが変わり，幼児教育全体の構図に組みかえが起こり，幼児教育の理解と実践の革新が起こることを願っている。

【註】

註1 『タンゲくん』『おなかのすくさんぽ』で有名な絵本作家，片山健の子どもを描いたこの秀逸な絵は，発達心理学者の麻生武氏から教えてもらった。

註2 このことについては，拙著『意味が躍動する生とは何か―遊ぶ子どもの人間学』（2006年）の41-42頁において，ベイトソンのゲームの理論と比較しながら詳しく論じている。

註3 本書の研究とかかわる二つの研究領域について検討しておこう。ひとつはメディア研究である。本書の主題と深くかかわるメディア研究を簡潔に列記しておく。W.ベンヤミンは,『複製技術の時代における芸術作品』(1936年)において,写真や映画といった複製芸術の出現によって,オリジナルに触れるというオーラを喪失したことを明らかにしている。またM.マクルーハンは,『グーテンベルクの銀河系―活字人間の形成』(1962年)のなかで,アルファベットの発明が,非文字の聴覚を中心とした話し言葉文化から,視覚優位の文字型文化へと転換することを促すことで,後の欧米の人間の経験と体験とをどのように制約したかについて述べている。このメディア研究の流れは,今日ではF.キットラーの研究に継承されている。キットラーは,『グラモフォン・フィルム・タイプライター』(1986年)において,聴覚技術のメディア,視覚技術のメディア,書字技術のメディアといった新たなメディアの出現が,それ以降の人間の経験と体験とをどのように作りかえたかについて論じている。これらの研究は,メディアの変容がもたらす人間の経験や体験の変容にたいして,さまざまな知見を与えてくれる。本書第7章に登場するN.ポストマンの研究も,このマクルーハンのグーテンベルク研究の流れに位置するものである。

　もうひとつは,「もの」にかかわる人類学的研究の動向である。床呂郁哉・河合香吏編の『ものの人類学』(2011年)にしたがえば,人類学においては,これまで地域で使用されている道具やものを収集し整理し,それぞれの意味について明らかにすることが重要な研究の一分野を占めてきたが,それはそれらの道具を使用する身体を切り離してきた研究であったという。しかし,近年になって,ものを記号やシンボルとして捉える言語学的転回に抗して,「もの」を媒介とする身体と世界とのダイナミックな関係として捉え直そうという動きが出ているのだという。そして,「それは何を表現しているのか」「いったい何を意味しているのか」という問いから,「それは何をする(引き起こす)のか」という問いへの転換がなされつつあり,この問いの転換を端的に「意味からエージェンシーへ」の態度変更として論じている。

　人類学の新たな立場は,身体と道具と環境との関係を緊密な連関として捉えるなど,本書の立場にたいへん近いものである。またその研究成果から学ぶことも多い。しかし,本書は,経験-発達の次元と体験-生成の次元との二つの次元を分けて考えることで,人間の生成変容を動的に捉えることをめざしており,その意味でいえば,この『ものの人類学』というテクストは,経験-発達の一次元的な考察にとどまっているといえよう。ところで,このテクストで「もの」という用語が選択されている理由は,「もの」が「形があって手に触れることのできる物体をはじめとして,広く出来事一般まで,人間が対象として感知・認識しうるもののすべて」(『岩波古語辞典』)であり,さらに「もののけ」や「つきもの」の用法のように,不可視で霊的な存在さえも含む意味の広がりを有していることがあげられている[7]。しかし,今日の「もの」の用語法では,「物体」の側面が強く,「こと」を含むことは困難なように思われる。さらにこの定義では,「遊び」のような行為の事象を取りあげることができなくなる。そこで本書では,行為の媒介性を強調するときには,「メディア」という用語を使用し,そして「もの」「こと」の側面をいい表すときには,西田幾多郎と三木清に倣って,「かたち」という用語を使用することにする。

註4 教育学においてメディア概念の重要性をいち早く指摘し,メディア概念から「教育」の再定義を試みたのは今井康雄である。『メディアの教育学』(2004年)において,今井はメディ

アを「中間にあって作用するもの」として捉え，メディアのプロトタイプとして言語を選択し，言語をもとにしたメディア概念から教育の再定義について論じてきた。それにたいして本書は，身体をメディアのプロトタイプとして選択している。なぜ身体なのか，メディア論としての理由については，西田幾多郎の行為的直観の原理を手がかりにし，本書のなかで論じている。また教育理論としての理由については，生成と発達の教育人間学の展開自体から求められるのだが，本書においてメディア論と教育理論とは当然のことながら密接に関連しており，両者を明確に区分けできるわけではない。

註5 西欧において，テクストの文の集合体を分節化し階層化して秩序づけるようになったのは，印刷術の発明以前の12世紀からである。今日では，それ以前に書かれたテクスト（例えば聖書）も，あたりまえのように，章や節に分節化されているが，それらは後になってテクスト制作者ではない編集者によって施されたものである。メディアとしてのテクストということでいえば，この章・節の発明は，ツリー構造としてテクストを分節化し階層化して秩序づけることで，文の意味の多義的な重なりと交叉とを低減させて，一義的な解釈を容易にし，またテクスト全体から一部だけを取りだして捉えることができるようになった。この発明は，書物を読みやすくするための，「読書の経済学」的発想に基づく発明というべきものである。ちなみに，本来は音読され朗誦されていた巻物の聖書が，冊子本になることで，章ごとに分かたれて番号がつけられるようになったのは13世紀のことであり，さらに節番号がつけられるようになったのは16世紀のことである。巻物から冊子本へというテクストのメディア的在り方に生じた変化は，読書行為のみならず，同時に，知の編成の仕方にも大きな変化をもたらしていく。

I.イリイチは，『テクストのぶどう畑で』（1993年）において，見出し，図書目録，アルファベット順に配列した用語索引など，12世紀の中期から登場した読書をめぐる道具・技術の変化が，どのように読書の在り方を変えたかについて描いている[8]。メディア（技術‐身体‐道具）と経験・体験との関係解明を課題とする本書にとっても，これは重要な論点である。その意味でも，読書行為と子ども期および青年期の成立を論じた本書第7章2節を参照する必要がある。（「本書第7章2節を参照」……たしかにこの章・節の発明は，テクストの編成にかぎらず，知の編成の仕方にとっても，ある種の便利さを与えていることはまちがいない。）

第1部

メディア身体の人間学

子どもの理解は，社会的な有能性を高める経験‐発達の次元だけでなく，同時に生命性を深める体験‐生成の次元においても捉える必要がある。この後者の次元の研究は，自然科学を模範とした研究手法ではアプローチができないために，前者の発達研究と比較すると驚くほど未成熟で不十分なままにとどまっている。実際の保育のなかでは，保育者は体験‐生成の次元において実現される人間形成的事象の重要性を実感しているにもかかわらず，理論として語るための定まった用語さえない状態である。そのため生命論的転回に立つ本書では，体験‐生成の次元の事象を捉える研究手法を模索するため，この次元の研究を中心として論じる。しかし，このことは幼児教育における経験‐発達の次元を軽視することではない。この二つの次元は，人間の生成変容の根本的な事象であり，ともに重視されなければならない。経験‐発達の次元は体験‐生成の次元の深化から力をえてより高くなり，体験‐生成の次元は経験‐発達の次元の高次化によってより深くなるのである。しかし，このことを論じるためには，両者の次元を統一的に捉えるための理論的な立場が必要になる。人間の有能性と生命性とをともに論じることのできる理論的探究がまず必要になる。

　第1部では，本書の理論的な要ともいうべき人間存在論とメディア身体論，そして学習理論についての原理的考察を行う。ここで登場するのは，西田幾多郎の後期の思想である「行為的直観」の原理である。西田は，この原理に基づいて，「道具を以て物を作る」という人間の身体の在り方を論じている。この西田の身体論は，学習理論としても，またメディア論としても，論じられているわけでもない。しかし，西田の身体論は，行為的直観の原理に基づく身体論として，また身体によって刻々と世界を創造する人間存在論は，生命論的に創造を捉える学習理論として，読みかえることが可能である。また西田の身体論が「道具を以て物を作る」と主張されているように，この学習理論は，同時にメディアを介した学習の原理としても，読みかえることが可能である。

　このメディア身体論は，学習理論ということでいえば，道具を媒介とする

行為を基にしたヴィゴツキー学派の学習理論との共通性も多くあるが（両者はK.マルクスの思想的影響を受けている），ヴィゴツキー学派の学習理論には，本書が中心的な課題と捉える生命性を深める体験‐生成の次元への問題意識が欠けている。それにたいして，西田の行為的直観に基づく学習理論には，生命性を深める原理が内包されている。再度強調していうなら，ここでの理論的な課題は，社会的有能性を発達させる経験の機構を明らかにする学習理論のレベルにとどまらず，生命性を深める体験を論じるための基礎となるべき学習理論の探究にある。

第1章

生命論とメディア身体の教育学

§1　問題としてのメディア

1．環境世界論からみたメディア論への途

　大気は気圧の差によって風となって移動する。子どもが凧を揚げている姿を想像してみよう。天空高く，凧が風を受けて自由に飛んでいる姿は，子どもに大気の力動を視覚的に捉えることを可能にし，また凧をもつ子どもの手は上空の風の動きを敏感に受けとめ，この惑星の生命圏の息吹を感じることだろう。このとき天空に働いている惑星の大気のエネルギーと，その力を受けとめる子どもの身体とが，凧の細い糸を通して，ダイレクトにつながっている。

　人間は，自ら制作した道具を通して，身体と結びつけて自然を対象と捉え，自然をつかさどる法則を知り，その仕組みにしたがってコントロールする道を開いてきた。それと同時に，風や嵐として現れる無限のエネルギーにさまざまな神々の名前を与えたように，人間は，目には見えない生成する力の働きを身体によって感受し，さらに深くこの力の躍動に触れるための道具や遊

具やそれを自在に操る技を創造してもきた。ここに科学と芸術とが生まれでる秘密が隠されているように思える。この事態を自然史の水準でいい表すなら，それは人間と他の動物たちとの同一性と差異性とを示すことになるだろう。

　動物は，その知覚器官の種類や能力，その数そして配置の場所によって，それぞれの種に固有の環境（環境世界 Umwelt）と生まれながらに緊密につながっている。つまり動物は，種それぞれに，生まれながらにして異なる環境世界に生きている。嗅覚と味覚に生きる社会性昆虫のアリは，互いを結びつける誘因物質のガスが充満したアリの世界を生きている。また人間の能力の一千倍から一億倍ともいわれている嗅覚の世界に生きるイヌは，イヌたちしか知らない世界を，人間の聴覚では感知できない超音波を発するコウモリは，コウモリの黄昏と沈黙の世界を，それぞれに生きている。この環境世界は，本能と呼ばれてきた動物の生得的で定型の行動と緊密に結びついている[1]。

　カント哲学の影響を受けたドイツの動物学者ユクスキュルによって，哲学的人間学の基礎理論にまで高められたこの「環境世界論」において，進化の時間を考慮せずに理解すれば，世界は静的で調和し安定したものと見えるが，進化の時間を入れるときには，その姿は異なるものとなる。進化において，生命体はさまざまな行為的課題に直面しながら，それぞれに形態を変え，異なる器官を発展させ，あるいは退化させ，環境世界との行為的かかわり方を作りかえてきた（同時に環境世界の在り方も変化してきたということ）。例えば，「光」という自然が与えた課題にたいして，生物の側に長い時間をかけて光を捉える「眼」の発明という解答が生まれる。こうした新たな身体のかたち（器官）の出現によって，新たな環境世界（見られる世界）が生まれてきたといえる。見るものと見られるものの出現がそれである。動物と環境とは，このような不連続な連続によって，行為のかたちの変更を介して互いに不可分なものとして相互進化してきたといってよい。この「かたち」のことを，三木清はとくに「技術」と呼んでいる。ちなみに自然史と人類史とを接続させて捉えようとする三木の「構想力の論理」とは，行為直観的に「かたち」を

生みだす生命の論理を意味した[2][註1]。このかたちの出現のうちに「メディア」の発明も位置づく。

2. 人間存在とメディアの不可分性

さて動物にとって環境世界は所与のものであるとして，人間は動物のように生得的に決められた環境世界をもたない。たしかに，人間にとっても知覚器官と結びついた環境世界は存在するが，人間化が開始されることによって，この環境世界との間に亀裂が生じ距離が生まれる。その結果，人間は環境世界の外部に立ち，人間にだけ「世界」が開かれる。しかし，この距離は生得的なものではなく，また絶対的なものでもない。さらにこの世界は確定されてはおらず，自己とともに変わりゆくものである。むしろ，この環境との裂け目を埋めるべく，人間の生は，環境との間に道具に代表されるような媒介者を生みだしてきた。これも「構想力の論理」の一形態であって，動物において身体‐行為の「かたち」の進化として現れたものは，人間においては道具の発明として展開されるのである。

このような道具を代表とする媒介者（かたち）の総体をここでは「メディア」と呼ぶことにしよう。つまりメディアとは，経験や体験を生起させる媒介者のことである。自己と世界を，それぞれ対立するものとして二元論として設定するのではなく，この間の媒介者としてのメディアを介して自己と世界とが成立しているのである。最初に述べた凧も，このメディアのひとつである。私たちは，凧を揚げることを介して，大気の力動の世界に開かれ，同時に，その大気の力動に共振する心の世界に開かれるのである。

動物が種という単位において，進化の過程において固有の知覚器官を発展させ，それとともに新たな環境世界を見いだしていったのにたいして，人間は種より下位の集団単位において，特有の風土のなかそれぞれ固有のメディアの形態を発展させてきた。例えば民族や地縁共同体や家族のような単位で，固有の経験と体験の形式（一般には「文化」と呼ばれてきたもの）を生みだし

てきた。それにとどまらず，個体においても，新たなメディアを独自に制作し，パーソナルに「現実」を創造し生きてきた。このように解するなら，自然史的レベルにおいて人間とは，すでに最初から種における進化にとどまらず，集団や個体におけるメディアを介した学習という次元と切り離すことのできない存在といえる。

　自己は世界と切り離すことができないだけでなく，そもそも世界はメディアを介して自己の固有の世界となる。したがって，自己の存在構造を端的に図式的に表現するなら，［自己‐世界］ではなく，さしあたり［自己‐メディア‐世界］の3項図式として表現することができる（［］括弧内は，それぞれが独立した項ではなく，一連の連関を成していることを表している）。自己はメディアを介して経験し体験することで，刻々と現実を更新して生きている。人間だけがパーソナルに現実を生みだすことを課題としている。したがって，人間はたえず「現実とは何か」を学び直す必要がある。それも，どこまでも現実をメディアを介して学習しつづけなければならず，だからこそときには現実が不確かなものともなり，「本当の現実」が何かわからなくなる病にもかかり，「本当の現実」＝「本当の自分」＝「生きることの意味」を問うといった人生の問題に直面するのである。

　しかし，こうしたメディアが生まれ，そのメディアによる学習が生起する場所は，もはや自然史のレベルで語られる場所ではない。ここで先行的に捉えている自然史レベルの考察は，実のところ方法的抽象によって成立しているにすぎない。より具体的なメディアによる学習が生起する場所について語らなくてはならない。

§2 メディアを生みだす生命の哲学

1. 生命の問題圏と生命論的転回

　メディアによる学習が生起する場所とはどのような場所なのか。この問いに応えるために，本章の主題がどのような現代の思想的課題に向けられたものなのか，そしてそこからこの課題に役立つ手がかりをどこに求めるのかについて，回り道をして，いま少し詳しく述べておく必要があるだろう。

　学習と教育と結びつくメディアの研究において，その中核をなすものは言語と見なされてきた[3]。「言語論的転回」という言葉が膾炙したように，20世紀の哲学の中心主題は，言語にあったといってよいだろう。言語こそが現実を生みだし，あるいは現実なるものを構築するものと見なされてきた。そのため，言語による現実構築というべき言説を分析することが，これまで「人間の本質」「人間の自然」と呼ばれてきたものの歴史性や権力性を暴きだし，さらにはその「人間」なるものを解体する有力な手法と見なされたのである。教育思想史研究においても，この手法は成果をあげ，近代の理念の問い直しとともに，その強い影響下にあった教育と教育学の歴史性が問い直され，さらにはそれ自体はよきものとして疑われることのなかった「教育」や「啓蒙」という企て自体に内在する暴力性が，鋭く批判されてもきた。

　たしかに，言語が重要なメディアであることを認めた上で，学習と教育という領域を考えるなら，そして幼児・子どもという存在を考えるなら，言語によって秩序づけられる以前の，あるいは言語による分節化によっては捉えきれない，メディアとしての身体の重要性も同様に問われるべきである。言葉は，身体を介した声や行為を抜いては成立しないと考えるなら，身体性もまた問われなければならない。むしろ言葉が身体性から問い直されなければならない。

しかも，臓器移植，遺伝子操作やiPS細胞の操作といったように，前世紀末からのバイオテクノロジーや脳科学の飛躍的進展によって，生命と身体とはあらためて哲学の主要なアリーナとなっている。また後期M.フーコーの生命を経営・管理する権力としての生権力の思想や，あるいはフーコーを承けたG.アガンベンの生政治学の考察，また性の身体にかかわるジェンダーの議論，人間と動物との関係の捉え直しの議論など，生命哲学によって問われるべき課題が数多く登場してきている。このような事態をさして，檜垣立哉は「言語論的転回」ではなく「生態学的転回」という言葉でもっていい表している[4]。当然のことながら，この問題圏は政治学にとどまらず教育学をも含んでいる。生殖や発達や学習や成長のうちに，これまでとは異なったレベルで，生命科学や医療といったテクノロジーが関与してきている。
　しかし，本書では，檜垣のこれらの問題意識を承けた上で，「生態学的転回」ではなく「生命論的転回」という言葉で思考の転回を表現したい。「生態学」という用語は，「生命論」と比べるとその射程範囲があまりに狭すぎるように思われる。事実，檜垣がこの「生態学的転回」という用語を使用した『ヴィータ・テクニカ―生命と技術の哲学』（2012年）における論述上のキーワードは，「生態学」ではなく，むしろ「生命」であり「生命論」「生命哲学」なのである。なぜ檜垣は「生態学的転回」という用語を選択したのか。「生命論」という用語は，大正時代の流行思想である「生命主義」を連想させる用語である。おそらく檜垣が「生命論的転回」という用語を避けたのは，それでなくても生命や生物学的問題を主題とすると宣言するだけで，「自然本質主義」としての批判が向けられる可能性があるところに，「生命論的転回」では「生命主義」との連想も働くため，そのような批判を回避したいと考えたからであろう。
　もともと「生命主義」という用語は，新カント学派のH.リッケルトが，文化科学の立場から生命を課題とする一群の思想家たちを批判するために使用した用語Biologismusを，田邊元が『改造』に発表した「文化の概念」（1922年）のなかで日本語に翻訳したものである。この生の哲学の系譜に連なる思

想家として，F.W.J. シェリング，F.W. ニーチェ，H. ベルクソン，W. ジェームズ，J. デューイといった名前をあげることができる[5]。哲学史の教科書は，「生の哲学」は「実存哲学」によって批判され，すでに乗り超えられたと語っている。このような時間的に前のものを後に来たものが乗り超えるといった物語は，後のものが創作した「発展」＝「発達」のきわめて近代的な筋の物語である。こうした教科書的な知のまとめ方こそ，疑われなければならない。むしろ，檜垣があげている問題を捉えるさいにも，今日においてもなおこれらの思想家たちの思想を踏まえることが不可欠と考える。本書では，自然本質主義に陥る危険性に配慮しつつ，「生命論的転回」という用語でもって，幼児教育学の新たな可能性を展望してみたい。

2．バタイユから西田幾多郎へ

　この「生命論的転回」という用語の設定は，私自身のこれまでの研究のプロセスとも深く結びついている。私は，デューイのプラグマティズムに基づく経験理論の研究から出発した。そして，G. ベイトソンによりつつ，自己言及的パラドックスをスプリングボードにして論理階型を超えた学習を生起させる，生態学的システムのコミュニケーション論的探究をへて，さらにニーチェ，ベルクソン，G. バタイユといった生命の思想家の思想に大きく依拠しながら，「生成と発達の教育人間学」について考察を進めてきた[6]。さらに，生成と発達との関係の解明と，その両者の動的な実現を模索するなかで，生成を生起させる遊びや動物絵本といった具体的なメディアの分析を試みた[7]。この探究のプロセスのなかで，生成と発達のダイナミズムの実現という問題意識から，生命哲学に立って学習理論を再構築する理論的必要性を強く感じた。なぜ「生成」と「発達」という構えで教育を論じる必要があるのかについては，本書での考察において明らかにしていくしかないが，この生成と発達のうちとりわけ本書で焦点化する生成の次元の教育事象を解明するためには，その危うさを自覚しつつ，生命論に立ち還る回路を必要としてい

るのである。

　ところで，先に20世紀は言語が中心主題の時代だったと述べたが，この言語を主題とする哲学の流れとは別に，力を本源的なものとみなし万物をそこからの生成と捉えるバロック的G.W.ライプニッツらの生命哲学の流れがあり[8]，そこでは意識や言語ではなく身体や風土が問いの対象となってきた。バロック悲劇を考察の対象としたW.ベンヤミンはもとより，ベルクソンからドゥルーズ=ガタリにいたる流れも，さらには西田幾多郎の生命哲学もまたこのバロック的哲学の展開として読むことができる[9][註2]。そして，以上に述べてきた問題圏から西田哲学をあらためて捉え直してみるとき，ベルクソンの思考を取り入れながら，ドゥルーズ=ガタリとも共通するベルクソン哲学の乗り超えを企てた西田の考察のなかには，生命哲学に立ってメディアによる学習が生起する場所としての身体を探究するための豊かな手がかりが，隠されているように思われる。

　もともと生成と発達のダイナミズムという基本的構図は，バタイユの「人間学」(「人間」を侵犯する「人間学」)を基にしているのだが，そのバタイユと同時代の西田の思想には人間存在の捉え方に深い共通性がある。死への恐れや嫌悪が内面化することで否定の力となり，その刻み込まれた否定の力によって誕生する現実意識の世界を，さらに否定（破壊・侵犯）することで，死にゆく体験ともいうべき脱自の「非-知の体験」を生きる人間存在を捉えたバタイユにとっても，あるいは，生の底に死を感じる悲哀の感情を根元的情動とし，自己を無にし「死することによって生きる」ということのうちに人間存在のダイナミズムを捉えた西田にとっても，人間存在とはいつもすでに無に曝されつつ根源的に否定を孕む矛盾した運動態なのである。そして，この根源的に否定を孕む，矛盾した運動態であるところに，教育という事象を生命論的転回に立って語り直すべき出発点を見いだすことができる。

3. 歴史的世界において道具をもって物を作る身体

　以上のような理由で，私たちがまず手がかりにするのは，西田の論文「論理と生命」（1936年）である。この論文は後期西田哲学にとってモニュメンタルな論文となったものである。「純粋経験」から出発し，「自覚」の論理をへて，「場所」の論理にいたった西田は，この論文では衝動に動かされ無限の欲求をもつ生物学的身体から問いはじめ，ホモ・ファベルの人間観に立って，歴史的身体の道具使用による物の制作という人間学の中心的主題を論じている。論文のなかでは，「我々は道具を以て物を作る」の一文が命題として何度もリフレインされるのだが，この命題にメディアによる学習が生起する場所としての身体を探究する糸口がある。しかし，その前に「論理と生命」がおさめられた『哲学論文集　第二』（1937年）の「序」に，この論文の出発点を確認することからはじめよう。西田は自身の立脚点について，次のように述べている。

　　　我々の生きて居ると云ふことが思惟によつて我々に知られるのでなく，我々が生きて居るから思惟するのである。（中略）生きて居ると云ふことは，働くといふことである。働くといふことは，歴史的現実の世界に於て物を作ることでなければならない。何等かの意味に於て制作的ならざる人間の行為といふものはない。我々は歴史的世界の要素として歴史的現実に働く所に生きて居るのである。歴史的世界とは作られたものから作るものへと動き行く世界であり，かゝる矛盾的自己同一として自己自身を構成し行く所に，理性といふものがあるのである。[10]

　西田は生きているという根源的な事象から出発し，制作する人間を歴史的存在として捉えていく。その上で歴史的世界において，創造的に世界を作りまたその作られた世界によって作られる人間存在について論じ，その人間の

行為から思惟や論理をはじめとして科学も芸術も生まれることを明らかにしている。論文「論理と生命」が執筆された状況を考えれば，マルクス主義との批判的対話を試みるとともに，他方で田邊元からの西田への批判に応答し，自分の哲学の立場をあらためて示そうとしたものといえるだろう。本書のこれからの議論にとってとりわけ重要なのは，歴史的世界に働きかける歴史的身体とは道具をもち物を作る身体であると捉えられていることだ。西田は身体と道具との関係について，次のように語っている。

> 但，我々は単に生物的に生れるのではない，我々の身体は単に生物的ではない。併し斯く云ふのは，我々の自己は身体を越えたものと云ふのでもない。却つて我々の身体がロゴス的だといふのである。身体なくして自己といふものはないが，我々の身体は生物的機能を有つのみならず，ロゴス的機能を有つのである。我々の身体的自己は唯生物的種によつて生れるのでなく，歴史的種によつて生れるのである。故に我々は歴史的世界の作業的要素として，物を道具として有つのみならず，生物的身体をも道具として有つと考へられるのである。否，物を道具として有つといふことは，同時に所謂身体を道具として有つことである。[11]

ここで「道具」と呼ばれているものは，本章の冒頭で述べたように，メディアと解されるべきである。言語も「道具を以て物を作る」なかから生まれた道具のひとつであり[12]，眼のような知覚器官も道具であるところから[13]，これらもみなメディアである。そうすると，身体もまた道具であるところから，身体もメディアということになる。少し先を急ぎすぎているようだ。ふたたび西田のテクストに立ちもどると，西田はこのような身体と道具と技術との関係のなかから，言語や意識の世界を，捉え直すのである。

> 我々は我々の生物的身体から出立して，物を道具として有ち，物を技術的に自己の身体となす，そこに技術的身体が構成せられる。斯く生物的

身体から出立して世界が自己の身体となる時，自己が自己の身体を失ふと考へられる。そしてそこから単に名づけられるものの世界，志向的対象の世界，意識の世界に入ると考へられる。[14]

　ここでは，道具を契機にして，技術を介して物を自己の身体とし，そのように世界を身体化することで，翻って身体は意識されることがなくなり，その結果，言語の世界が，対象の世界が，意識の世界が開かれる在り方を示している。このような記述は，類としての人間の人間化のプロセスとして読むこともできるし，個の発達のプロセスとして読むこともできるだろう。また同時代のA. ゲーレンなどの哲学的人間学の論考と比較検討されるべき興味深い論述だが，重要なのは，「道具を以て物を作る」という在り方から，道具として言語を導きだしていることである。
　論文「論理と生命」は，歴史的世界のなかで，身体を有ち道具でもって物を作り反対に作られる人間存在のダイナミズムを明らかにしようとした。このような歴史的行為のことを，西田は「ポイエシス」と呼んでいる。このことは，人間は労働によって世界を作りかえ，その作りかえた世界によって作りかえられるといった，凡庸なことをいっているのではない。西田の生命哲学において核心なのは，この身体と道具という媒介者を介して物を作り作られるその刻々が，現在という有限のなかに無限の生命の流れが入りこむ時間意識として「永遠の今」であり，そして個物（人格的自己）による歴史的世界の無限の創造であることを明らかにしようとしたことである。そのため，この刻々の瞬間を，主観即客観・客観即主観，時間即空間・空間即時間，個物的限定即一般的限定・一般的限定即個別的限定，……といった相互に矛盾するものの同一として論理として捉えようとした。このとき，「即」とは，「即ち」といった平板な用語のいいかえのことではない。西田のよく知られた言葉でいいかえれば，差異性と同一性とがダイナミックに結びついた，「絶対矛盾的自己同一」と呼ばれている論理構造を示しているのである。
　本章の目的は，西田哲学そのものを探究することではないので，これ以上

深入りはしない。以下では，西田の命題「我々は道具を以て物を作る」を敷衍しつつ，西田の他のテクストも参照しながら，メディアとしての道具と身体そして技術との関係を解明し,そこから今日の学習理論の成果を再吟味し，メディアによる学習が生起する場所，そしてその学習の生起する機序について明らかにする[註3]。

§3　メディアとしての技術 – 身体 – 道具

1．メディアとしての道具と身体

ふたたび論文「論理と生命」に立ちかえり，西田の議論から考察を進めていこう。

> 我々の身体は歴史的身体である，手を有つのみならず，言語を有つ。(中略) 我々の身体的自己は歴史的世界に於ての創造的要素として，歴史的生命は我々の身体を通じて自己自身を実現するのである。歴史的世界は我々の身体によって自己自身を形成するのである，我々の身体は非合理の合理化の機関である。[15]

西田において身体が登場する世界は，生物的種としての生物的世界ではなく，人間が道具をもって物を作る歴史的種としての歴史的世界である。このとき，個としての身体というのは，方法的抽象による反省の結果であるにすぎない。人間の場合,動物種としてあらかじめ埋め込まれた行動パターンは，複雑な社会をかたちづくる人間社会に適応するには驚くほど貧弱である。むしろ人間の行動パターンの多くは，誕生後の育った共同体の諸関係のなかで，「身体技法(技術)」として獲得されるからこそ，多様にまた急速に変化して

いく複雑な社会にも適応できるのである。私たちの身体とは、社会学者のM. モースが明らかにしたように、立ち方や歩き方から、感情の表出の仕方や、感覚の使用の在り方に至るまで、社会的な身体技法として成り立っており、身体とはまずもって多くの誰かとの交通のなかに動く「社会的身体」と呼ぶべきものである。私たちの自然な立ち振る舞いと見えるものも、生産の形態や家屋の構造といった、長年にわたる意図的・無意図的な風土と共同体によって育まれてきたさまざまなメディアを介しているのである（あとで述べるように、身体はメディアによって形成されるとともに、自らメディアとして新たなメディアを形成する）。

　このような「社会的身体」という身体の在り方は、時間軸に置き直してみれば、「歴史的身体」といいかえることができる。むしろ歴史的であることは、すでに社会的であることを含んでいるので、歴史的社会的身体は、端的に「歴史的身体」としていい表すことができる。私たちの身体は、さしあたりは自然科学が対象とする生物学的身体であるということができるが、それは医学や生物学という学的な抽象を通していわれるのであって、生きている私たちの在り方からいえば、生物学的身体であると同時に、あるいはそれ以前に、歴史的社会的身体である。歴史や社会は、私たちの外にあるのではなく、この身体という場において、そしてダイナミックに運動する身体としてある。つまり身体は歴史的社会的な働きの場としてある。

　身体の歴史性と社会性とを、より具体的に示しているのは、道具の使用という行為においてである。人間は、道具を介して自然に働きかけることを通して、自然を自らの意図に沿わせてコントロールすることにとどまらず、狩猟民・遊牧民・農民、大工・石工・鍛治職人、呪術師・宗教者・芸能者、技術者・科学者・芸術家……、それぞれがそれぞれに特有の道具（メディア）を通して自然との多様な交わり方を生みだしてきた。自然の特性を無視した道具は役には立たず、人間の身体にかなわない道具は使用できない。道具は、人間と自然との合理的な交わりを実現するかたちのひとつである。

　道具の発明によって、自然（物）はさしあたり加工の材料として立ち現れ

るが，翻って，そのことによって人間は自らの身体を作り直し，身体技法を改善し，もうひとつの自然である身体統御の幅を拡大し，その深度を深化させてきた。つまり道具の使用は，同時に身体の道具化（歴史化）をもたらすのである。とりわけ手は，道具使用によって，「道具の道具」（アリストテレス）として自覚されるようになる。さらに道具はその道具的能力によって新たな道具を生みだす。新たな道具の発明は，道具の連関にかたちづくられた世界構築の再構築を意味する。道具は単独で存在しているのではない。例えば，ハンマーは釘や杭や楔，鑿や鏨といったように関連する道具類とともに相互進化しながら発展してきた。金槌や木槌，石切用ハンマーといった具合にである。道具は用途に応じて関連する道具を新たに生みだす。ある道具の素材や形態の改善は，他の道具の改善を連動してもたらす。仕事の目的と結びついて，道具は互いに結びあってネットワークを形成しており，そのネットワークの高度化は，職人的技倆ともいうべき身体の高次の分節化を促し，それとともに作業における分業化を促し，そのまま人間の労働の在り方を変え，さらには人間関係をも作り変え，そして，労働にかかわる観念や技術をも変えていくことになる。したがって，ハンマーの形態の変化は，人間の経験の歴史的変化を示すにとどまらず，さらにはこの道具（狭義の意味でのメディア）を介しての実践とかかわる「実践共同体」の歴史的変化をも表しているのである。

　今日，目の前にある道具とは，人類史において連綿と蓄積されてきた経験の成果であり，道具を使用することは，その歴史的な人類の経験を再生し再現することである。この道具を介しての歴史的世界とのかかわりが，私たちの日常生活の基本形をなしているとさえ，いうことができるのである。

2．技術 - 身体 - 道具という系

　ところで，道具と身体との差異は，それが着脱可能がどうかにあるといわれてきた。たしかに常識に照らして考えれば，道具は必要がなくなればいつ

でも自由に手からはなすことができるが，身体を自由に着脱することなど義手や義足でもないかぎり不可能である。しかし，機械と生体のハイブリッドとしてサイボーグ化が進んでいる今日では，この両者の差異はそれほど明確なものではない。移植された臓器は部品とは呼べないだろうが，人工心臓や人工肝臓ではどうだろうか。たしかに，それらは人工物であり道具というべき機能をはたすが，着脱可能といってよいのかも難しい。すでに脳から発せられる微弱な電流によって操作することのできる筋電義手が実用化されているが，これがさらに改善されその義手の先端に知覚のための装置が装備されて，脳に触覚情報が伝達されるようになるときには，もはや身体と道具との差異は，ほとんどなくなるといえるだろう。

　しかし，身体と道具との区別の困難さは，最新の科学技術の成果を例にあげなくとも，原理的な理由から指摘することができる。なにより生きられた身体にとっては，道具は空間的に身体からはなされたからといって，実際には離れてはいない。それというのも，ハンマーの柄の形態が，手でもって握るという人間の行為と緊密につながっているように，道具の形態自体が，それを使用する身体の形態と，不可分に緊密に結びついているからである。そのため，道具は手からはなされ単独でおかれているときにも，その道具は身体に使用を呼びかけてくる（アフォードする）。ハンマーの柄は，手に取って握りしめるように呼びかけ，コーヒーカップの柄も，手に取り飲むように促し，椅子は体をあずけ座るようにと誘ってくる。それは遊具においてより一層明白なのかもしれない。ボールは投げるように，蹴るように，転がすようにと，いつも身体としての私たちを唆しているのである。

　それ以上に身体と道具との区別を困難にさせるのは，行為のさなかにおいては，この区別が相対的なものにすぎなくなることである。行為における身体と道具とは，一連の行為の過程に溶け込み，明確に区分できない。どこまでが身体で，どこからが道具になるのかは，切り取る文脈によって異なっており，その区別は自明ではない。たしかに杖は道具だが，視覚障害者が杖の先で何かに触れ，その差異を受け取るとき，杖は彼あるいは彼女の身体の一

部である。このとき，杖は身体にとって透明となり身体の一部となっている。この事態を反対にいい直せば，身体とは透明化した道具であり，道具とは未だ透明化していない身体の拡張部である，ということもできる。こうであるとすれば，身体と道具との差異は，明確なものでないことになる。この事態を，西田は「物を道具として有ち，物を技術的に自己の身体となす，そこに技術的身体が構成せられる」と述べている[16]。あるいはより端的に，「我が物の中に入ることである，物の働きが我の働きとなることである」とも述べている[17]。

　この身体と物（もの）とを結合するものが技術である。使用方法がわからない道具は，もはや道具とはいえず，ただの物体にすぎない。道具が道具であるためには，道具の使い方がセットでなければならず，道具によって物に働きかけるときには，身体を介した道具使用のための技術がともなう。道具使用においては，その道具の形態と使用用途にかなった行為の固有の「かたち」が不可欠であり，それは主と客とを統一するかたちである。このかたちを技術ということができる。身体とかたちとしての技術とそして道具とは，このように不可分なものである。たとえ目に見える道具がない場合でさえも，そのときには手が道具として働いており，いつもこの［技術-身体-道具］の連なりが，メディアを構成していると考えられるのである。そこで［自己-メディア-世界］は，［自己-メディア（技術-身体-道具）-世界］と書きあらためることになる。しかし，この構図は，あらためて「我々は道具を以て物を作る」という命題に立ち戻って理解されなくてはならない。それというのも，この空間的な構造として図式的に示されたメディアは，あくまでも抽象されたものであって，メディアは歴史的世界における歴史的行為のプロセスのうちに理解されなければならないからである[註4]。これまでの議論を図にすると図1-1のようになる。

図1-1 メディア身体の図式

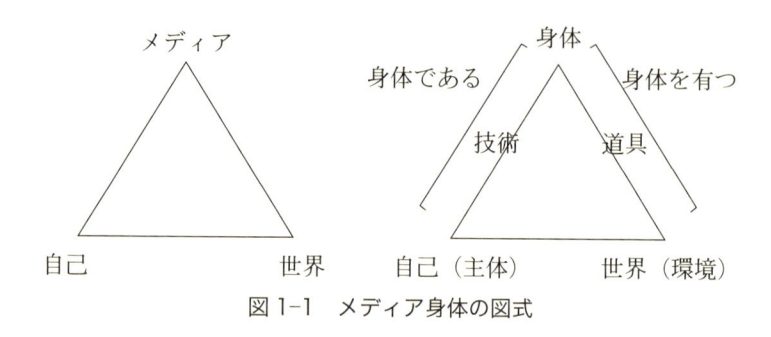

3. 無限の学習可能性を開く歴史的身体の二重性

　西田の歴史的身体の理論を手がかりにしながら，［技術‐身体‐道具］というメディアの構成要素とそれぞれの関係を捉えてきた。当然のことながら，西田の考察はメディア論として展開されているわけでもなく，ましてや学習理論として論じられているわけでもない。西田の命題「我々は道具を以て物を作る」を，このメディア概念で捉え直すとして，ここからどのようにメディアによる学習を捉えることができるのか。ふたたび西田の身体論に立ち戻り，考えていくことにしよう。

　従来の一般的な思考法では，精神と身体とは異なるものと見なされ，この二分法に立って精神が身体（物）をコントロールすると考えられてきた。この立場からすれば，精神が学習を可能にしているように見える。しかし，「我々は身体を道具として有つと共に，我々は何処までも身体的存在である」[18]と西田がいうように，人間において身体とは，「身体を有つ」ことと「身体である（身体的存在）」という二重性において捉えられている。この身体の二重性は，西田哲学をかたちづくる二つの系列，西田自身の「図式的説明」において垂直軸として描かれる「内包‐主観‐時間‐心‐個物」の系列と，水平軸として描かれる「外延‐客観‐空間‐物‐一般」の系列との区分の原理を引くものである。簡略化して図式的にいえば，内包の系列は生命の流れを示

し，それにたいして，外延の系列はその流れを切断する空間的なものを示しており[19]，後期の西田哲学はこの両者の系列におけるそれぞれに対応する各項のかかわり，例えば主観と客観，時間と空間を「絶対矛盾的自己同一」という論理でもって捉え，その具体的な在り方を，「弁証法的一般者の自己限定」と見なしている[20]。この論理にしたがえば，「身体である」とは，前者の内包の系列に位置し，「身体を有つ」とは，後者の外延の系列に位置すると考えられ，「身体である」と「身体を有つ」こととの両者の論理的関係は，「絶対矛盾的自己同一」であり，その具体的表現は，「弁証法的一般者の自己限定」としての「歴史的身体」ということができる[註5]。

　身体の二重性という在り方が，人間による無限の制作行為のみならず，無限の学習を可能にしているのである。本書35頁の西田の引用から捉え直すなら，身体がロゴス的機能をもちながら，それ自体が物質性をもち道具として機能する，という身体の二重の在り方が，人間の制作を可能にしているのだが，この身体を外の自然（物）にたいする内の自然（物）と捉えたとき，物を作り，作られた物によって作りかえられる，という同じ機構が，人間の無限の学習をも可能にしているのである。その意味では，[自己‐メディア（技術‐身体‐道具）‐世界] と表記したときの自己も，また当然のことながら身体的存在なのである。そして，この自己としての身体が，世界と同様，自然（物）に根をもつことを考えるとき，制作が個体による表現であるにとどまらず，同時に，世界自身の表現であることが明らかになる。自己が新たな現実世界に開かれるのは，歴史的世界において，メディアによる世界の制作として学習がなされるためである。「弁証法的一般者の自己限定」とは，生物であれば種の進化として身体のかたちを変化させるものにたいして，個物としての人間の学習として [技術‐身体‐道具] のかたちを作りかえる事態を指しているのだ。

　身体の二重の在り方とは，主体的に生きられた身体であると同時に，客観的な対象と捉えることのできる身体である。そのため，身体はどこまでも同一でありながら一元的に収斂することはなく，その二重性の矛盾がもたらす

振動ゆえに，無限の広さと深さとを生きることになるとともに，生きる歴史的世界もまた無限にその奥行きを明らかにすることになる。しかし，それはただ原理的にそういえるのであって，具体的な身体の広さと深さとは，歴史的社会的な創造物であるメディアの介在によって開発される。「身体を有つ」という在り方は，人間が道具をもって物を作ることによって生じる。道具という他なるものが，動物とも共通する「身体的存在」という即自的な在り方に亀裂を入れ，人間の身体は「身体である」とともに「身体を有つ」という二重の在り方に分裂する。身体の道具的性格は，道具によって生みだされると考えられる。

　メディアの発展が，この身体の二重性の発展を促した。生物学的な次元からいえば，環境世界へ自動的に適応する身体などではなく，歴史的世界において道具をもって物を作り，またその世界によって作られることを通して，どこまでも無限に変容し学習することのできる身体へと進化してきた。そして歴史過程においても，このようなメディアの歴史的創造が人間の身体をより繊細にし，学習の幅と深さとを拡張してきた。しかし，このことは，単純に過去の人間より現在の人間の方が世界にかかわる能力が優れているということを意味しているのではない。私たちは，かつての狩猟民がもっていたような，獲物や自然にたいして鋭敏に応答するように感覚器官を働かすための身体技法を，もはやもち合わせてはいない。歴史のなかで，どれほど多数の特異な身体技法（技術）が生まれ，そしてまた失われていったことだろうか。ある道具の消滅は，その道具とかかわる技術的身体の消滅であり，その道具によって開かれていた世界との交通の消滅である。私たちには，狩猟民が生きていた世界を，同じリアリティをもって感じ生きることはもはやできない。

　自己を，歴史的世界において，［技術 - 身体 - 道具］でもって物を作る行為的存在と見なし，そして，この機序において，学習が可能となることを明らかにした。この歴史的世界が，メディアによる学習が生起する場所である。

§4 歴史的身体として経験し
　　発達する場としての実践共同体

1. 歴史的世界におけるメディア概念の拡張

　学習が生起する場所は，自己が道具でもって物を作る歴史的世界であること，そしてこの学習はメディアを介することによって生起すること，さらにこのメディアは歴史的社会的制作物であることを明らかにした。そうであるとすれば，［自己 - メディア（技術 - 身体 - 道具）- 世界］の3項図式のなか，メディアを［技術 - 身体 - 道具］の系として捉える定義では狭すぎるのではないだろうか。なにより，人間はいつもすでに他の人間を媒介者にして対象と向かい合っているのではないだろうか。このことは，ヘレン・ケラーとアン・サリヴァン先生のことを例に考えればよくわかる。
　ヘレンは，生後19カ月目のときに，病気で視覚と聴覚の感覚を失った。7歳のとき，サリヴァンがヘレンのもとにやってくる。サリヴァンは卒業したばかりの20歳そこそこの新米教師であったが，彼女の献身的な指導によって，ヘレンに「魂の目覚め」が起こり，言葉の世界とともに生命の世界に開かれる。よく知られている話だが，ここで注目するのはそのあとの二人の話である。ヘレンは，サリヴァンを着脱可能な道具として，文字通り自らの眼とし耳・口とするだけでなく，世界を受け取り世界に働きかける。このときヘレンにとってサリヴァンは拡張された知覚器官にとどまらず，身体の一部として透明化した道具なのである。例えば，ヘレンは，自らの身体の延長としてのサリヴァンを介して，さまざまな言葉を学び，本を読み，周囲の世界を見る。このときのコミュニケーション・システムは，［ヘレン - サリヴァン - 世界］と書き表すことができる。サリヴァンの残した記述によると，ヘレンが聴力の機能検査を受けたおり，口笛や話し手の口調を的確に聞き分け

て，周囲の者を驚かせたというが，それはサリヴァンが周囲に反応する微妙な筋肉の動きや身振りの変化を，握っている手を通してヘレンが読み取り理解していたからである。情報が循環する回路［ヘレン - サリヴァン - 世界］のなかでは，どこまでがヘレンでどこからがサリヴァンなのかは，常識的な区別では意味をなさないだろう[21]。

　［ヘレン - サリヴァン - 世界］を，［自己 - 媒介者 - 世界］と書きあらためてみる。そして，先に見た［自己 - メディア（技術 - 身体 - 道具） - 世界］と，この［自己 - 媒介者 - 世界］との関係を考えてみる。そうすると，ヘレンの身体は，サリヴァンの身体と重なり文字通り連結している。そしてそのサリヴァンの［技術 - 身体 - 道具］が世界とかかわっている。そうすると［自己 - 媒介者（技術 - 身体 - 道具） - 世界］であり，ヘレンはサリヴァンを理解するものであるから，［自己 - 媒介者(ヘレン)（技術 - 身体 - 道具） - 媒介者(サリヴァン)（技術 - 身体 - 道具） - 世界］となる。このとき，自己の身体は，媒介者の身体（メディア）を受肉する。このサリヴァンの身体の受肉なしには，ヘレンの言語世界への開けはなかっただろう。たしかに，サリヴァンは文字通りヘレンの「眼」（メディア）であり，「耳」（メディア）であり，着脱可能ということではヘレンの「道具」（メディア）であった。このような在り方を，ここでは「二重メディア身体」と呼ぶことにする。この事態を，図1-1を基に図にすると，次の図1-2のようになる。

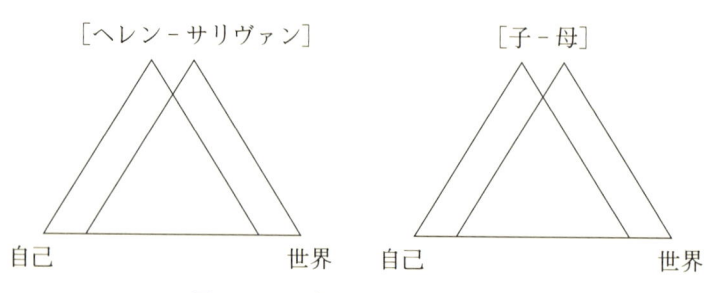

図1-2　二重メディア身体の図式

このシステムの成立は，もちろんヘレンが三重の障害をもっていたからだが，考えてみれば，［ヘレン‐サリヴァン］の関係を特殊な事態といいきることもできないことに思いいたるだろう。乳児から幼児への生長過程において，母子の身体は生理学的には肉体として切り離され独立してはいても，実際には分離されてはおらず，母親が子どもと一体化した媒介者（メディア）となっている。幼児は，独立して世界に向かい合っているように見えるが，新たなメディアとかかわるときには，そのメディアの使用者である母親と一体となり，そのメディアの使用方法を身につけていく。

幼児のボール遊びの学習は，メディアとしてのボールを転がす母親とのやりとりのなかで実現するものである。このとき，ボール遊びは，幼児と母親という二人の主体の間でボールが転がされていると見るよりは，ボールのやりとりという［自己（技術‐身体‐道具）‐媒介者（技術‐身体‐道具）‐世界］のひとつの系が成立している，と考えるべきである。ボールのやりとりのなかに，そのつど幼児と母親という項が生まれるのである。私たちは後で，このようにして子どもに最初に遊びという特有のコミュニケーションのかたちを，親が教える場面を見ることになるだろう――あるいは子どもが親から教わる場面を見ることだろう――あるいは遊びというメディアによって［教える‐教わる］が生起する場面を見ることだろう（ここでは，どの項を中心にして記述するかの課題に直面している）。

それは大人になっても同じである。社会的学習理論が教えるところによると，新参者は，実践共同体への正統的周辺参加によって，技術・技能をもつ者（十全的参加者）を媒介者にして対象とかかわり，自ら十全的参加者へと生長していく。そして同時に，実践共同体は，共同体への新参者を十全的参加者へと仕上げることで，自らを再生産していくのである。節をあらためて詳しく述べよう。

2. 歴史的身体と歴史的世界としての実践共同体

　J. レイブとE. ウェンガーが,『状況に埋め込まれた学習』(1991年)で明らかにしたように,「徒弟制的な学び」においては, 新参者は「実践共同体」への「正統的周辺参加」の実践によって学ぶという。このとき, 正統的周辺参加とは, 実践共同体にたいして, 構成員として認められるという意味では正統的であり, しかし実践において中心的働きをしないという意味では, 周辺的な参加しかしていないということである。職人集団への参入を思い浮かべるとイメージしやすいだろう。「正統的周辺参加」という言葉が示しているように, 学習は個人的な精神への「内化」ではなく, 実践共同体への「参加」として捉えられている。実践共同体に参加することによって, つまり社会的実践によって, 社会的共同体の「十全的参加者」(一人前) になることが目的となる[22]。

　学習は, それまでの認識論的な心理学が研究してきたように, 心的な「構造」や「表象」の獲得ではなく, 社会的実践への参加のプロセスなのである。しかも, それはまた同時に実践共同体の再生産の実現でもある。実践共同体における社会的実践では, 生産と学習と共同体の再生産とが, 同時に為されているのである。この状況的学習論, また文化的道具に媒介された共同行為の遂行による学習と発達というヴィゴツキー学派の学習理論は,［主体‐媒介者‐対象］と書き表すことができ, 先に見た［自己‐メディア（技術‐身体‐道具）‐世界］と原理的に同形である。

　もともと技術とは, 共同行為において成り立つ人や物との交渉の行為のかたちであり, 他者との連関なしには, 維持することも伝達することも, ましてや発展させることできない。その意味で, 行為するときには, たんに行為の対象となる物との関係だけでなく, その行為と結びつく他者と, さらにその背後の共同体の存在を, 前提としているのである。食事をするとき, 私たちは動物のようにただ「喰う」のではなく, 文化的社会的に規定された作法

にしたがって「食べる」のである。食物を取り入れる動作は、他者との連関で食べる行為となり、さらには美的に洗練された礼儀作法ともなる。夕餉を頂く、会食をする、宴会をする、晩餐に出席する……、これらはすべて家族とのかかわりや仲間や客とのかかわり、あるいは、伝統的社会では、身分の高い者や聖なる者との食事のかたちとなる。それぞれにその場にふさわしい身体作法が求められる。このように考えていくと、技術の習得がその技術を支える共同体への参加を意味しているのは、当然というべきであろう。この技術の習得が、共同体の他の構成員からの評価と支持をえることで、学習者は共同体に承認されているという自覚をもつとともに、周囲から求められていることが実際に「できる」ことによって、自尊感情を高めることができるようになる[23]。この実践共同体の場もまた当初から述べてきた歴史的世界のひとつということができる[註6]。

　ヘレン・ケラーとサリヴァンを手がかりに、［自己－メディア（技術－身体－道具）－世界］という3項図式によって、メディアとしての他者を組み込んだ学習理論を考え、［自己－媒介者（技術－身体－道具）－媒介者（技術－身体－道具）－世界］と表記し、「二重メディア身体」として捉えた。そこから、レイブとウェンガーの正統的周辺参加の学習理論、そしてヴィゴツキー学派の文化的道具を介した学習理論を捉え直してみた。正統的周辺参加をメディア身体から捉え直すなら、そこには「二重メディア身体」の機構が働いていると考えられる。本章でのこれまでの考察から捉え直すなら、これらの学習理論では身体の役割についての考察が不十分（つまりこれらの学習理論には生命論の問題構成が欠けている）とはいえ、［技術－身体－道具］を中核とするメディアの学習理論といいかえることができるだろう。それぞれの議論については、未だスケッチのレベルにとどまっており、この論証は章をあらためて論じる。参考のために、メディア身体論とヴィゴツキー学派の学習論を図化して比較すると次のようになる（R. ジラールの欲望模倣論については第5章で述べる）。

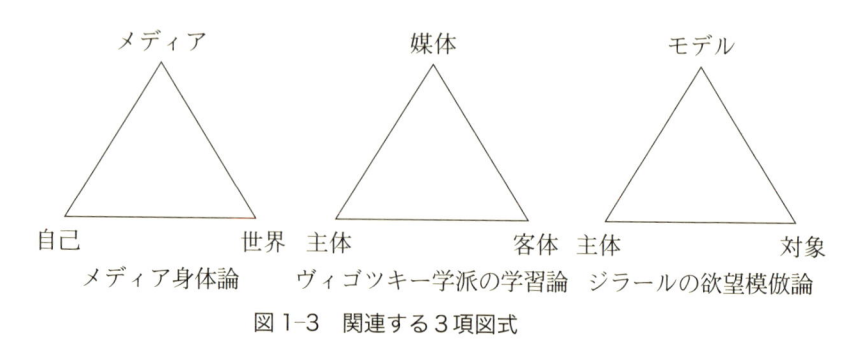

第1部 メディア身体の人間学

```
     メディア              媒体                モデル
      △                  △                  △
   自己   世界          主体   客体          主体   対象
   メディア身体論    ヴィゴツキー学派の学習論    ジラールの欲望模倣論
```

図1-3　関連する3項図式

　さて以上のようなメディアを介して学習する身体は，教育学のような有能性の発達を主題とする思想にとって理解しやすい身体観に基づいている。この身体観は，最初に述べた，ユクスキュルによって見いだされた環境世界と結合する知覚器官という意味によって結びあう原理に立っている。身体は，つねに意味とかかわり言語によって回収される身体である。しかし，身体は他方で意味へと回収することのできない「物」(物質のことではない)でもある。驚くべきことに，この意味づけの不可能性のなかに，生命はその姿を示す。そしてここに教育は生命性を育む教育という，社会的な有能性の発達とは異なる新たな次元を見いだすのである。

§5　体験し生成する身体

1．創造的進化における学習する身体

　本章でのこれまでの考察は，人間中心主義的な人間の方からの語りに限定している。事態をより正確に語るためには，世界の方からの語り直しが不可欠である。身体は，人間が世界と出会い，世界の深部にダイブするメディア

（通路）であるとともに，世界が世界として出現するためのメディアでもあるからである。世界は身体を通して，その真実の姿を現す。身体は，人間が世界と出会う通路であるとともに，世界が人間と出会う通路でもある。さらに身体はメディアを制作するメディアである。世界との出会いによって，身体は新たな世界への通路を作品として制作していくのである。P. セザンヌやP. ピカソの絵画が新たな知覚のかたちを生みだしたように，作品が新たなメディアとなり，その作品に接する者の知覚をはじめとして身体のかたちを変容させ，作品の制作者が出会った世界に触れることを可能にする（第4章参照）。

　もし人間が「身体である」とともに「身体を有つ」という二重の在り方で存在しないならば，あるいは人間の身体が動物のように環境世界と緊密に結びついた知覚器官にすぎないならば，世界はただ可能性としてあるしかなかっただろう。［技術 - 身体 - 道具］という歴史的社会的に形成されたメディア（通路）の存在が，世界の無限の可能性を具体的に開いていくのである。メディア（media）とは，もともと聖と俗とをつなぐ「霊媒」のことを意味するミディアム（medium）の複数形であった。日本のミディアム史に引き寄せて述べるなら，霊媒とは，イタコのような死者との交信を媒介する者のことである。しかし，熊野比丘尼や説教師，琵琶法師や瞽女などの放浪する芸能者たちも，この世とあの世とを仲立ちするミディアムである。さらに，このような芸能者たちによって作られ広められていった，能や歌舞伎，歌や踊りといった芸能も，カミ・ホトケあるいは祖霊を祀り交信するためのミディアムである。こうしたメディアを介して，古代や中世そして近世にいたるまで，人々は聖なる世界と交信していた。その意味では，本書での自己と世界とを開いていく「メディア」という用語の使用法は，「マスメディア」という用語法で使用されている用法より，その原義に近いものといえるかもしれない[24]。

　もちろん最初に述べたように，動物もまた種の進化を通して新たなかたちを生みだしつつ環境世界を開いてきた。しかし，人間は種としてだけではな

く，個体としても創造的進化を実現する歴史的自己であって，メディアとしての［技術‐身体‐道具］を介して歴史的世界をどこまでも新たに創造していくことができる。この無限に創造的な運動を，西田は「ポイエシス」と呼んだのである。創造的な制作者は，創造的身体として新たな世界に触れ，新たなメディアとしての作品（発見された自然法則，新たな芸能，芸術作品，哲学の著作，宗教的な修行……調理法，走法，呼吸法）を創作することで，これまでにない新たな世界の可能性を人々に知らしめる。その意味で，創造的な制作者は，科学者であれ，芸能者であれ，芸術家であれ，思想家であれ，宗教者であれ，料理人であれ，アスリートであれ，創造的進化を実現する駆動力である[註7]。そのような人々を介して，歴史的世界は創造されていき，この歴史的世界は歴史的生命の「表現」となる。しかし，抜きんでた人物の制作したものをベーシックなメディアとしながらも，原理的にはすべての人間存在は道具でもってパーソナルに世界を作りかえ，その世界によって作りかえられる存在である。「我々は道具を以て物を作る」のである。

　人間中心主義の思考慣習，あるいは有用性の関心から自由になるとき，教育の概念は有能性を中心とする発達の一次元的なものから，生命性を育てるという垂直の新たな次元を加えたものに変わる。そのとき，これまでのように，教育を人間が生長したり発達したりするための助成として捉えるだけでは不十分である。また世界に出会うことというだけでも不十分である。さらに社会の側からいいかえ，共同体の再生産というだけでも不十分である。「発達」という名の有用な能力の拡大や技術や知識の獲得，また新たな意味の生成やアイデンティティの確立にとどまらず，教育とは人間がメディア（道具）を介して歴史的世界（物）を作り，生命世界の現れに奉仕することでもある。西田が『中庸』から一文を引用し，教育者の使命を「天地の化育を贊けるものを贊け育成するもの」というとき[25]，近代の人間中心主義を超えた，歴史的制作的な生命の躍動としての教育の真相を語ろうとしていた[註8]。人間中心主義的見方を超えることで，私たちの教育世界は，水平の次元の社会化や発達の世界だけではない，垂直の次元の生成の世界とも結びついている

ことを知ることができる。

2．体験する身体

　私たちは，有用な身体が形成される経験から，新たな意味が生成する身体へと論を進めてきた。しかし，これまで述べてきた身体像は未だ一面的である。意味を生みだす身体とは，つまりは労働や生産に偏った身体像である。この身体像から導かれる学習や教育は，最終的には発達の概念に回収されてしまう。

　バタイユの原理に立つなら，道具をもったとき人間は，道具的身体に開かれるとともに，その有用な在り方を否定する聖なる身体にも開かれたのである。凧というメディアによって，無限に開かれた天空への夢想とともに世界に溶解する子どもたちのように，道場という聖なる場所で，弓と矢というメディアと鍛錬された呼吸法でなされる厳密に定められた所作の流れによって，無の世界へと深くダイブする弓術家 E. ヘリゲルのように，あるいは芸術作品というメディアによって，慣習化した知覚を激しく揺さぶり意味世界を破壊する画家 V.v. ゴッホのように……（本書ではこれから多様な師や師匠や先生，マスターやメンター，名人や達人と出会うことになるだろう）。

　これらの出来事を身体に着目していいかえるなら，身体は労働によって自然が否定されるとともにその道具性が際だち，どこまでも発達することになったが，同時に，その有用性を破壊する禁止の侵犯（否定の否定）によって，脱自の体験につながる通路ともなったということができる。無限に学習する身体とは，不定型な力を統制し意味へと結実させる社会的身体であるとともに，その社会的身体を否定することで，無限に限界を超える過剰な聖なる力が渦巻く身体ともなる。

　このように，身体を脱自の体験へと開いていくメディアも存在しているのである。「遊び」と呼ばれているものはすべてそうだし，供犠のような宗教的儀式もそうだ。先に「メディア」の原義の説明においてあげたように，こ

の世とあの世とをつなぐ日本の芸能史とは，この脱自のメディアの歴史といってもよい。これらのメディアは，自己に新たな世界を開き，意味世界を分節化するのではない。もちろん結果としてそうした事態が生じることもあるだろうが，そのことを目的としているのではない。世界をコントロールするのではなく，反対に有用性のもとで機能化した世界とのかかわりを破壊し，自己と世界との境界線を溶解させ，世界との連続性を実現するのである。このとき脱自＝エクスタシーの体験が生起する。この体験のことを，バタイユは「内的体験（expérience intérieure）」と呼んでいる。

　「身体を有つ」という物としての身体の在りようが，意味に回収されることのない純然たる外部を生みだす。意味がはぎ取られた身体（＝死）を生きるのも，人間の身体が二重性であるがゆえにである。身体の二重性を生きつつ，「身体である」ことから意味を孕むことができ，「身体を有つ」ことから意味を侵犯することができる。意味を無に極限まで近づけることで，身体は目的実現のための手段＝道具ではなく，オブジェ（物）そのものと化することができる。このように物と化する体験は，禁止によって制限を受ける，つまり意味を生きる人間に特有のものである。エロティシズムは，この禁止の侵犯によって生起するのである（第8章2節参照）。こうして，私たちは，何かの役に立つという企図の観念から解き放たれ，十全な世界に開かれる。

　この議論は，これまで手がかりにしてきた西田の命題「我々は道具を以て物を作る」に反するものではないか，という疑問もあるだろう。たしかに，西田の原理は，一方から見れば，労働やあるいは芸術制作は論じてはいても，バタイユにみられる有用な労働や道徳を侵犯するエロティシズムといった考察とは共通点をもたない，と考えられるかもしれない。しかしそうではないのだ。ここで西田がいう「物」とは，単に物質や材料のことでもなく，また商品のことでもない。「物」は生産や消費，あるいは交換や所有といった経済学的範疇とは異なる次元で立ち現れる。西田は次のようにいう。

　　物が絶対に我々の自己を離れたもの，我々の自己の外にあるものならば，

我々は物を見るといふことはできない。之に反し単に物が我々の自己の内にあるものならば，又我々は物を見るといふことはない。故に我々が現実の底に深く我々を越えたもの，超越的なるものを見ると考へれば考へる程，我々の深い自覚と考へられるものが成立するのである。行為によつて物を見ると考へられるのは，之によるのである。我々が超越的なるものに接するといふことは物を離れるといふことではなくして，深く物に入ることである。[26]

「物来たりて我を照らす」というように，西田にとって「物」とは物質のことではなく「事物」であり，得体の知れない意味世界の外部でもあり，「死」や「他者」と同様，「絶対無」による否定そのものである[27]。したがって，「物」を作ることによって歴史的世界として意味化されると共に，意味に回収することのできない無限の縁暈（えんうん）（fringe）をもった「物」が，意味の世界の背後に垣間見られることになる。「我々は道具を以て物を作る」とは，このような既成の意味世界の外部との交通でもある。

西田は，1939年の論文「経験科学」において，「我々の直接の世界が身体的と云ふのは，主客未分以前的に無媒介な世界と云ふのでなく，ポイエシス的に媒介せられた世界であると云ふことである。ポイエシス的に媒介せられると云ふことは，技術的に媒介せられると云ふことである」[28]と述べている。ここでは，『善の研究』（1911年）における主客未分以前の純粋経験が否定されているのではなく，「主客未分以前的に無媒介な世界」という田邊元による西田への批判が，退けられているのである。そして，私たちの「直接の世界」も，ポイエシス的に媒介された世界に他ならず，技術を有した身体に現れることが論じられている。このことは，メディアを介しての「体験」に原理的な道を開いた，と考えるべきだろう。

§6 教育と教育学の生命論的転回に向けて
    —生成（生命性）と発達（有能性）

　天空に凧を揚げること，工場で自動車を作ること，学校で幾何の問題を解くこと，湖畔で風景を描くこと，広場で野球をすること……から，走ること，歩くこと，そして見ることにいたるまで，すべて「道具を以て物を作る」ことの一部である。驚くべきことに，呼吸をするという生命維持に不可欠な生理的事象においても，身体はどこまでも歴史的身体である。人間は自身の身体を道具とし，腹式呼吸や胸式呼吸といった呼吸法を技術として学び，自らの身体のかたちを制作することで，座禅を組んだり，瞑想をしたり，弓を引いたりすることができる。人は，深く長く呼吸をすることで，あるいは呼吸の仕方を変えることで，世界とのかかわり方を変えることができるのだ。だからこそ，この歴史的なメディアとしての［技術‐身体‐道具］に，教育がそして規律的テクノロジーが介在し介入することになる。

　本書には，これからさまざまな学習や教育の場面が登場するが，そのすべての場面においてメディアが介在している。そこには森や道をともに歩いてくれる媒介者や，遊び方を教えてくれる媒介者がおり，また，種々の道具や遊具や教材が介在している。人と人とが直接に触れあう・伝えあう・教えあうという先入観をもたずに，学習や教育が生起している場面をありのままに見れば，必ずメディアが介在していることがわかるはずだ。

　人間は，さまざまなメディアを介して，自ら学習し新たな自己と世界とを創造し，また同様にして子どもの教育をしている。そのなかで，あるメディアは，教具や道具のように，主として経験を蓄積し，生活に有用な能力を高めるという有能性にかかわる。またあるメディアは，音楽や美術のように，主として自己と世界との境界線を溶解し，生命的な連続性という比類ない喜びというエロス的な体験をもたらす。あるいは，強力なノンセンスの詩のよ

うに，主として意味世界を破壊し，意味世界の外部に触れさせ，タナトス的体験を生起させたりする。このように芸術とかかわるメディアは，有能性をもたらす経験ではなく，生命性を深める体験にかかわるのである。しかし，メディアは，原理的には経験と体験のどちらともかかわりうるものである。経験を生みだす道具から，手段的性格が失われたときには，その道具は行為自体のうちに溶け込み，体験を生起させることになる。道具の使用そのものが喜びを生みだすときには，その活動は「遊び」と呼ばれるだろう。いずれにしても，有能性も生命性も，どちらも人間存在には欠くことのできない次元であり，優れた文化とは，この経験と体験を生起させるメディアが，バランスよく組織化された集合体にほかならない。そして教育の成果は，このようなメディアの創出と適切な選択と配置，時宜をえた提示とにかかっている。

現在のように，視覚刺激に偏った電子メディアの影響力が強力なときには，教育空間では，反対にその知覚世界とは別の知覚世界を開くメディアが重要になるだろう。また子どもが幼稚園や保育所，学校と家庭という小さな世界に生活圏が制限されているときには，歴史的世界への媒介者として，親でもなく教師でもない大人の存在が不可欠になるだろう。さらに社会全体が，有用性への関心を異様にまで高めているときには，その有用性への偏りによって子どもの生命性が損なわれないように，生命性を深めるメディアの注意深い選択と，配置と提示とが，不可欠になるだろう。今日における学習と教育とをデザインする上で，生命哲学に基づいて，人間存在論 - メディア身体論 - 学習理論を明らかにし，そこから大人へとつながる幼児・子どもや青年のメディアについて検討することが重要である。

幼児・子どもを取りまく現状の問題の詳細は，これから章を追って次第に明らかになる。私たちは，本章で示した人間存在論 - メディア身体論 - 学習理論をもとに，子どもの問題を明示し，これから子どもの経験 - 発達の次元と体験 - 生成の次元との関係を問い直し，その考察をもとに生命論的転回に立った幼児教育学のメディア・デザインを試みることになる。そしてそれとともに，この問い直しのプロセスのなかで，これまで論じられることのなかっ

た，「幼児理解」の臨界点にいたることとなる。

【註】

註1　本書では，三木の「構想力の論理」の考察に深入りすることはできないが，西田哲学との接近のなかで提示されたこの「形の論理」は，学習理論や教育理論においてこそ，発展できるものではないだろうか。三木の技術論の影響を受け，城戸幡太郎や海後勝雄や山下徳治といった戦前に教育科学を展開した人たちが，新カント学派からディルタイ学派への転換期のなかで，理想主義と生の哲学の二者択一の選択を乗り越えて，マルクス主義ともつながる三木のアイディアを，教育学へと迎え入れようとしていた。しかし，戦争という時代的制約のなかで，この「形の論理」のアイディアは，教育学として十分に展開することはできなかった。戦後は，京都学派の哲学者たちが，戦争協力という理由で批判されたこともあり，教育科学の推進者たちは，三木哲学とのつながり自体を表だって語ることがなくなった。本書は，あらためて三木の技術論を西田の行為的直観の原理にまで立ち戻り，そこから生命哲学に立った［技術-身体-道具］のメディアを媒介とする学習理論として，新たに思考し直す試みである。「幼児教育　知の探究シリーズ」の第5巻，佐藤公治の『保育の中の発達の姿』(2008年) でも，三木の「構想力の論理」が取りあげられており，併読いただければと思う。また本書第5章の註3を参照。

註2　西田は，日本でももっとも早い時期から，フッサールの現象学に注目し，また「ノエシス」と「ノエマ」という現象学の用語を，自身の思想を展開するために使用した哲学者である。西田の身体論は，註5でも述べるように，田邊の西田哲学批判において展開された身体論に触発されたもので，直接にフッサールやメルロ=ポンティの身体論の影響があるわけではないが，現象学に基づく身体論と共通点が多いことは，これまでにも指摘されてきた[29]。また今日，日本を代表する現象学研究者新田義弘は，『現代の問いとしての西田哲学』(1998年) において，現在の現象学研究の水準から西田哲学を高く再評価している。西田哲学と現象学との関係を捉えるのに有効である。

註3　西田の身体論とメディアとの関係については，すでに拙論「生成と発達を実現するメディアとしての身体─西田幾多郎の歴史的身体の概念を手掛かりに」(2012年) において，西田のテクストに即して検討し論じている。しかし，実際には本章の論考の方が先に執筆され発表されている。本章は，第54回教育哲学会大会 (2011年) のシンポジウム「教育はどのように問われるべきか」において，発表の資料として当日配付したものをもとにしている。ただし本章の内容は，本書の主題にあわせて新たな箇所を書き加えるなど全体を書き直している。

註4　ここでは，身体とテクノロジーということで，M.フーコーの規律訓練としてのテクノロジー，あるいはP.ブルデューのハビトゥス概念を想起する必要があるだろう。生命論的転回に立って，メディア身体論から幼児教育学の革新を試みる本書においても，これらの思想の成果が重要であることは，いうまでもない。これらの思想が明らかにした論点は，経

験 - 発達の次元における身体をコントロールするテクノロジーの議論とかかわっている。そして当然のことながら，このテクノロジーを破綻させる体験 - 生成の次元の議論とも結びついている。しかし，教育学研究においても，フーコーの規律訓練としてのテクノロジーや，あるいはブルデューのハビトゥス概念については，すでに多くの研究蓄積がある。この研究蓄積を，本書のメディア身体論でもって批判的に検討し，あらためて捉え直すことは重要ではあろうが，それは別の機会に譲るしかない。

註5　木村敏は，西田哲学を基に精神医学の諸概念を再検討をしている。木村が，『新編 分裂病の現象学』(2012年) のなかで，分裂病的身体経験を明らかにするために提示した，「ノエシス的身体性」と「ノエマ的身体」の二つの区別は，この西田の身体論に直接に影響を受けたものと見てよいだろう。ここで木村は，「もの」として対象化することのできない純粋な事態，あるいは純粋に「こと」としての在り方にとどまっているような出来事を「ノエシス的」と呼んでいる。これにたいして，意識内容として，志向対象として，私たちに気づかれたかぎりでの「もの」の在り方を，「ノエマ的」と呼んでいる。そして，この区別にしたがって，「もの」として所有されるものではない生きられた身体の在り方を，「ノエシス的身体性」，それにたいして「もの」としての身体の在り方を，「ノエマ的身体」と呼んでいる。この両者を区別することで，分裂病的身体経験のみならず，さまざまな人間的事象を読み解いていく。例えば，「自己意識」や「他者意識」が未熟で，分化がようやく生まれはじめた幼児が，周囲にたいして，驚くほどの共感性をもつのは，このノエシス的身体性における自他の根源的同一性に由来すると述べている[30]。しかし，この身体性の区別の仕方は，H. ワロンや M. メルロ=ポンティらの考察との接続は図られはするだろうが，西田の身体論が行為的直観の考察のうちに登場してきた点を，後景化してしまっている。身体は，この歴史的実在において，道具をもち技術をもつものとして作る存在者の別名である。この［技術 - 身体 - 道具］の矛盾を孕んだ連関をぬいてしまい，ただ「ノエシス的身体性」＝「身体であること」と「ノエマ的身体」＝「有たれた身体」の区別にとどまるなら，それは単に考えられた身体像であるにとどまり，歴史的世界によって作られ歴史的世界を作

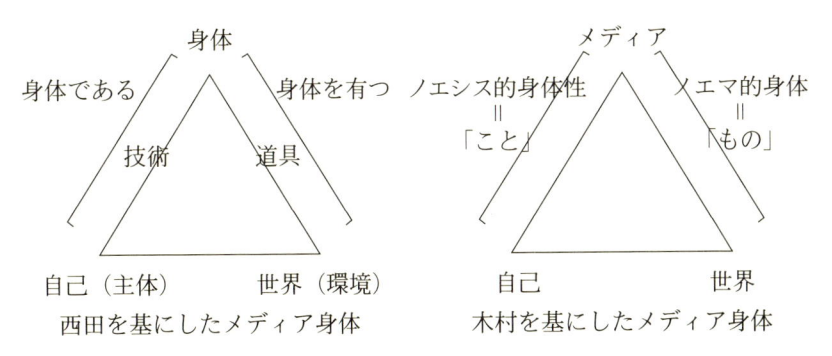

図 1-4　西田を基にした図式と木村を基にした図式との比較

る生きた身体の原理ではないのではないだろうか。木村の身体論を本書のメディア身体論の図式を基に書きあらためると,前頁の図 1-4 のようになる。

　ちなみに,西田が「論理と生命」において身体論を書く契機となった,西田哲学批判論文のひとつ「人間学の立場」(1931 年)において,田邊元は自己の身体論を次のように述べている。「我は単に働くことに於て在るのでなく,同時に在ることに於て働くのである。此相反する矛盾の媒介が身体である。身体は決してフィヒテの意味に於ける非我として対象化し尽されるものでない。ノエマ的なる身体は他の対象と同様に非我に属すると考へられるけれども,それは一の物体 Körper であつて身体 Leib でないともいはれる。真の身体の身体たる所以即ち身体性は,対象化し得ざるノエシス的の身体に於て始めて成立する。ノエマ的なる身体も此根柢に由つてのみ他の物体と区別せられるのである。」[31]　ここで描かれている身体論は,京都学派の身体論の原型でもあり,また木村のノエマ的身体とノエシス的身体性の区別の原型ともいうべきものである。ここでも,「ノエマ的なる身体」と「ノエシス的の身体」の両者は,矛盾の構造のうちにあり,弁証法的性格を有しているのである。

註6　こうした心理学理論を西田哲学から捉え直して解釈する試みは,すでに西田自身によってなされている。例えば,論文「経験科学」(1939 年)において,西田はトポロジー心理学の K. レヴィンの生命空間を矛盾的自己同一としての歴史的空間として捉え直している。

註7　西田自身は,「死することによって生きる」という「非連続の連続」を論じ,H. ベルクソンの連続的な内的発展としての「創造的進化」という言葉の使用には批判的であった。しかし,ここではそれでもなお西田がベルクソンの思想を継承していることに注意を喚起するためあえて使用している[32]。西田とベルクソンについては,すでに多くの研究があるが,そのなかで檜垣立哉は『西田幾多郎の生命哲学』(2011 年)において,両者の思想的関係を,間にドゥルーズ=ガタリを挿入することで,立体的に論じている[33]。その檜垣は『ヴィータ・テクニカ』においても,「生態学的転回」の手がかりとして,西田の生命哲学を積極的に参照している。

註8　西田の教育学についての唯一の論考「教育学について」は,論文「論理と生命」よりも早く 3 年前の 1933 年 2 月に発表されたもので,当時の西田の哲学原理をどのように教育学へと展開できるかについて,ひとつの可能な方向を示すものである。しかし,「論理と生命」において,はじめて明確なかたちをもった人間存在論 - メディア身体論 - 学習理論は,「教育学について」の時点ではまだ示されておらず,また西田自身の教育事象と教育学の理解の狭さということもあり,この「教育学について」の論考は,後期の西田の生命哲学を十分に反映したものとなってはいない。その意味で,この論考での西田の教育についての考察は,きわめて不十分なものといえる。またこの後期の西田哲学との対話のなかで,教育学的思考を進めていた西田の弟子,木村素衞の教育思想には,「論理と生命」の身体論の影響を読み取ることもできるが,時局との緊張関係のなかで,木村の関心は国家と教育の関係の解明へと主題が移り,身体論を教育学の文脈で発展させることはできなかった。その歴史的経緯から捉えるなら,本書での試みは,「論理と生命」をメディア身体論[自己 - メディア(技術 - 身体 - 道具) - 世界]として再構成することによって,西田が当時示唆していた教育学の構想より深い次元で,生命論的転回に向けて教育学的思考を語る試みといえる。

□その日ヘレン・ケラーに起こったこと

「沈黙の牢獄からぬけ出そうとしていた子どもなら誰でも，はじめて言葉を出したときに湧き上がるわななくような驚き，発見の喜びを忘れられるものではありません。」

ヘレン・ケラー『ヘレン・ケラー自伝』

　三重苦の少女ヘレン・ケラーと非凡な教師アン・サリヴァンの話は，子どもの頃に伝記で読んだ人も多いことだろう。しかし，あらためてヘレンの自伝とサリヴァンの書き残した手紙・記録類と読み合わせるとき，この二人の間で起こった「奇跡」の意味を考えずにはおれない。

　ヘレン・ケラーは，生後19カ月目に病気で目と耳の感覚を失った。言葉のない沈黙と暗黒の世界が実際のところどのようなものなのか，触覚や味覚や嗅覚あるいは身体感覚だけで世界と交わることがどのような体験なのか，私たちには想像することさえ困難なことである。体に触れるものが，舌で味わうものが，言葉によってあるいは視覚によって，他のものからはっきりと区別されたりしないときに，私たちにとって世界は安定したものとして生きることができるのだろうか。ヘレンはこのような世界に閉ざされたまま7歳を迎えようとしていた。

　1887年3月，アン・サリヴァンはヘレンのもとにやってきた。彼女は卒業したばかりの20歳そこそこの新米教師であった。サリヴァンはまずヘレンを家族から引き離し，二人だけの生活をはじめる。サリヴァンが最初にめざしたことは，ヘレンに服従を教えることだった。そして，短期間のうちに，サリヴァンの言うことにヘレンを従わせることができるようになる。しかし，どうしてもヘレンに言葉を学ばせることができない。調教することはできても，自発的に学ぶことを教えることはできないのだ。ここには超えがたい深い溝がある。障害をもたない子どもにとっては，あたかもそれが自然である

かのように容易に超えることのできる境目が，ヘレンにとってはとんでもなく不連続なものであることが明らかになる。この境目に，教えることと学ぶこととが結びあう教育の秘密が隠れているのである。

　家族のもとにもどったヘレンは，サリヴァンを試すかのように，ナプキンを使わずに食事をする。サリヴァンはそのことを見逃すことはしない。二人の間にふたたび対立が生じる。その夜ヘレンはサリヴァンの元にはもどってこない。しかし翌朝，ヘレンは予想もしない行為をする。サリヴァンが食堂に行くと，ヘレンはすでに食卓についており，しかもナプキンをしている。しかし，それはサリヴァンが教えた仕方とはちがうやり方である。そして，ヘレンはサリヴァンの手をなでる。「私は，彼女が仲直りをしようとしているのではないかと思って驚きました」とサリヴァンは書いている。ここではいったい何が起こったのか。ヘレンはサリヴァンの命令にしたがい，同時にサリヴァンの命令にしたがっていない。ここにあるのは，命令する者（調教者）とその命令に従う者（調教される動物）との関係ではない。この二人の関係は，人間的な関係へと進化しているのだ。

　あの「魂の目覚め」が起こるのはこのあとである。もっとも有名な箇所から引用しておこう。サリヴァンはヘレンを井戸のところにつれていく。ヘレンはポンプからほとばしる水に触れる。「冷たい水の流れが手にかかると，先生はもう一方の手に，はじめはゆっくりと次に速く『水』という字を書かれます。私はじっと立ったまま，先生の指の動きに全神経を集中します。突然私は，何か忘れていたことをぼんやりと意識したような，思考が戻ってきたような戦慄を感じました。言葉の神秘が啓示されたのです。そのとき，w-a-t-e-r というのは私の手に流れてくる，すばらしい冷たい何かであることを知ったのです。その生きた言葉が魂を目覚めさせ，光と望みと喜びを与え，自由にしてくれました。」[1]

　沈黙と暗黒の世界に閉ざされていたヘレンが，言葉を見いだすことによってこれまでと別の世界に目覚める。私たちが学習するということは，どのような学習であろうと，それ自体世界への目覚めであるが，ヘレンはそれを劇

的なかたちで示している。そして，学習自体は教えることができず，学ぶものの自発的な構えによってはじめて起こることを示している。

　しかし，ヘレンはこの言葉の世界に開かれただけではなかった。ヘレンは言葉の世界に開かれると同時に，奥行きのある生命世界にも開かれたのである。前の文章につづけて，ヘレンは「手に触れるすべてが生命にわなないているように思えました」と述べている。ヘレン自身が「魂の目覚め」と呼ぶ飛躍は，たんに混沌だった世界が言葉によって分節されたという知的な世界への開けだけではなく，ダイナミックでリズミカルな生命の世界への開けでもあったのである。ヘレンの書いたものを読むと，彼女が終生この生命にわななく世界と交流していたことを知ることができる。

　ヘレンとサリヴァンとのこの話は，『奇跡の人』(The Miracle Worker) というタイトルで二度映画化されている。一度目の映画では，A．ペンが監督し，1962年度のアカデミー主演女優賞・助演女優賞を受賞した。この映画の元になった原作は，W．ギブソン作の舞台劇の脚本である。これも日本語で読むことができる（『奇跡の人』額田やえ子訳，劇書房）。

　ところで，この映画のタイトルとなっている「奇跡の人」とは，いったい誰を指しているのだろうか。三重苦を克服したヘレンだろうか，あるいは困難な教育をよく成し遂げたサリヴァンだろうか。話は簡単ではない。ヘレンはサリヴァンによって言葉の世界に開かれ，サリヴァンはヘレンによって愛を見つける。むしろ，映画の主題は，ヘレンの言葉の学習ではなく，病気の弟を看病もできず施設で死なせてしまった後悔に悩まされるサリヴァンが，ヘレンとのかかわりを通して人を愛することを学ぶことだといってもよいぐらいである。映画は，「奇跡」が起こった夜，屋外の椅子に座っているサリヴァンのもとに，ヘレンが近づきサリヴァンのほほにキスをするシーンで静かに終わる。しかし，このはじめてのキスのことはフィクションではなく，サリヴァンが当日に書き送った手紙に残されている[2]。

　私たちは，人が人と出会う教育という営みには，「奇跡」（深い生命体験）の起こる瞬間があることをあらためて知ることになる。

第 2 部

メディアが開く子どもの生命世界

幼児教育学のテクストでは，体験-生成の次元が主題として論じられることは，ほとんどないといってよい。しかし，幼児教育の実践においては，「遊び」を重視してきたこともあり，経験-発達の次元にとどまらず，体験-生成の次元もまた実現されてきた。第2部では，ともすれば経験-発達の次元のみで語られることの多い幼児教育の領域論を，鉄棒運動や言葉遊びやボール遊びといった具体的な幼児の事象を取りあげ，体験-生成の次元に焦点を当てて捉え直す。もとよりこれらの事象は，経験-発達の次元をもあわせもっており，体験-生成の次元の考察が中心になるとはいえ，経験-発達の次元が軽視されるわけではない。

　重要なことは，体験-生成の次元においても，経験-発達の次元と同様にメディアが介在することで生起することである。第1章でも述べたように，［自己-メディア（技術-身体-道具）-世界］で定式化されたメディア身体論の課題は，経験-発達の次元だけでなく，体験-生成の次元とも深くかかわっている。したがって，メディアという問題圏は，幼児教育を構成する全領域とかかわっているということができる。第2部では，第1部で明らかにしたメディア身体論を基にして，幼児教育を構成する5領域において，メディアが子どもにどのような経験と体験とを開くのか，またどのようにして開くのかについて論じる。章立ては次のようになる。

　　第2章　健康領域論：運動体験がもたらす世界の転回
　　第3章　言葉領域論：子どもに世界を開く言葉の力
　　第4章　表現領域論：メディアが開く子どもの表現世界
　　第5章　人間関係領域論：子どもが集団遊びのなかで作るメディア
　　第6章　環境領域論：子どもが動物と出会うことの畏れと喜び

　各領域の課題全般について詳しく論じるだけの紙幅はないので，考察は各領域にかかわる事例を範型的に論じるにすぎないが，各領域が経験-発達の次元のみならず，体験-生成の生命的次元とどれほど深くかかわっているの

か，その一端を明らかにすることでこれからの領域研究に役立てばと考える。

当然のことながら，このような5領域の生命論的な理解は，本書の主題である子どもの生の理解と不可分な関係をなしている。もともと領域という教育学的概念は，子どもの生（生活・人生・生命）を出発点にしているのだから，その領域がいったい何であり何を課題としているのかを知ることは，子どもの生の特質を知ることであり，かつどの方向に子どもの生を進めるのか，生の課題を知ることでもある。

注意すべきことは，例えば，第3章「言葉領域論：子どもに世界を開く言葉の力」で国語の教育について語るとき，言葉の領域を国語科の前段階と位置づけることで，国語科に回収しようというのではないということである。反対に，国語科を幼児の言葉の領域へと取りもどすことがめざされているのである。つまり幼児教育のなかで重視されてきた言葉の生成の力を，国語科に回復させることこそがポイントである。このように捉え直すことで，あらためて幼児教育での言葉の領域が，子どもにとって一体どのような意味をもっているのかが理解できるようになる。本書では，原理的考察として，一見すると幼児教育ではない学校教育について語っているように見えるときでも，そこでは幼児教育とのつながりが意識されているのである。

幼小連携とは，幼児教育が，一方的に小学校の教育の論理にしたがって，学校化されることではない。反対に，幼小連携ということは，小学校の教師たちも経験的に知っておりながら，学校教育学がこの次元をいい表す用語をもっていないために，これまで十分に気づくことのできなかった，教育における生命的な次元を自覚することでもある。小学校の教育は，幼児教育からこの生命的な次元の教育を継続させ，さらに高次のメディアによって深化させなければならない。それが幼小連携の真の意味である。生命的な体験と直接結びついている体育・音楽・図画工作の時間はもとより，生活科・家庭科・総合的な学習の時間にも，そしてさらには国語にも社会にも算数にも理科の時間にも，すべての教科において溶解体験は生起し，子どもに「在ることの不思議」を感じさせ，生きていることの喜びをもたらすのである。

第2章

健康領域論
：運動体験がもたらす世界の転回

　身体を使った遊びはもとより，身体運動やダンスやスポーツは，身体行為による特有のかたちを介して，あるいは器具や道具を介して，生命に触れるメディアということができる。しかし，そこで生じる身体体験は，その性格上，言葉によって論じることはきわめて困難である。そのような言葉による表現の不可能性の可能性を試みようとしてきたのが文学作品（深い記述）である。本章では，鉄棒運動をテーマとした三つの詩を手がかりに，身体として生命に触れるメディアについて，前章で明らかになったメディア身体論［自己 - メディア（技術 - 身体 - 道具）- 世界］の観点から論じていくことにする。詩（言葉）を手がかりにするところから，本章は物語の力を論じた次章の考察とも結びついている。

　体験を描いた詩を深く理解するために，読者が鉄棒体験のときの気分や身体の内的な感触を想起することは重要である。しかし，むしろこの詩の生きた言葉が，読者に鉄棒体験がどのようなものであったかを，生き生きと知らしめることになるだろう。あなたは，鉄棒ではじめて逆上がりができた日のことを，鮮やかに思いだすことができるかもしれない。それは，とてもすてきな一日ではなかっただろうか。そして，あなたは，いまでもときどき公園にたたずむ鉄棒に呼び止められていることに気がつくだろう。

§1　運動体験の言語化の試みとその限界点

　教育学者は，運動を捉えるときにはいつも，運動によってもたらされる身体文化の習得や，運動能力あるいは体力の向上に，関心をもってきた。その理由は，教育が「発達の論理」によって指導されてきたことによる。発達は，社会において有用と見なされている能力や機能の向上と見なされ，発達をもたらすことが教育の働きの中心を占めると考えられてきた。体育の理論も実践も，この「発達の論理」に強く影響を受けてきたといえる。

　もちろん，教育学者も，スポーツを「スポーツ経験」として考察してきたように，運動がもつ経験の多様な意味を取りだし，それを評価することも忘れてはいない。例えば，人間学的な体育理論は，発達に回収することのできない，運動のプロセスにおいてもたらされる豊かな経験の諸相を，現象学的な記述を通して明らかにしようとしてきた。そのことによって，体育という教科のもつ新たな側面に光が当てられてもきた。

　私も以前に，モダンなスポーツ詩人ともいうべき村野四郎の詩『鉄棒』を手がかりに，生きられた身体の観点から，新たな意味が生成するプロセスとして身体運動を記述し理解しようと試みたことがある[1]。よく知られた詩だが，ここで紹介しておこう。

　　鉄棒

　　僕は地平線に飛びつく
　　僅(わずか)に指さきが引っかかった
　　僕は世界にぶら下った
　　筋肉だけが僕の頼みだ
　　僕は赤くなる　僕は収縮する

足が上ってゆく
　　おお　僕は何処へ行く
　　大きく世界が一回転して
　　僕が上になる
　　高くからの俯瞰
　　ああ　両肩に柔軟な雲[2)]

　「僕は収縮する」という「僕」と鉄棒との間の張りつめた緊張感，「僕は何処へ行く」といったような身体そのものとなった「僕」，その僕＝身体が一回転することによる新たな世界との出会い，そして「両肩に柔軟な雲」という最終行での世界に開放された喜びと安らぎの感覚，ダイナミックな運動から静止への転換の明快で調和的なリズム……鉄棒体験における意味生成のプロセスを，これほど的確に表現している例はないといえる。ちなみに，鉄棒は，英語で horizontal bar（水平棒）と呼ばれており，一行目の「僕は地平線に飛びつく」は，この英語訳を踏まえていると思われる。
　ところで，このような運動体験を意味生成として捉えようとする努力のなかで明らかになったことは，私たちが運動体験の図柄を概念的用語によって明確に描きだそうとすればするほど，実際の運動体験の真髄は表現できないということである。それは，私たちの観察力が劣っていたり，文章の表現力が未熟だったり，といった相対的な理由によるものではない。運動を知性によって対象化し分節化し，意味として言語化すること自体が，運動体験の本質と相容れないのだ。これは運動のなかに，原理的に言葉によっていい表すことができない次元があるからである。そして，この語りえぬ運動の次元に，「発達の論理」には回収することのできない，教育における大切な意義が隠されている[註1]。

§2 鉄棒運動における生成と発達

1．労働をモデルとする発達の論理

　なぜこの語りえぬ運動体験が，教育において不可欠だということができるのだろうか。このことについて述べる前に，戦後日本の教育の理論と実践とを支えてきた「発達の論理」について，もう少し説明しておこう。私の考えでは，「発達の論理」は，基本的には近代の労働のプロセスをモデルとしているように思われる[註2]。労働と「発達の論理」との関係を，シンプルに図式的に描いてみよう。

　労働は近代の人間経験を捉える中心的モデルである。したがって，「発達の論理」が労働をモデルとするのは当然であった。ここではバタイユの論にしたがって，労働の特徴をまとめておこう。バタイユによれば，労働では現在の欲望を否定して，未来に目的を設定し，未来のために現在を従属させるという。空腹で目の前に種芋があっても，それを食べてしまっては来年の収穫はゼロになる。たえず未来に配慮しつつ，人間は現在の自分の生活をコントロールする。だからこそ人間は道具を作りだすことができたのである。そのようにして，労働ではすべての事物を目的‐手段関係のうちに組みかえていく。したがって，労働の世界を特徴づける原理は，役に立つのか立たないのか，意味があるのかないのかといったことが判断の基準になる有用性の原理である。

　私たちが行為するのは，行為の開始前に，何か行為の目的がすでに存在しているからである。だから目的を実現する行為の過程は，いつも目的にとっては手段となる。行為はその目的の実現に役立つわけである。ところで，有用性の世界では，最終的な目的は存在しない。なぜなら，あらゆる目的は，その目的が実現されたときには，目的であることをやめ，次の目的のための

手段に転嫁してしまうからである。例えば、私たちは貨幣をえるために働くのだが、貨幣は何かを実現するための手段でしかない。そして、貨幣によって購入された商品も、それ自体が目的ではなく、何かのため（快適な生活をすること、人に見せびらかし賞賛をえること、幸福になること、……）の手段なのだ。「手段の蔓延」、これが労働を基礎とする有用性の世界経験である。

「発達の論理」は、基本的にはこの労働をモデルとしているから、学校教育ではすべての体験が、有益な経験として縮減されて、「発達の論理」（有用性の原理）に回収されていく。遊びがそのよい例なのだが、運動によってもたらされる体験も、「発達の論理」に組み込まれるのである。遊びは、体を丈夫にするとか、規則を学ぶことができるようになるとか、人間関係を学ぶとか、自然の認識能力を高めるとか、いわれてきた。なるほど、どれもまちがってはいないのだが、遊びの教育的効果が前面に押しだされることによって、遊びが本来もっている生成の力と生命の奥行きは縮減されてしまうのである。いうまでもなく、遊びは遊びを超える目的をもってはいない。つまり遊びはそれだけで完結した体験である。また遊びは善悪といった道徳とも関係しない。むしろ原理的にいえば、後で詳しく述べることになるが、遊びは「悪の体験」のひとつでさえある。しかし、教育の世界では、遊びが結果としてもたらす発達的な効果をもって、遊びの本質にしてしまうのである。

同様に、「発達の論理」は、さまざまな身体運動を、この有用性の原理で理解しようとする。こうして、身体運動は健康の維持、体力の増進、身体文化の学習といったように、いつも何かの手段として把握され評価されることになる。例えば、小学校の新しい学習指導要領の体育の目的は、次のようなものである。

　　心と体を一体としてとらえ、適切な運動の経験と健康・安全についての理解を通して、生涯にわたって運動に親しむ資質や能力の基礎を育てるとともに健康の保持増進と体力の向上を図り、楽しく明るい生活を営む態度を育てる。

ところで，この有用性の原理に支配された生のなかでは，生きていることのすべてが目的-手段関係として「事物の秩序」に組み込まれることになる。その結果，私たちは生命との全体的な関係から切り離されることになる。そして，世界との連続性を失い，深いコミュニケーションが困難になる。しかし，私たちは，世界との連続性を喪失し，事物となって生きつづけていくことはできない。教育においても同様で，「発達の論理」だけでは，人間の成長のすべてをカバーすることはできないのである。

2．鉄棒の感動

　それでは，どのようにすれば，私たちは有用性の事物の秩序から離脱して，世界との「連続性」を回復することができるのだろうか。それは有用性によって形成される事物の秩序を破壊することによってである。何かのために役立つという目的-手段の回路から離脱することによって，全体的なコミュニケーションの実現が可能となる。この事物の秩序を破壊する瞬間を，「生成」という名で表しておこう。本書のなかで，これまで何度かこの用語を使用してきたが，生成とはこの意味である。そして，優れた身体運動のなかに，「発達の論理」には回収することのできないこの生成の体験を，数多く見いだすことができるのである。

　有用性を破壊する運動体験の例として，先にあげた詩のテーマである鉄棒体験を取りあげてみよう。鉄棒運動は，労働とはちがって，運動の外部に目的をもってはいない。もちろん，鉄棒は懸垂運動に代表されるように筋肉を鍛えてくれる，あるいはストレスを解消してくれる，といった有用な効果がある。もともと鉄棒は，フレーベルと同時代のドイツの民族主義的体操家F.L. ヤーンによって発明されたものである。ヤーンは，祖国のプロシアがナポレオン軍に敗北したことから，祖国解放のために青年教育に関心をもち，あん馬や鉄棒といった器具（メディア）とともに体操を考案した。この体操

は「兵役体操」とも呼ばれており，その意味では，鉄棒運動も当初は身体を鍛えるための手段であった。

　しかし，私たちの身体体験としての鉄棒は，この狭い有用性の原理を超えている。いまや鉄棒運動は，体を鍛えるためのたんなる手段ではなく，目的そのものとなっている。健康をたえず意識しながら鉄棒運動をしているとすれば，それはエクササイズであり，鉄棒体験とはならない。つまり，鉄棒体験は，遊びと同様，未来の目的に従属する有用性の原理からの離脱なのである。そして，この鉄棒という名のメディア（技術‐身体‐道具）も，弓道における弓矢と同様，経験を生みだすメディアから，体験を生起させるメディアへと変化した例なのである。第1章で述べた［自己‐メディア（技術‐身体‐道具）‐世界］の図式にしたがえば，道具にあたる鉄棒と技を駆動する身体とが連関することで，新たな自己と世界とが生起しているのである。

　村野四郎の詩が表しているように，鉄棒をしているときには，運動とともに，自己と世界との間で新たな意味が生成する。しかし，それだけではない。運動のなかで，いつのまにか，私と私を取り囲む世界との間の境界が消えていくことがある。運動はこのような溶解の瞬間を生みだす。この自己の溶解という事象は，原理的に，経験として知性によって捉えられることを拒否する。溶解体験を捉えようとしたときの表現の困難さは，相対的なものではない。事物を目的‐手段関係のうちに分節化する労働が，意識の発達を促進してきたように，意識と労働とは同じ原理にしたがっているため，意識にとって労働は明晰に捉え表現することができる。したがって，発達の原理も同様に明確に定義することができる。近代科学は，研究する事象の対象化から出発し，明晰に分節化された言語による表現を要請する。ところが，溶解体験は，個人の同一性あるいは一貫性を破ることになるわけだから，個人の意識を場とする既成の知性によっては認識不可能な体験となる。明晰に意識し言語化することの困難な体験は，意味のないものと見なされる。したがって，自己の境界の解体を示すような溶解体験は，無価値なものと見なされてきたのである。

しかし，このような言語化の困難なところにこそ，体験の優れた価値はある。つまり意味として定着できないところに，生成としての運動の価値がある。先の村野四郎の詩にもどってみよう。詩の半ばと最後の箇所で，「おお」と「ああ」といっているところが，溶解体験にあたる。「おお」「ああ」の瞬間には運動の主体である「僕」は抜け落ちている。そればかりではなく対象としての世界も抜け落ちている。この詩では，2行が一対となり，その対の最初の行の冒頭にはいつも「僕」が登場する。そして，対となる後半の行では，最初の行で「僕」がなした事柄と結びついた事態が表現される。ところが，7行目では，この「僕」の前に「おお」がおかれることになる。この6行目から7行目へと移る回転の瞬間に，言葉にはならない主客の境界の突然の溶解があり，「僕」はなくなり，かろうじて「おお」と言葉ならざる言葉が発せられた直後に，ふたたび「僕は何処へ行く」といって，運動主体の「僕」が取りもどされることになる。回転は日常生活にはまず起こることのない事態だが，身体と化した「僕」はそれを「世界の一回転」として経験し，主客の溶解として体験する。前章のなかで，身体は人間が世界と出会う通路であるとともに，世界が人間と出会う通路でもあると述べたが，この詩において「僕」と「世界」との相互滲透を実感することができるだろう。

　詩の読解ということでいえば，「おお」「ああ」は同じものではなく，最初の「おお」は，運動が開始されることによる世界の新たな意味が生成することへの驚嘆の現れであり，後の「ああ」は，意味生成の運動が終了し安らいだときの感情を端的に表現したものだといえるだろう。しかし，この詩が，鉄棒体験の優れた詩的表現となっているのは，この二つの事態が書き分けられているからではない。逆説的なことには，繰り返し登場する運動主体としての「僕」の経験でありながら，「おお」とか「ああ」といった言葉ならざる言葉（あるいは言葉以前の言葉）によって，「僕の経験」を超えたもはや「僕の経験」と言うことのできない体験の測りがたい深みを，いい当てているからなのである[註3]。

§3 溶解体験としての鉄棒

1. もうひとつの鉄棒詩

　もうひとつ，鉄棒の運動体験を描いた詩と比較すると，このことがより一層明らかになるだろう。まど・みちおの詩『てつぼう』を読んでみよう。

　　てつぼう

　　くるりんと
　　あしかけあがりを　した
　　一しゅんにだ
　　うちゅうが
　　ぼくに　ほおずりしたのは
　　まっさおの
　　その　ほっぺたで…

　　おお
　　こここそ　うちゅう！
　　ぼくらこそ　うちゅうじん！
　　ヤッホー…[3] [註4]

　名作『ぞうさん』の作詞家，まど・みちおの『てつぼう』は，そのタイトルだけでなく詩のほとんどが平仮名によって書かれており，読む前にすでに見た目からして読者に柔らかな感触を与えている。漢字がならびゴツゴツした村野四郎の詩と対照的だ。しかし，ただ1箇所だけ漢字が使用されている

ところがある。3行目の「一」がそれである。「いっしゅん」とするのではなく，漢字を使用して「一しゅん」とすることによって，緊張感とスピード感と，「この一瞬」という世界が大きく転換する瞬間の一回性・独自性を鋭く表している。

　また，村野の詩がひとりで鉄棒に挑戦する孤独なアスリートを思い起こさせるのにたいして，まどの詩は「ぼくらこそ　うちゅうじん！」という言葉からも明らかなように，複数の子どもたちが次から次と「くるりんと」足掛けあがりを成功させていく，集団で鉄棒遊びをする子どもの姿をイメージさせる。

　まどの『てつぼう』は，村野の『鉄棒』とずいぶんちがっているようにみえる。しかし，7行目の「その　ほっぺたで…」から9行目の「おお」に移るとき，8行目が1行空白となっていることに注意してみよう。この1行が空白になることによって，主客の境界が溶けて文字通り「無」になった状態が間接的に明らかにされるのだ。このことによって，9行目冒頭の「おお」が，村野の『鉄棒』の「おお」と同じ事態を示していることがわかる。また，10行目と11行目の二つの「！」マーク（感嘆符）も，この体験の表現しがたい次元を示している。さらに最終行は「ヤッホー」という片仮名で表され，その表現で終わることなく「…」がつづいているのも，村野が「ああ」という言葉で表現した体験をいい表しているのである。言葉にはならない体験の余韻が示されているのだといってもよいだろう。

　「ああ　両肩に柔軟な雲」といわれるように，村野の詩が，回転運動の終了時の宇宙的ともいうべき安堵感を示しているのにたいして，まどの詩は，運動達成の感動を，宇宙に開いたまま伸びやかに力強く表現しているといえるだろう。

2．「世界の心棒」を感じる鉄棒

　鉄棒は詩人の心を惹きつけるようだ。さらにもうひとつ別の鉄棒の詩を紹

介しておこう。長田弘の詩集『深呼吸の必要』（1984年）におさめられた『鉄棒』は，散文詩という形式で書かれており，その分，前に取りあげた二つの鉄棒の詩を理解するのに役立つといえよう。

鉄棒

　誰もいない冬の小公園の片隅にある一本の鉄棒は——知っているだろうか——ほんとうは神さまがこの世にわすれていった忘れものなのだ。ハッとするほど冷たい黒光りした鉄棒を逆手に握って，おもいきり地を蹴ってみれば，そうとわかる。一瞬，周囲の光景がくるりと廻転したとおもったら，もうきみの身体は，いつもの世界のまんなかに浮かんでいる。

　ふしぎだ，すべての風景がちがってみえる。ほんのわずか目の高さがちがっただけで。息をしずめ，順手にもちかえて，きみは身体を廻転させる。もう一ど。またもう一ど。すると，ありふれた世界がひっくりかえる。電線，家々の屋根，木の梢，空の青さが，ワーッとこころにとびこんでくる。空気はおそろしく冷たいが，鼓動は暖かい。自分の鼓動がこの世の鼓動のようにはっきりかんじられる。しっかり握りなおす，神さまがここにわすれていった古い鉄棒を，きみは世界の心棒のように。[4]

鉄棒で一回りすると，世界の風景がこれまでとはちがったものになり，「ありふれた世界がひっくりかえる」という，意味生成の体験がとても正確に言葉となっている。そして，もちろん「ワーッとこころにとびこんでくる」の「ワーッ」は，村野・まどの「おお」と同様の根源語であり，世界の風景と心との溶解が語られている。さらに「自分の鼓動がこの世の鼓動のようにはっきりかんじられる」は，「自分」と「この世」とが溶解したときの在り方が示されている。しかし，これまで取りあげた鉄棒の詩と比べて，この詩の新しさは，なによりも鉄棒が「世界の心棒」に触れることのできるメディアであることを明らかにしたところだと思う。私たちは，鉄棒を握ることによって，「世界の心棒」を体に感じることができるのである。

3．有用性からの離脱としての溶解体験

　この三者の詩には共通点も多いが，三者の詩が描く体験の差異は，鉄棒を体験している者の身体性の差異と深く結びついている。村野の鉄棒体験は，旧制高校生的なアスリートの筋肉の緊張と結びついた身体によって作りだされており，まどの鉄棒体験は，幼児的あるいは小学生的な宇宙にまでに開かれるほど開放的でしなやかな身体によって作りだされている。このことについては先ほど述べた。それらにたいして，長田の鉄棒体験は，成熟した詩人の身体そのものによって作りだされている。アスリートのストイックさではなく，幼児の軽快さでもなく，大人の詩人の身体によって開かれた「世界の心棒」という言葉は，私たちの鉄棒体験のもっとも深いところに触れた言葉といってよいだろう。そして，この三つの詩が，それぞれに優れているのは，鉄棒体験の言葉を超えた感触を，逆説的なことに，言葉によって私たち読者の身体に深く体験させてくれるところにある。

　普通，発達をもたらす経験では，経験に含まれるさまざまな矛盾や葛藤を，自己が努力や練習によって克服していき，困難に打ち勝ち，自己のうちに取りこむこと（同化）によって，自己の能力や知識をますます豊かにする。私

たちが「よい経験をした」というときには，それまで自己のうちになかったものが，自己のなかに取りこまれたことを意味する。こうして，経験によって，人は以前の自己より高次の自己へと発達していく。

ところが運動体験は，溶解体験の次元では，「おお！」とか「ああ！」とか「ワーッ！」としかいい表せない出来事であり，そのことでとりたてて能力が向上したり知識が新たに生まれでるわけではない。優れた運動体験は，知性によって分節化・明確化して自己へと取り入れることのできない，溶解体験というしか表現ができない生成の出来事と関係している。この溶解体験は，有用性の原理と結びつく「発達の論理」を超えた生を実現する，生成の体験なのである。

自己を超える生命の秩序に触れることによって，私たちは，日常の有用性を原理とする価値の秩序とは別の秩序に開かれることになる。この秩序は，私という境界を超えた生命の秩序だから，比類ない喜びやあるいは驚嘆を与える。しかし，どちらにしても既知の世界は破られることになる。そして，この溶解体験における超越の体験こそ，「自己の尊厳」を生みだすものなのである。何かの役に立つことではなく，生命に触れることに由来する価値の在り方は，労働によってえられるものではない。それをもたらすのは，繰り返すが，有用性の世界からの離脱によってなのである。そして，このような体験を深めるとき，私たちはたとえ世俗的な共同体から評価されることがなくとも，自己自身に価値があることを見失わずにすむのである。

§4　教育における体験の貧困化

戦後日本の教育は，神話をあたかも史実であるかのように教えたり，自分たちが他の民族や国民より優れているのだという誤った優越感を吹き込んだり，また侵略戦争や植民地支配を正当化したりといった，戦前・戦中の国家

主義的・軍国主義的な教育への深い反省から出発した。そのため、国家的儀礼や儀式に見られるような、自己が民族全体にまで「拡大」するナショナリズムのような擬似的な溶解体験のみならず（このような擬似的な「体験」を、作田啓一は「拡大体験」と呼んで、「溶解体験」と区別している）、あらゆる超越的な体験を、学校空間から排除することになった。そのことを推進したのは、戦後の中心的思想である合理主義・民主主義・人間中心主義であった。それ自体は正しいことでもあったが、その結果、学校という空間は、歴史上まれにみる有用性の原理が貫徹する機能的な空間に変質した。

　それでも、子どもはさまざまな生成の体験を、学校空間の隙間で、あるいは放課後、学校以外の場所で、十分に体験していた。路地や原っぱに代表される子どもの遊び場（自由空間）では、あとで詳しくみるように、高密度で多数の子どもがいたために「遊びの共同体」というべき異年齢の「子ども集団」が成立した。その子ども集団においては、創造され継承された「子ども文化」と呼ぶべき豊かな遊びのメディアを縦横無尽に駆使できることもあって、自由で快活で喜びに満ちた、あるいは不思議で純粋な驚きに満ちた、深い生成の体験を生みだしていた（第5章参照）。そのような時間と場所が学校とは別にあったから、学校はどこまでも発達をめざす場所として機能することができたのである。団塊の世代に属する人々が、自身の子ども時代を特権化し、ノスタルジーを込めて子ども時代を振り返るのは、それなりの客観的条件が存在していたからである。

　しかし、学校の外部であるはずの家庭や地域社会が学校化し、学校と同じ価値観で動くようになった。生命に溢れた森や河川、あるいは魅力的な路地や原っぱの開発が進むにしたがって、自由な遊び場自体が減少していった。さらに異年齢の子ども集団は出生数の急速な減少により消滅した。そして電子メディアの急速な進歩と普及は、屋外よりも室内でのそして集団よりも個人の遊びを楽しいものにし、無理をして仲間と顔をあわせる必要がなくなった。そのため、子どもは有用性の原理を超える体験による生成が困難になっていった。

学校そして学級では，子どもは有用性が一元的に支配する閉じられた人間関係に曝される。そのため子どもは，「この勉強に何の意味があるのか」と問う場面でも，「この勉強が何の役に立つのか」と問うてしまうようになる。また子どもにとって，自分の価値や意味は有用性の原理が支配する他者との人間関係のなかからしか生じず，学級のなかでの仲間の評価が，その子どもの価値と意味のすべてとなってしまう。そのため，学級の仲間から否定され，仲間はずれにされたなら，生きていくこと自体が困難となってしまう。今日，いじめがかつてないほど子どもにとって過酷に感じられるようになったのは，子どもの生きている「現実」が一次元的になっているからである。子どもはこの閉じた集団の人間関係のなかで生みだされる「現実」に抵抗し，別の次元の生の可能性（別の「現実」）を模索しつつ，自身でコントロール可能なさらに小さな趣味世界に自らを内閉するようになる。
　子どもを取りまく世界から，深く生命に触れる生成の体験が失われているなか，身体運動のような体験がもたらす価値は，以前よりも遥かに大きくなっているように思われる。子どもは，身体運動のメディアによって，社会における有用性にとらわれない次元で，生きていることの原理に触れることが可能となる。語りえない生成としての運動体験，私たちはあらためて溶解をもたらす運動体験の教育における重要性を考える必要がある。

　私たちは，第1章において，教育や学習をみるときには，経験を基に発達する有能性と体験によって深まる生命性という二つの次元において捉えることを，人間存在論‐メディア身体論‐学習理論の立場から提案しておいた。この二つの次元は，人間存在の在り方に由来するものだが，この子どもの体験の貧困化が，幼児教育における領域論に，なぜとくに体験‐生成の次元の考察が不可欠なのかの状況論的理由である。ここでは示唆するにとどめているが，第5章では，子どもをめぐる状況についてさらに詳しく述べ，状況における課題を明確にするだろう。その前に，次章では身体につづき言葉が課題となる。

【註】

註1　私は村野四郎のこの詩を3回取りあげたことになる。『子どもという思想』においては，運動経験-体験による意味生成に着目して論じた。『贈与と交換の教育学─漱石，賢治と純粋贈与のレッスン』においては，意味の生成ではなく，むしろ言葉や意味に回収することのできない体験の側面に着目して論じた。本書では，これまでの考察と一部重複しているが，さらにメディア身体論をもとにまど・みちおと長田弘の鉄棒詩とを対照することで，この詩の体験の新たな側面を論じている。

註2　ここで「近代の」という限定がつけられているのは，西欧において労働は，古代ギリシャや中世のキリスト教世界では，近代とは異なる捉え方がなされていたからである。本論のバタイユの労働観は，きわめて近代的な特徴が示されたものであるが，バタイユ自身は歴史的限定のない普遍的な特性として論じている。西欧における労働観の歴史的変遷については，今村仁司の『仕事』(1988年) を参照。

註3　今日の西田哲学の継承者のひとり上田閑照は，この「言葉ならざる言葉」のことを「根源語 (Urwort)」と呼んでいる[5]。「根源語」は，純粋経験は言語を離れてありうるのか，それもまた言語の効果ではないのかという，純粋経験 (本書の溶解体験) と言葉とのジレンマにかかわる用語である[6]。このことについて上田は，次のように述べている。「元の経験にはいつでも言われたこと以上が含まれています。言われたことに『余るもの』(ほんとうはどこ迄言われても尽きないもの) がある筈です。ただ，元の経験が生きている現在の中で理解が行われているかぎり，ということは，経験の『自分で直接に』という直接性 (その最直接性に於ては『自分で』とは即ち『自分なくして』ということでしたが，その直接性のふくらみ) のなかで理解が行われている限りは，言葉による変容は，絶えず元の経験に浸透し返されて，経験の生きた自己理解ということになります。その時は，『限る』ことがはっきり理解することであると同時に，元来言われたこと以上である元の経験は，限られることによって余韻を響かせます。ほとんど無限の余韻を。そしてその時は，言葉で限ることが，それによって余韻を聞くことでもあります。」[7]「根源語」とは，このジレンマからの脱出を図る試みにほかならない。そして，私たちは後で「深い記述」という言葉で，この「無限の余韻」を響かせる記述について考察することになる (本書第7章3節5項)。上田はこのほかにも，『ことばの実存─禅と文学』(1997年) において，同様の問題を論じている。この言葉をめぐる問題は，次章の註1でふたたび論じる。

註4　この詩集，川崎洋・高階杞一・藤富保男編『スポーツ詩集』(1997年) で，村野四郎とまど・みちおの詩は，対として見開きの頁に載せられている。編者のこの試みがなければ，本書で試みたように，これらの詩を一対として比較対照して理解することもできなかっただろう。また，この詩集自体が，スポーツ体験を捉える上での「深い記述」による貴重なテクストであることも，つけくわえておこう。

第 3 章

言葉領域論
：子どもに世界を開く言葉の力

　子どもがメディアによって生命に触れる体験に開かれると述べたが、こうしたメディアのなかで、もっとも大きな力をもつメディアのひとつに「言葉」がある。

　言葉もまた［自己‐メディア（技術‐身体‐道具）‐世界］の図式に現れるメディアである[註1]。人は言葉で物語ることによって、自己の経験を時間の前後関係にしたがって分節化し、自己の時間を秩序づけることを可能にする。そうして、自己の経験を他者と共有された歴史の一部とすることができる。そのとき経験は自分にとっても対象化できるようになり客観的なものとなる。こうして、たえず振動し輪郭線をもたなかった私の生は、私が語る言葉によって次第に象られていく。私とは私が語る物語なのである。

　この事態は、幼児にとっても同様である。「それから」「それから」「それから」と言葉をつなぎ、出来事を生起した順番に語る幼児の拙い語りは、時間を自分の生のうちに構造化する第一歩を踏みだしている。そして、幼児は言葉で物語ることによって、自分の経験を、現在のみならず過去と未来とに結びつけていく。あるいは物語ることで、過去と未来が分節化され、現在が浮かびあがるようになる、といった方が正確かもしれない。いずれにしても、幼児が言葉によって物語るようになることが、どのように発達と関係するかについては、すでに多くの研究が蓄積されている。

しかし，本章ではこの経験を構成し定着させる言葉による語りではなく，体験をもたらす語り「物語」に注目してみたい。あなたは，幼いときに物語に夢中になりはしなかったか。異なる自然の法則や魔法のルールが支配するファンタジーに我を忘れはしなかったか。それにしても物語は，いったいどのようにして子どもを生命世界へと開くというのだろうか。前章が身体運動に基づく体験が世界を開くメディア論だとすると，本章は言語に基づく体験が世界を開くメディア論ということができるだろう。

§1 物語るという出来事

1．読書という出来事

　私たちは，本をひとりで静かに黙読することに慣れてしまっているが，読書の形態として黙読が一般的になったのはそれほど古いことではない。日本の読書の歴史にかぎれば，約120年ほど前（1897年）に設立された帝国図書館では，入館者の音読する声がうるさくて，音読を禁止する注意書きがわざわざ貼りだされていたといわれる。当時まで読書とは声を出して読むこと（朗読・朗誦）であり，ひとりの読み手のまわりには，その読み手の声を聞く複数の聴き手がいた。つまり読書とは共同的に生起する出来事であった。いまのように読書がひとりで黙読する個人の楽しみとされるようになったのは，リテラシーの水準の高まりと，日本の「家」の生活様式の変容と，印刷技術の発展によって出版物が廉価で入手できるようになってからのことである[1]。

　ところで，個人における読書経験のはじまりも，ひとりで黙読することからはじまるわけではない。幼児の読書経験は，親や兄弟姉妹や保育者と一緒に絵本を囲み，彼らの声を聞くことからはじまる。その意味でいえば，最初

の読書は物語を聞くこととそれほど遠くにあるわけではない。

物語を語ったり聞いたりすることは、いったいどのようなことなのだろうか。物語とは、誰かが誰かに何かを物語ることによって生起する出来事である。しかし、少し考えてみればわかるように、物語るとはさまざまな人間の言語行為のなかでもきわめて特殊なものである。私たちは、見聞きしたことや、経験したこと、あるいは想像したことを、家族に、同僚に、友人に、恋人に、そして子どもたちに物語る。しかし、物語るとは、指示や命令、叱責や注意、挨拶や返事や約束、あるいは報告といった言語遂行的行為とは異なる言語行為である[2]。私たちは、物語ることで直接に誰かに行為を指示することもないし、物語ることで命令したりはしない。物語るとは、社会的な必要性によって要請されるコミュニケーションの交換の環から離脱することであり、有用性の世界の外に出ることである。

なぜ人はたき火や暖炉を前にして、あるいはいろりを前にして、子どもに物語を語りはじめるのだろうか。揺らぐ焔が、日中の労働から解放された人々の心を魅惑し振動させはじめ、日常の有用な時間の流れが途切れるときに、時間の有用な使用を侵犯するかのように、誰かの声を通して物語が夢想のように流れでる。子どもに物語ることは、それまで語り手の経験 - 体験や頭のなかの想像でしかなかったものを、贈与として子どもに届けることであり、ひとつの物語として子どもと共有することである。そしてそのときひとつの出来事（イベント）が生起する。

2．贈与としての物語

もっともよく知られている子どもへの物語の贈与の例は、次のものであろう。

1862年7月4日の午後の強い光がさすボートの上で、後にルイス・キャロルという名で世界中に知られるようになるオックスフォード大学の数学講師、チャールズ・ラトウィッジ・ドジソンは、隣の家に住む学寮長のリデル

家三人姉妹からの,「お願い,あたしたちにお話しして」という言葉に促されるかのように,その娘たちが登場する物語を,即興で語って聞かせた。後にドジソンは,その三人姉妹のなかのひとりアリス・リデルに,クリスマス・プレゼントとしてこの物語『アリスの地下の冒険』(1864年)を文章にし,そして自ら挿絵も描いてプレゼントすることになる。これが『不思議の国のアリス』(1865年)の原型となる[3]。このことは,大人が子どもに物語を物語ることが,子どもへの無償の贈与であること,そしてそれがひとつの出来事であることをよく示している。イギリスの例をさらに重ねれば,R.L. スティーヴンソンの『宝島』(1883年)も息子のために書かれたものだし,J.M. バリーの『ピーター・パンとウェンディ』(1911年)も,子どもたちに語りそれが後に作品となったものだ。そしてこのような有名なプレゼントにかぎらず,日々,子どもに無数の物語が大人からプレゼントされている。

　しかし,これから述べる宮澤賢治の場合は,もう少し複雑な贈与関係のなかで物語が子どもにプレゼントされている。生涯のなかで生前に唯一出版された童話集『注文の多い料理店』(1924年)の序のなかで,その物語がどのようにして読者である子どものもとに届けられることになったのかについて,次のように書いている。

　　　これらのわたくしのおはなしは,みんな林や野はらや鉄道線路やらで,虹や月あかりからもらつてきたのです。
　　　ほんたうに,かしはばやしの青い夕方を,ひとりで通りかかつたり,十一月の山の風のなかに,ふるえながら立つたりしますと,もうどうしてもこんな気がしてしかたないのです。ほんたうにもう,どうしてもこんなことがあるやうでしかたないといふことを,わたくしはそのとほり書いたまでです。[4]

　つまり賢治の描いた物語というのは,「林」や「野はら」や「鉄道線路」やらで,「虹」や「月あかり」から,賢治がもらってきたものだという。そ

してそれは賢治からさらに読者へと贈与されたのだというのである。この文章を，いかにも賢治らしいたんなる文学上のフィクションとして読んでしまうと，賢治の文学の秘密を解くことはできない。この文を正確（つまり文字通りということ）に理解することなしには，賢治の文学の核心は理解できないのである。このことについては後で詳しく述べることになるが，ここでも物語が子どもへの贈与として生起していることが重要である。

なぜ子どもに物語ることの贈与という性格に注意を促すのか。それは純粋贈与の基本的性格が，贈与された者からの返礼や見返りを一切求めないところにあるからである。返礼があれば，贈与は交換に変質してしまう。社会は市場交換のような経済上の交換にかぎらず，道徳や法も交換の形態を基本にすることによって成り立っている。そのため，この一切の見返りを求めない贈与は，交換の秩序によって成り立つ社会のバランスの原則を侵犯することになる。贈与は法外な出来事として生起するのである。純粋な贈与が無条件の愛と結びつけられるのはこのことによる。そして，子どもに物語るという行為が，基本的に贈与的性格をもつことは，この行為が，有用性の原理を侵犯し，有用性に基づく道徳や法の外部へと，子どもを開いていく力をもつことを意味するのである。

3. 出来事としての物語

しかし，物語が子どもにとって外部へと開かれる出来事であるのは，物語るという行いが，贈与として生起するゆえであるばかりではない。絵本が出来事を生起させると述べたが，子どもに語られる物語も，出来事を生起させる仕掛けをもっている。ここでは宮澤賢治の童話「雪渡り」を例にとってみよう[註2]。この物語を暴力的に3行に要約すると，次のような内容である。

【要約】雪の日，四郎とかん子とが子狐の紺三郎と出会う。二人は紺三郎に狐の幻燈会に招待される。そこで二人は狐たちに歓待されて楽しい

時間を過ごしたのち, ふたたび人間の世界にもどって来る。

　この物語は, 子どもが「こちらの世界」から「あちらの世界」へと行き, またふたたび「こちらの世界」にもどって来るという典型的な行ってもどる物語である。人間の世界と異類の棲む異界との間の往還や, 動物や怪物といった異類による歓待といったように, この物語は,「おむすびころりん（鼠浄土）」や,「したきりすずめ」や「こぶとりじいさん」といった昔話と, 同じ構造をもっていることがわかる。絵本でいえば, M.H. エッツの『もりのなか』(1944年) や M. センダックの『かいじゅうたちのいるところ』(1963年) といったように, おなじみのパターンといってよいだろう。
　しかし, この物語のポイントは, このパターンとしてのストーリーにあるのではなく, 四郎とかん子の二人が, キツネの世界に入り, 異類の存在と交流することで, 人間であることを脱して, キツネへと変容してしまうということにある。キツネのふりをするのでもなく, キツネのようになるのでもなく, 文字通りキツネになるのである。「雪渡り」は, 次のような印象的な文章で終わっている。「その青白い雪の野原のまん中で三人の黒い影が向ふから来るのを見ました。それは迎ひに来た兄さん達でした。」[5]　この箇所の重要性を指摘したのは, 劇作家の別役実である。別役は, キツネの幻燈会からもどってくるとき, 四郎とかん子が一郎・次郎・三郎の兄たちを「黒い影」と見てしまうのは, このとき四郎とかん子がすでに動物になっているからだと述べている。「恐らくこの時二人は, 森のなかの狐の世界にある一員として人間を見てしまったにちがいない。だからこそそれが『三人の黒い影』という, 不気味な異類に見てとれたのである。」[6]　この別役の指摘は重要である。この子どもの動物への変容について, もう少し詳しく見てみよう。
　キツネが人間のように言葉を話すように描かれるとき, 私たちはそこに擬人法が働いていると考える。本来, 擬人法は, 動物も生き物でないものも含めて人間化し, 人間の世界に回収してしまう人間中心主義に依拠した文学上の技法でもある。ところが, 賢治の物語は, 擬人法を極限にまで推し進める

ことで反転し，動物や世界の出来事が人間化されるのではなく，人間の方が世界の方に引きよせられてしまうマジカルな力をもっている。この賢治の擬人法の在り方を，人間化の反対の作用を生みだす脱人間化の技法として，私は「逆擬人法」と呼んでいる[7]。

そして，この「雪渡り」の面白さも，キツネが擬人化されて，人間のように話をしているようにみえながら，実は反対に人間の方が反転して動物化＝脱人間化してしまい，キツネの世界で人間の子どもたちがキツネになることだと考える。認識の上でも，あるいはすべての存在者の中心という価値の上でも，人間中心主義が崩れてしまい，二人がキツネと同じ世界にともに存在する存在者になってしまうことである。この転換は，存在の在り方にかかわる問題意識からはじめて理解できるものである。『注文の多い料理店』の序の文章にもどるなら，逆擬人法＝「心象スケッチ」の技法を通して，人間中心主義からの離脱によってはじめて可能になった虹や月あかりからの贈与を示しているのである。これが賢治の序の文章をたんなるレトリックとして読んではいけない理由である。

話を「雪渡り」にもどすなら，ここで描かれているのは，旅に出てさまざまな経験をへることで，自己が形成されていくといった教養小説の物語とは異質の出来事である。反対に，子どもは動物になることによって，人間であることを超えて，世界のうちに一体となる体験をするのである。異類との交歓とは，本来そういったものである。ここに生起しているのは，蓄積され能力が高められていく有用な経験ではなく，予期することもなく，瞬時のうちに世界へと溶解していく，有用性に回収できない無用な体験である。それはまた，人間と動物との間を自由自在に移行できる子ども時代において実現される幸福な体験でもある。もちろんこうした体験は，恐怖や畏れともなりえるものであるが，そのことも含めて，あえて「幸福な体験」と呼んでみたい。人間の生の境界線を乗り超えて生きることが，幸福でなくてなんであろうか。

このような人間の世界の外に出るには，大人より子どもの方が容易なのはいうまでもない。子どもは他者や世界にたいして防衛的にならず，そして有

用性に限定されない世界への純粋な関心をもつことができる。この子どもの生の在りようが，動物になる幸福な体験を可能にするのである。キツネの幻燈会の入場券に，わざわざ「学校生徒の父兄にあらずして十二才以上の来賓は入場をお断はり申し候」[8]と書いて，一郎・次郎・三郎の入場を妨げているのは，12歳が大人と子どもとの境界線で，12歳以上の人間にはキツネになることが困難だからである。ちなみに，これはS. フロイトが潜伏期と呼んだ時期の終わりの年齢に該当する。私たちは，のちに『スタンド・バイ・ミー』や『子鹿物語』において，この12歳あるいは13歳あたりが，子どもから大人への転換点（生の臨界点）であることをみることになるだろう。

このようにして，賢治の物語は存在の在り方の変容という出来事を描いている。その出来事が出来事として読者に生起するように，賢治はさまざまな工夫をしている。賢治の作品にかぎらず，優れた物語にはこうした工夫がある。そのことが子どもの物語の力となるのだが，そのことを述べる前に，この物語の力が教育において衰弱している今日の事態を考察することで，あらためて物語の力の所在について考える糸口をえることにしよう。

§2　教育における物語の力の衰弱

1．貧困化するモラルジレンマという物語

物語の力が，学校教育のなかで，いちばん求められている領域は，おそらく国語と道徳の領域であろう。まず道徳教育からはじめよう。道徳教育と物語の力との関係でいえば，「寓話」がいちばんわかりやすい例だろう。イソップに代表されるように，遥か古代より寓話の教育的な作用はよく知られていた。人類は寓話によって人生に有用なさまざまな教訓を伝えてきた。擬人化された動物たちが織りなす寸劇のなかに，人類の知恵が凝縮されているので

ある。イソップ寓話の「ライオンとネズミの恩返し」のライオンやネズミ,「キツネと葡萄」のキツネ……これらは典型的な人間の姿そのものである。ライオンのような傲慢な人,ネズミのような恩を忘れない人,キツネのような負け惜しみの強い人……といったように,動物の世界と人間の世界とが二重に重ねられ,私たちはさまざまな処世訓や人生訓を学ぶとともに,身の回りの世界を二重に捉える技法を学ぶのだ。しかし,こうした寓話はいまははやらないようだ。

　道徳性を発達させることをめざしたL.コールバーグの道徳教育では,子どもに「モラルジレンマ資料」と呼ばれるオープンエンドの物語を提示し,その物語をもとに子どもたちに議論をさせ,子どもたちの道徳の判断力を高めようとする。そのモラルジレンマ資料で有名な物語に,「ハインツのジレンマ」と呼ばれているものがある。短いものなので全文をあげておこう。

　　ヨーロッパで,一人の女性が非常に重い病気,それも特殊なガンにかかり,今にも死にそうでした。彼女の命が助かるかもしれないと医者が考えている薬が一つだけありました。それは,同じ町の薬屋が最近発見したある種の放射線物質でした。その薬は作るのに大変なお金がかかりました。しかし薬屋は製造に要した費用の10倍の値段をつけていました。彼は単価200ドルの薬を2000ドルで売っていたのです。病人の夫のハインツは,お金を借りるためにあらゆる知人を訪ねて回りましたが,全部で半額の1000ドルしか集めることができませんでした。ハインツは薬屋に,自分の妻が死にそうだとわけを話し,値段を安くしてくれるか,それとも,支払い延期を認めてほしいと頼みました。しかし薬屋は「だめだね。この薬は私が発見したんだ。私はこれで金儲けをするんだ」と言うのでした。そのためハインツは絶望し,妻のために薬を盗もうとその薬屋に押し入りました。[9]

　この事例を示したあとで,教師は「ハインツは薬を盗む方がよかったと思

いますか，盗まない方がよかったと思いますか」と問い，さらに「どうしてそう思うのですか」と子どもに質問する。もちろん，ここには唯一の正解といったものはない。ハインツのとった行為にたいする当否の判断でなく，子どもが判断するにいたった理由づけの仕方に着目し，子どもの道徳的な判断力を発達させるところに，この道徳教育の中心があるのだ。

　ところで，この事例では，この物語の主人公ハインツの価値観やこれまでの経験，奥さんの意志や希望，あるいは薬屋の事情といった物語に欠かすことのできない多くのことが削ぎ落とされている。語り手の固有の声は消去され，数字が示されることで情報が精密に限定されまた抽象化され，子どもの議論がハインツのとった行為にたいする道徳的判断に焦点化しやすいようになっている。しかし，そのためにこの事例は，物語としてみたときにとても貧しいものとなっている。情報としてハインツの行為が提示されるだけで，この事例には，人が生きている感触がなく，そのために子どもはここから新たな物語を紡ぎだすことができない。この物語では，教室という閉じられた空間において，教師に強いられないかぎり，子どもが自分で考えはじめることはないだろう。それはこの事例が翻訳文のせいばかりではない。日本で作られた同種のモラルジレンマの資料も，厳密性を記すかのように，さまざまな数字が組み込まれ，ほぼ同じように個性のない翻訳調の文体で書かれている。

　この事例をみるとき，従来の道徳の副読本でしばしば取りあげられるような偉人伝的な読み物や，即物的な指示や命令を含んだ安手の道徳読み物より好ましさがないわけではない。しかし，子どもの物語は，このようには作られてはいない。優れた物語では，登場人物は奥行きをもった立体的人物として描かれており，文章には独特の語りの声が宿り，そのため子どもは主人公の人生に興味をもつだけでなく，無数の読みの可能性が開かれる。そのことはモラルジレンマを描いた物語が，生活のなかのシリアスな葛藤や問題を描いたリアリズムで描かれているのにたいして，子どもの物語が，概してファンタジーやノンセンスのように，非リアリズムによって作られているからだ

といった理由ではない。文学作品は，リアリズムであろうとなかろうと，そこにはさまざまな読みの可能性が開かれているのだ。そして，その読みの可能性とは，生きることの幅や深さの可能性でもある。それは考えることを促す仕掛けでもある。読みの可能性が，読者に開かれていることが，物語の力である。そして，読みの可能性を限りなく開きつづけるのは，文体に表れる物語の細部である。

2．情報化する国語教育

今度は国語教育を例に取りあげてみよう。「物語の力」という言葉からまず連想するのは，物語が子どもによい影響を与え，子どもの価値観や自己観をよい方向に変容させる力のことであろう。そのとき子どもは，物語から教訓や道徳的メッセージを正しく受け取ることによって，子どものよい変容（成長・発達）は生じるのだと考えられている。この読者論が，現在の国語教育学の水準からみて，いかに時代がかったものと見えようとも，実際に国語教育の授業でめざされているのは，このようなものである。

中学校の国語入試問題を実践的に分析した文学研究者石原千秋によれば，国語の教材のなかで繰り返し語られているのは，「子どもが成長する物語」であり，国語の入試問題は，その出題作品の道徳的なメッセージを「正しく」読み取ることに焦点化されているという。そして国語の授業が実際にやっていることは，道徳教育にほかならないと看破している[10]。石原は，「『国語』に強くなるためには，まずこのルールを頭にたたき込むことだ。次に，どういうことが道徳的に価値があるとされているのかを早く覚えてしまうことだ。そして，その価値観がどういう物語の型や評論の型を作りだしているかを覚えてしまうことだ。」[11]と，実践的なアドバイスを提示している。

そのようにみるならば，中学入試のみならず，小学校の国語の授業にも，同様の原理が働いているとみてよいだろう。もちろん石原が語るほどクリアカットに国語の授業が動いているわけではないにしても，国語教育はこうし

て，隠れた道徳教育としての物語の力に出会うことに失敗するのみならず，国語教育としての物語の力に出会うことにも失敗することになる。

　先にも述べたように，物語は出来事として生起する。しかしながら，その作品のなかの作者の道徳的なメッセージを読み取るために，国語の授業では物語を要約する訓練がなされる。これは出来事としての物語に生起する意味生成のダイナミズムを，無理矢理に固定し，意味を確定し，情報として処理することの訓練といってよい。物語は，それを物語る固有の文体が削り落とされて，はじめて交換可能なものとなる。そのため，まず物語から固有の文体が消える。物語の細部には，固有の声が文体として結晶化している。その細部を削りとり，固有の声を消去し，筋に縮約し意味を固定することで，物語は情報という平面（市場）のなかで交換可能なものとすることができる。

　物語は情報化されることによって，広範囲にわたっての伝達が可能になる。それだけでなく物語は交換可能なものとなることで，効率よくストックすることも消費することもできるようになる。しかし，この物語の情報化は，人間の生成変容という観点から捉えれば，大きな代償を支払うことを意味する。物語が情報に標準化されることによって，どの物語もすでにどこかで見たことのある，あるいはどこかで聞いたことのある物語のバリエーションとなる。似た話の繰り返しであり，結局この世界に新しい話などはないのだ。自分の人生の物語も，誰かがすでに語った物語のバリエーションのひとつにすぎないのだ。物語の情報化は，意味の既視感を生みだし，結局この世界には新しい意味がないというニヒリズムに突き進むことになる。モラルジレンマの物語は，その文体を消し去ることで物語の力を削いだが，国語教育は豊かな物語を道徳メッセージに要約し縮減することで，物語の力を削いでしまうのである。こうして，意識することなく物語を情報化する技術を伝達する。

　詩がそうであるように，物語はコミュニケーションの交換の環に流通する情報などではなく，情報に定着できない出来事である。そして，3行に要約された「雪渡り」が何ものでもないように，コンパクトに要領よく切りつめられた筋をどれほど大量にストックしようと，それは物語を生きることには

ならない。この教育によって方向づけられた物語の情報化に抗して，物語が生きられた出来事となるためには，物語を出来事として生きるレッスンがあらためて必要なのだ。

§3　物語の力と細部

1．オノマトペは要約に抗する

　物語の力はどこに存しているのか。子どもの物語には，物語が出来事として生起するためのいくつかの工夫がなされている。例えば，子どもの物語につきもののオノマトペがそれである。オノマトペは擬声語・擬態語・擬音語と呼ばれているように，あるものや出来事の様子や行為や音を，その言語に固有の音韻体系で表現するのだが，このオノマトペはいかなる要約も許さない。
　ふたたび「雪渡り」にもどるなら，この作品のもっとも優れている魅力的な箇所は，冒頭の歌の場面にあることは誰でもわかるところである。この歌の掛けあいのなかに，異類の子狐は登場する。

　　「堅雪かんこ，凍み雪しんこ。」
　　　二人は森の近くまで来ました。大きな柏の木は枝も埋まるくらゐ立派な透きとほった氷柱を下げて重さうに身体を曲げて居りました。
　　「堅雪かんこ，凍み雪しんこ。狐の子ぁ，嫁ぃほしい，ほしい。」と二人は森へ向いて高く叫びました。
　　　しばらくしいんとしましたので二人はも一度叫ばうとして息をのみこんだとき森の中から
　　「凍み雪しんしん，堅雪かんかん。」と云ひながら，キシリキシリ雪をふ

んで白い狐の子が出て来ました。[12]

　なぜ子狐がこの場面で登場するのか。「こんな面白い日が，またとあるでせうか。いつもは歩けない黍(きび)の畑の中でも，すすきで一杯だった野原の上でも，すきな方へどこ迄でも行けるのです。平らなことはまるで一枚の板です。そしてそれが沢山の小さな小さな鏡のやうにキラキラキラキラ光るのです。」[13]　雪が降り積もると，それまで空間を区画していた道や畔といった境界線が，「一枚の板」のように消えてしまう。境界線が喪失することで，人間の空間秩序は曖昧になり，森のなか＝異界との通路が出現する。「こんな面白い日が，またとあるでせうか。」という表現は，二つの世界に通路が開かれた特別の日を示している。しかし，これは子狐の登場できる条件ではあるが，それだけでは子狐が登場することはできない。四郎とかん子の歌が子狐を呼びだすのだ。

　子狐の歌った「凍み雪しんしん，堅雪かんかん。」が，四郎とかん子の「堅雪かんこ，凍み雪しんこ。」にたいする返歌としてあることはすぐにわかる。**katayuki kannko simiyuki sinnko** は，かん子 kannko と四郎 sirou の名をもとに韻を踏んだ歌であるが，この歌がそれだけの力をもちうるのは，「しんしん」「かんかん」といったオノマトペ特有の撥音の「ん」の多用によって，反復するリズムを新たに作りだしたところにある。同じ音がリズミカルに反復するオノマトペこそが，子狐との交流を可能にする魔法の言葉なのである。そして何度も繰り返される「キックキックトントン，キックキックトントン」というオノマトペ。この物語から，このようなオノマトペの歌を抜いてしまうと，この物語自体が成り立たなくなる。この物語が物語として成立するのは，生命との交感が生起する軽やかな歌の存在であり，この歌がそのような力をもつのは，リズミカルなオノマトペの存在による。

　狐は可笑(をか)しそうに口を曲げて，キックキックトントンキックキックトントンと足ぶみをはじめてしっぽと頭を振ってしばらく考へてゐました

がやっと思ひついたらしく，両手を振って調子をとりながら歌ひはじめました。
「凍み雪しんこ，堅雪かんこ，
　　野原のまんぢゅうはポ〔ッ〕ポッポ。
酔ってひょろひょろ太右衛門が，
　　去年，三十八，たべた。
凍み雪しんこ，堅雪かんこ，
　　野原のおそばはホッホッホ。
酔ってひょろひょろ清作が，
　　去年十三ばいたべた。」
四郎もかん子もすっかり釣り込まれてもう狐と一緒に踊ってゐます。
キツク，キツク，トントン。キツク，キツク，トントン。キック，キック，キック，キック，トントントン。四郎が歌ひました。
「狐こんこん狐の子，去年狐のこん兵衛が，ひだりの足をわなに入れ，こんこんばたばたこんこんこん。」
かん子が歌ひました。
「狐こんこん狐の子，去年狐のこん助が，焼いた魚を取ろとしておしりに火がつききゃんきゃんきゃん。」
キック，キック，トントン。キック，キック，トントン。キック，キック，キック，キック，キックトントントン。
そして三人は踊りながらだんだん林の中にはいって行きました。[14]

この物語を聞いた者は，この物語の具体的な筋を忘れても，「堅雪かんこ，凍み雪しんこ」や，「キックキックトントン，キックキックトントン」のオノマトペは，忘れることがないだろう。そしてこれらの歌やオノマトペが心に残れば，それはこの物語を十分に体験したことになる。ここでオノマトペがきわめて身体と結びついた言葉であることは，あらためてわざわざ指摘する必要もないことであろう。シニフィエ(意味されるもの＝概念)なきシニフィ

アン（意味するもの＝音のイメージ）ともいうべき「キックキックトントン，キックキックトントン」とは，意味を伝える言葉ではなく，呼吸のパターンを変化させ身体をリズミカルに共振させる音楽そのものなのである。だからこそ，どのような言葉による要約もこのオノマトペの力にはかなわないのだ。また音読されることを基本とする絵本の言葉に，オノマトペが驚くほど多く用いられているのは，開かれた子どもの身体が小気味よく繰り返されるオノマトペの音の響きに容易に共振するからである。

2．細部はメッセージに抗する

先に「キックキックトントン，キックキックトントン」を忘れることができないと書いたが，これは正確な表現ではない。正確には「キックキックトントン，キックキックトントン」は，この作品では2回しか登場しないのだ。「雪渡り」には，これと同じあるいはこれに類似する表現が，全部で12箇所出てくる。それをすべて書き出してみよう（丸括弧内は，すべて『宮澤賢治全集第12巻』でのオノマトペが登場する頁数である）。

①キックキックキック（113頁）
②キックキックトントンキックキックトントン（116頁）
③キツク，キック，トントン。キツク，キック，トントン。キック，キック，キック，キック，トントントン。（116頁）
④キック，キック，トントン。キック，キック，トントン。キック，キック，キック，キックトントントン。（117頁）
⑤キックキックトントンキックキックトントン（121頁）
⑥キックキックキックキックトントントン（121頁）
⑦キックキックトントン，キックキック，トントン，（121頁）
⑧キック，キック，キック，キック，トン，トン，トン。（122頁）
⑨キックキックトントン，キックキックトントン。（122頁）

⑩キック，キックトントン，キックキックトントン。(123頁)
⑪キックキックトントン，キックキックトントン。(123頁)
⑫キックキッ〔ク〕トントン，キックキックトントン。(123頁)

　②と⑤そして⑨と⑪とが同じ以外すべて少しづつ異なっている。賢治は「キックキックトントン，キックキックトントン」を，10の異なった表現法で表現していることがわかる。「雑誌発表形」と「発表後手入形」とを比較すると，「雑誌発表形」ではすべて「キツク」と表記されていたのを，「発表後手入形」では③の一部以外すべて「キック」に書き換えられている。むしろすべてを「キック」に変えたあとで，③の冒頭だけを変化をつけるために「キツク」としたと考える方がよいのかもしれない。いずれにしても「キツク」から「キック」へと促音に書き換えられることによって，このオノマトペはスピード感と躍動感を高めている。さらに賢治はこのオノマトペに繊細な配慮をしている。読点があるところは明確に区切りを入れること，「キック」と「キツク」とを異なる発音で読むこと，この差異に注意して読むとき，オノマトペはそれぞれ微妙に異なった気分の高揚を伝えていることがわかる。一覧表を見てもわかるように，賢治はこの差異にきわめて自覚的である。そしてその細部の差異を楽しむことが，この出来事としての物語の楽しみ方でもある。

　物語の力は，筋にあるのでもなければ，物語作者のメッセージにあるのでもなく，テクストの細部に宿っている声にある。大人が子どもから同じ絵本を何度も繰り返し読まされるのに辟易するのは，大人が物語のなかに作者のメッセージとか話の筋を読み取ってしまうからである。メッセージを理解し筋がわかった物語は，すでに消費されたものであり面白くない。私たちは結末をすでに知っている物語は退屈だと感じる。

　大人の読書体験も本当にそのようなものなのだろうか。大人の場合でも，他者から物語を語ってもらうときには，たとえ一度読んだことのある作品でも，退屈を経験するわけではない。例えば，落語は何度でも聞くことができ，

同じ場面で何度でも笑うことができる。落語家の反復の核心は，物語の筋の機械的な繰り返しではなく，声や仕草の創造的な反復にある。同じ落語を聞くことができるのは，私たちが落語のなかにメッセージや筋を読み取るのではなく，出来事としての声に身をゆだねるからである。そのため私たちは，落語の噺の結末にではなく，その語りのプロセスに関心を集中する。そのとき，細部は筋や結末より重要であり，輝き生きている。他者に本を読んでもらうときも同様であり，読み手の声は物語に新たな息吹を吹き込み，大人にとっても出来事として体験される。音読から黙読への読書形態の転換は，読む行為における身体の在り方を縮減する方向に働いたが，このような細部へと入りこむ読書を実現するとき，黙読の読書もまた身体と共振する出来事として生起するのである。

　この「キックキックトントン，キックキックトントン」の差異の感触を楽しむとは，筋を読み取ったり，著者からの道徳的メッセージ（著者によって最初から意図されているのか否かは不明だが）を理解することから離れ，我を忘れて出来事としての語りのプロセスに身をゆだねることなのである。

§4　物語の力と教育の力

　心を変容させようという意図をもって，直接に心に向けられたメッセージにたいして，大人のみならず子どももまた防衛的になる。またそのようなメッセージは，それがどれほど正しいメッセージであろうとも，あるいは正しければそれだけますます声が強ばるために，力をもたない。そうしたメッセージは，多くの場合，誰もが唱えながら誰も実行できない類の道徳的スローガンだからだ。「他の人と仲良くしなさい」というメッセージを何度繰り返されても，それ自体は大きな力とはならない。指示や命令は，その場で一時的に子どもの表面的な行為を変更させることができるかもしれないが，指示す

る者や命令する者がいなくなればもとにもどる。指示や命令は一時的に力をもちえても教育ではない。声だけが大きくて固有の声をもたないやせ細ったスローガンは，子どもの変容につながることはない。

　すでに述べたように，物語は指示でも命令でもなければ道徳的スローガンでもない。物語は子どもに何か特定のメッセージを伝えることで，読み手・聴き手の行為の変更を促すものではない。たしかに読者は，物語から道徳的なメッセージを読み取ることもあるかもしれないが，そのときでもそれは単一のメッセージではない。物語は読み手や聴き手の生全体にかかわり，相矛盾することもあるさまざまなことを伝えている。なにより出来事としての物語は，神のような作者による超越的な単一の声によって語られるわけではなく，賢治の作品がそうであるように，ポリフォニックでその物語は閉じておらず，したがってどこまでも予想を超えた新たな意味を生成する。このように読み手＝語り手・聴き手に開かれて，意味を生成することが，物語の力なのである。

　寓話はその点では不思議な位置にある物語といえる。寓話は必ず何かの教訓を伝えようという意図のもとに語られる。それでも寓話が，直接的にメッセージを伝達しようとする道徳的言説よりも，また「ハインツのジレンマ」などのモラルジレンマの事例よりも優れているのは，それが抽象化された情報ではなく，物語の側面を維持しているからである。寓話は，先に述べたように，その表面に描かれる世界と同時に，その喩えようとする別の世界との二重に世界を表している。そのためにその二つの世界の間にはたえずずれが生じ，指示は直接的なものとはならないし，しばしば語り手の意図を裏切る新たな読みを生みだしていくのである。

　「雪渡り」には，モラルジレンマのように，道徳的に相対立するジレンマ状況が直接的に提示されているわけではなく，また国語の教科書に掲載される物語のように，道徳的なメッセージがそこから読み取れるわけでもない。しかし，この異類の存在者による歓待の物語のなかで，子どもたちはキツネになることによって人間的世界の仲間同士の道徳の限界を超え，人間中心主

義の世界を揺るがし，世界との関係を新たなものに変える。子どもの物語の力とは，このようにこの世界が目に見えるもの以上の無限の縁暈を孕んだものであることを，出来事として体験させるところにある。したがって，物語を教育のたんなる道具にすることなく，物語の力を出来事として十全に生起させる授業の可能性を考えることができるはずである。実際優れた授業は，そのことを実現してもいるはずである。そのとき授業は，子どもが物語を生きるレッスンとなることができているのである[註3]。

【註】

註1　ここで西田の言語論について考える必要があるだろう。西田の論考には，言語にかかわる箇所がいくつかあるが，純粋経験・自覚・場所と論理の中心概念の変遷を見てもわかるように，言語が論の中心になることはない。しかし，言語学的転回の立場に立てば，純粋経験と言語との関係にかかわる問題は，今日における西田哲学を考える上で重要な論点のひとつである。当然のことながら，言語学的転回の後の生命論的転回に立つ本書の立場においても，この論点は重要な課題である。すでに西田哲学を論じる多くの研究者が，この問題に触れている。例えば，小林敏明が『西田幾多郎の憂鬱』(2011年) において，「そもそも『実在』としての『純粋経験』なるものは，本当に言語を離れて『あり』うるのか，それともまたそれもまた言語がもたらす効果の一つなのか，という問題である」[15] と論じている。もとよりこの問題に正確に応えるためには，それ自体を主題とする独立した論考が必要であるが，西田の基本的な論理に立ちもどるなら，純粋経験論においては純粋経験の自発自展として分節化を論じており，ここから言語と実在の問題に応えていくことになる。前章の註3でも触れておいたが，この西田の立場からこの問題に応えたものとして，上田閑照の『西田幾多郎を読む』(1991年) をあげておこう。

　　さらに本論とのかかわりに限定して，西田の言語観について簡単にみておこう。論文「弁証法的一般者としての世界」(1934年) において，西田は言語の起源について触れ，情緒的生活から出発し，社会的な関係を生みだす「命令と応答」を言語の起源においている[16]。つまり言語を捉えるときに，体系としての言語ではなく発話に，また一方向的な情報伝達にではなく対話的な発話に，焦点が当てられていることである。しかし，私たちにとって重要なのは，やはり論文「論理と生命」において，行為的直観の原理から言語をどのように捉えていたかである。そのことについては，すでに第1章でも見たように，西田は行為的直観の原理から言語を道具として捉えている。また論文「論理と生命」を承けた講演「歴史的身体」(1937年) では，「人間が話す言語といふやうなものはやっぱり我々の体の働きで，言語の持つ機能から我々の知識の世界が開けてくるわけである。」[17] と述べているように，行為的直観の原理にしたがい，言語を［技術-身体-道具］の枠組みで捉え直すことが可能である。したがって，生命論的転回の立場から，概念と音声という異なる次元を結びあわせる言語の特質は，「身体であること」と「身体を有つこと」の歴史的身体の二重性から

考えることができるのではないだろうか。言語にかぎらず，記号や象徴が成立する機構も，同様に考えることができるだろう。

註2 「雪渡り」には，「雑誌発表形」と雑誌発表の後に賢治自身が原稿に手を入れた「発表後手入形」の二つのテクストが残されているが，ここでは「発表後手入形」をもとに考察することにする。

註3 齋藤孝が，『声に出して読みたい日本語』(2001年)に賢治の作品を取り入れるのも，また鳥山敏子の優れた国語の実践が，賢治の作品を通してなされるのも，賢治の作品の性格が，そのような実践を求めるものだからである。反対に，従来の国語教育方法にしたがって，理解をめざして賢治の作品を取りあげようとするとき，賢治の作品はとても扱いにくいものといえる。

□シュタイナーへの道—宮澤賢治の心象スケッチという通路

　ルドルフ・シュタイナーの思想は，フィヒテ哲学の影響が色濃くあって，同じくフィヒテの自覚論を手がかりに展開した初期の西田幾多郎の哲学とも通じるところがある。シュタイナーの自由の哲学とその教育思想との関係の解明は，今日でも重要な教育思想研究の課題といえる[1]。

　ところでシュタイナーの著作にはじめて触れたものの多くがそうであるように，その用語使いが独特であるだけでなく，その用語の意味をそのテクストの文脈内で把握することも，あるいは特別な訓練なしに体感することも困難なこともあり，シュタイナー学校の実践には興味があるが，シュタイナーの思想はどうもよく理解できない，というのが私の感想であった。しかし，宮澤賢治の心象スケッチを通路にすることで，この難解と思えたシュタイナーの思想に以前より近づくことができるのではないかと思い始めた。

　賢治の作品のなかには自然と交感する人の姿がしばしば描かれている。この交感体験の表現を実現しているのが賢治の擬人法である。この賢治の擬人法の特徴を端的にいえば，登場する動物や昆虫や草木や石や大気は，あたかも人間のように思考し人間のように言葉を話すのだが，通常の擬人法のように人間中心主義的な世界に回収されるわけではなく，むしろ反対に，人間の方が草木虫魚あるいは鉱物といった多様な存在者の方に溶解する生の技法である。そのため，多様な存在者の語りは通常の擬人法のように単一のモノローグに回収されるのではなく，正反対のポリフォニー（多声法）の語りとなるのである。

　人間の声だけが語るモノローグの世界を，多数多様な存在者たちの多声が互いに響きあうポリフォニーの風景に変えてしまうこの風景を写し取る擬人法は，賢治によって「心象スケッチ」と名づけられた実験的な生の技法によっている。心象スケッチは「厳密に事実のとほりに記録したもの」と賢治自身がいったように，自己と世界との二分法といった前提を退け，「心もち」「事

実」をそのまま厳密に記述しようとする。それは世界を主観に回収することでもなければ，客観的に対象化することでもない。心象スケッチは，人間中心主義に立って自己をどこまでも拡大して世界を覆いつくし，世界を主観化＝人間化することではない。心象スケッチは自己の拡大ではなく，自己と世界との境界が溶解してしまう自己溶解，すなわち溶解体験をもとにしている。溶解体験においては，自己と世界との境界線が溶解し，そのため自己が世界化し，同時に世界が自己化しているのである。むしろ，心象スケッチでは世界の方が基準になって作られており，人間の方が世界の全存在者から召還されている感じを抱かせる。したがって，この心象スケッチで描かれる世界では人間であることの特権性はない。この世界は，銀河・修羅・海胆から人間にいたるまで，存在する者はすべてその存在において根源的に平等の世界である。賢治は異界の他者との交流による華やいだ生命の多様な声が謳いだすエロス的な体験を描くとともに，異界の他者との交流によって無に触れて自己の同一性が破壊されてしまうタナトス的な畏れの体験も描いている。

　このような心象スケッチは，人間が変容するときに立ち現れてくる世界の変容の在り方を示してもいる。現実は普通に考えられているほど堅固なものではなく，自己が変容するときさらに深い現実の相が立ち現れてくるのである。心象スケッチはそうして立ち現れてくる生命の深層への通路を示してくれる。世界は奥行きのあるものとなり，そのとき銀河も修羅も海胆も同じ世界となる。シュタイナーが問題とした自己変容の在り方を，このような賢治の文学に立ち現れてくる変容と重ね合わすとき，シュタイナーの思想に「神秘主義」いったラベルからでなく，生きた自己変容の体験から近づくことができるように思われる。賢治の心象スケッチから見えてくるシュタイナーの思想はとてもリアルなのである。

第 4 章

表現領域論
：メディアが開く子どもの表現世界

　［自己-メディア（技術-身体-道具）-世界］の図式で明らかにしたように，メディアは，子どもの行為や思考を方向づけ，かたちを与えることで制約を加えることになるが，その制約によって，新しい自己と新しい世界を開いてもいく。このように述べると，子どもはメディアの前ではメディアに制約される受身的な存在であるかのように誤解されるかもしれない。しかし，子どもはメディアの受動的な使用者といったものにとどまりはしない。子どもは，メディアの制約を受けることによって，かえって創造的な活動が促されるのである。このことは，ボールゲームにおいて，子ども自身が作りだしたローカルルールの多様さによってもわかることだ。さらに，このことが端的に表れるのは，子どもが絵を描いたり，美術作品を制作したりしているときである。表現の時間，教科としての図画工作の時間は，子どもがメディアによって新しい世界を創造する経験と体験の機会を提供している。このとき，子どもが描いたり作りだしたりするものは，しばしば大人の想像力を超えてもいる。

　本章では，芸術体験としての芸術鑑賞を入り口にして，子どもの芸術的な創造活動とそれを可能にするメディアとの関係について考えてみる。このテーマの広がりを確認するために，子どもの創造活動から直に出発するのではなく，まずはじめに私たちの芸術鑑賞という経験-体験を吟味するところ

からはじめよう。

§1　メディア受容という名の創造

1．「鑑賞」という名の創造

　今日における新たな「現実」をもたらす有力なメディアのひとつは芸術である。それというのも，芸術は宗教的なイニシエーションがそうであったように，体験する者に深い溶解体験を引き起こすからである。宗教的活動と分かちがたく結びついていた古代の芸術の力は，自然との深い交流からもたらされた。そして，反対に，神話が，歌が，踊りが，あるいは描画や像が，より深い自然への通路を開き，自然とのかかわり方を方向づけもした。近代において，宗教に代わるものとして芸術が登場してきたのは，理由のあることであった[1]。芸術とは近代以降におけるイニシエーションや供犠の一種なのである。

　芸術のなかの絵画を例にとろう。絵画には，描き手の生きた世界体験が描かれている。画家はこれまで以上のありのままの世界への通路を探し求める。しかし，画家が描きたいと願うありのままの世界とは，日常，私たちが生活し経験している世界のことではない。世界をありのまま受け入れたいと望んでも，人間はその通路となるメディアを工夫することでしか受け入れることはできない。私たちにとってきわめて自然な描写法である近代の遠近法も，絵画空間を構築する手法として絵画に取り入れられたときには，不自然きわまりないものであった。そのことは，ルネッサンス期の画家たちがこの手法を習得するために，どれほど試行を繰り返し格闘したかを見ればよい。北方ルネッサンスの代表的な画家であるA. デューラーは，数学を研究し，わざわざ格子状の枠を作り，その枠を通してモデルを描く訓練をした。このよう

に，同時代の人が無意識にとらわれている慣習的な知覚の形態（かたち）や表現形式（かたち）から脱して，新たな形態や形式を生みだすことは，それほどたやすいことではないのだ[註1]。

　新たな絵画手法の発明は，新たな知覚の形態の出現を促し，そうして新たな経験と体験とを開いていく。さらに例をつけくわえるなら，19世紀における印象派の出現は，光をもとにした自然と世界の体験の在り方を，私たちに教えてくれた。これはたんに自然を描くための新たなテクニックが発明されたといったレベルの変化ではない。私たちは，C.モネの睡蓮の絵やゴッホのひまわりの作品を通して，内面的な活動によって自然現象を自在に変容させる作家の自由な人格の尊厳をも，体験し経験するのである。こうして，私たちは絵画によって，新たな自然や世界の在り方のみならず，制作する人間を通して，新しい人間の在り方をも捉えることができるようになる。印象派の絵画が出現する以前の人間には「現実」でなかったものが，印象派絵画の出現によって，新たな「現実」となったのである。

　新たな絵画手法の発明ばかりではない。新たな主題の発見もまた，世界との新たな関係の構築であり，新たな「現実」を開いてみせてくれる。風景画を例にとろう。西欧において風景画がテーマとして描かれるようになったのは，それほど古いことではなく，ルネッサンス期になってからである。たしかにそれ以前にも風景が絵画に描かれることはあったが，それまでの風景の描写は宗教画の背景をなすものにすぎず，その場合，自然描写は宗教的な象徴として描かれるにとどまっていた。宗教的な象徴としてではなく，感覚的で官能的な喜びと結びつくような自然の風景を描くためには，描かれる自然との間に，新しい交流の形態を発見する必要があった。したがって，ルネッサンス期における風景画の誕生は，たんに絵画に限定されて新しいジャンルが誕生したといったことにとどまらず，人間と自然との新たな交流の形態が生まれたことを意味している[2]。風景画の新しい試みは，人々に自然に対する新しい経験と体験の在り方を示している。自然の無限性あるいは崇高さを描くロマン主義の風景画，光溢れる印象派の風景画，そして後のキュビスム

へとつづくことになる，単純化された面や切子に分割して描いた遠近法の破壊者セザンヌの風景画……。

画家は，身体＝知覚の在り方を，絵画というメディアにおいてさまざまに試行しつつ，世界との新たな経験と体験の可能性を開いていく。その画家の経験と体験によって可能となった世界との交流が，ひとつの「かたち」となり，作品として定着する。鑑賞者は，その作品と出会うことで，作品として定着したかたちをメディアとして，画家が描くことで世界との間に見いだした交流の仕方を生き，体験することができる。動物のように，生まれながらに固有の環境世界をもっていない人間は——「環境世界に閉ざされていない人間は」というべきだろうか——メディアとしての芸術作品を通して，新たな「現実」に触れ開かれることができるのである。

しかしながら，人々とは異なった知覚体験を生きた画家が描く絵画は，多くの人々にとっては最初は近づきがたく，絵画によって開かれた新たな「現実」を「現実」として受け入れることは困難である。事実，印象派の絵画が展覧会に出品された直後には，美術界においては正統な絵画とは見なされず，その絵は批評家から酷評されたり大衆から拒否されたりしたのである。それというのも，人々はそうした絵画を，どのように見ればよいのかわからなかったからである。

2．知覚の経済学を侵犯するイニシエーションとしての芸術

印象派の絵画は，いまや私たちにはすっかりなじみ深いものとになってしまっているので，印象派の絵画にはじめてであった人々の戸惑いや驚きを実感として感じることはできない。このような戸惑いや驚きを知るために，ここでは抽象絵画を例にとろう。

例えば，W. カンディンスキーの「コンポジションⅦ」と名づけられた絵画は，今日でも現代芸術のファンでもないかぎり，はじめてその絵を見る人を当惑させるだろう。カンディンスキーの絵は，色彩が形態を象る直前に

ふたたび色彩へと引きもどる、色彩と形態との終わることない流動的な運動を引き起こしている。筆によって色づけられた多様な差異を呑み込んだ色彩は、たしかに面となりかたちを象ろうとするのだが、その刹那、その色彩は形態となることを避けるかのように密度を変え、象ろうとする力に反発し色彩そのものに立ち戻る。線もまた同様である。線を引くことは世界を画することである。だから線は絵画制作者の意志を示し、世界の事象を確実に象るはずだ。しかし、カンディンスキーの線は、世界を画そうとする手前で線であることをやめ、画する境界線であったはずのものは多様な色彩そのものへと反転してしまう。カンディンスキーの絵画の中心は、この色彩そのものへと微粒子化する力と、世界を分節化し構成しようとする力の、二つの力が織りなす動態をその臨界点にいたるまで見届けることにあるようだ。

　このような絵に向かい合ったとき、私たちはどうするのだろうか。私たちの知覚は、世界を分節化する境界線を描き入れ、それを素早く確定し、分類し、安定するように訓練されている。いわば最小の努力で最大の利益・適応を獲得しようとする経済学の原理に支配されているといってよい。この知覚は素早く状況を判断し状況に的確に適応できるため、日常生活では都合がよいが、これでは世界の手触りや深度や密度を十分に感じ取ることはできなくなる。それというのも、私たちの知覚は絵を前にしても、「絵」ではなく何が描かれているのか描かれている対象を見てしまおうとするからだ。そのため、絵には、ものや人物や風景でなければ心のイメージが描かれているはずだと考える。そのテーマや対応物（オリジナル）を探し求めようとするありきたりの問い、「この絵は何を描いているのですか？」という問いは、この「知覚の経済学」からの問いだ。それさえわかれば、私たちはさしあたり安心することができる。だから絵にタイトルがなければ宙吊りのままにおかれたようで不安になる。「それ」としか指さすことしかできないなにものか。

　カンディンスキーの絵は、知覚の経済学に基づく鑑賞態度を根底から破壊する。そこには、知覚の経済学に奉仕する黄金比や、リズムのある形態の繰り返しや、シンメトリーなどはなく、過剰なまでの多様な差異を生みだす色

彩が，形態化とせめぎあいながら動いているのだ。カンディンスキーのような絵画を見るときには，ゆっくりと時間をかけて，知覚の経済学が野生の力に破壊される喜びに身をゆだねるのがよい。そうすると，何かを描いたわけではない美しい純粋な絵画が，絵画そのものとして立ち現れてくることになる。このとき，私たちの知覚が，生存と適応のためではなく，目の前の豊穣な色彩そのものに出会うために与えられたことを，確信することになるだろう。

芸術は，このようにして私たちの日常の知覚を侵犯し，安直な既存の知覚の経済学への回収を拒み，そのことによって新たな知覚の世界を開いてくれる。たしかに他の動物と同様，ユクスキュルが明らかにしたように，人間の感覚器官もその種類と能力は生物学的に限定されており，人間もまた環境世界に棲んでいるといえるのだが，人間はこうした芸術作品といった新たなメディアを自ら創造することによって，知覚の形態自体を新たに創造することができる。そのことによって，人間は環境世界を超えて，世界の底知れぬ深みに触れることができる。それは純粋な驚きを引き起こし，「在ることの不思議」に触れることでもある[註2]。

この既存の知覚形態の解体と新たな創造は，同じ絵画を前にして，誰にでも平等に同じように起こるわけではない。その意味でいえば，人間とは同じメディアを介してもパーソナルに体験・経験し，パーソナルなレベルで独自の進化をとげてしまう超動物なのである。人間は，ひとりひとりが種としての同じ固有の環境世界に閉ざされることなく，それぞれがあたかもひとつの固有の種であるかのように，異なる経験や体験をし，独自に進化していくのである[3]。とくに優れた宗教者や芸術家あるいは思想家は，独自の進化の先端部として比類のない新たな世界を切り開いているということができる[4]。彼らは未聞の世界への通路を，行いによって，言葉によって，また作品によって，私たちに示してくれる。メディアとはこのような通路を開くものである。だからこそ世界は，理念的な意味において，限りなく深く無限に開かれているというわけである。そして同じことは人間にもいえる。メディアが開く人

間の経験や体験には限界がないということである。

3．鑑賞と溶解体験

ところで，現在，美術教育において，鑑賞教育の重要性が指摘されている。美術教育のなかでは，鑑賞は一般に受動的なものと見なされている。「美術文化の伝承と創造」として，鑑賞がたんにその芸術作品についての知識や情報を獲得するようなことであるのなら，たしかに鑑賞は受動的なものといえるかもしれない。

　しかし，これまで述べてきたように，芸術作品の鑑賞とはそのようなこととは異なる。芸術作品と出会うときには，ちょうど鉄棒で一回転をするときと同様の身体＝知覚の変容が生起している。そこに起こるのは，「おお！」とか「ああ！」といった言葉以外では表現しがたい溶解体験である。もちろんそれぞれの作品によって鑑賞で生起する体験の質は異なっている。メディアとしての芸術作品は，その作品ごとに固有の体験をもたらし，固有の世界，固有の「現実」を開くのである。同じシュルレアリスムの絵画といっても，S.ダリの作品とR.マグリットの作品とでは，その印象は大きく異なっていることからもわかるだろう。しかし，その体験はどれも身体＝知覚の変容となり，自己の変容となり，同時に世界の変容となる。芸術作品はそれぞれが見る者を圧倒し，知覚の経済学を破壊し，これまでにない世界への通路となるわけである。またこの固有な体験の質は，先にも述べたように，誰にとっても同じというわけではなく，ちょうど文学作品がそうであるように，鑑賞する人によって多様な広がりと深さをもっている。優れた芸術作品も，またそれ自体が多様な体験の質に開かれているのである。

　鑑賞教育においては，芸術作品を前にしてその印象や特徴を言語化することが重視されている。しかし，言葉によって説明ができてしまう絵画などありえないだろう。絵画の色彩としての赤と言葉の「赤」との間には，超えがたい次元の差異がある。あえて言葉によっていい表そうとするときには，体

験を言葉の次元に翻訳するのであるから，すでに明らかにしたように，説明や解説は不可能性に直面することになる．作品鑑賞が言葉による表現を求められるときには，この表現の不可能性の可能性に挑戦することになるが，ここで知識や情報として定着させるのであれば，前に述べた物語の要約がそうであったように，体験の無限性を縮約し，理解可能な「私の経験」に変えてしまうことになる．もとよりこのことが無意味であるわけでなく，そうして私たちは世界を自分へ取りこむことで，自身を生成変容させてもいるし，また他の人々にたいして伝達することもできる．問題はその体験の言語化が，鑑賞教育の目的になってしまうことにある．

　経験が経済的で有能な身体＝知覚を生みだすことであるとするなら，体験はこの経験によって生みだされた身体＝知覚の枠組みを過剰に侵犯し破壊してしまい，意味の外部へと連れ去ることである．芸術作品の「鑑賞」とは，その用語のもってきた静かで上品な響きとは異なり，強度が最大のときには，身体＝知覚全体を根底から揺さぶる爆発的な出来事（蕩尽）であり，端的にいえば，芸術という名の「異事」に触れることであり，人間が壊れるときなのである．芸術とはたしかに岡本太郎が言ったように「爆発！」なのだ．それは制作においてだけでなく，鑑賞においてもである．ちなみに岡本は，M. モースの下で人類学を学び，バタイユやR. カイヨワの「神聖の社会学」を学問として探究する「社会学研究会」の一員であっただけでなく，その研究会の課題を実際に秘密裏に実践する宗教的サークルの一員でもあった[5]．節度をもった生活や知覚の経済学を破壊する，この「異事」ともいうべき出来事を，言葉でもっていい表すためには，それなりの工夫が必要なのである．私たちは，この「深い記述」の例を宮澤賢治の作品やまど・みちおの詩のなかに見てきた．

　ここまで述べてきたことは，大人の芸術体験について述べてきたわけだが，原理的には子どもの芸術体験も同様である．次の節では，子どもの表現活動を焦点化して，子どもの芸術体験を論じていこう．

§2 メディアが開く子どもの表現の世界

1. 子どもが世界構築として絵を描くこと

　表現制作とは，キャンバスや舞台といった制限された空間・時間上に，何らかの手段のためではなくそれ自身のために，意図してかたちを生みだすことである。例えば，白い画用紙を前にして，画用紙から呼びかけられたかのように，子どもはクレヨンを手にとり一本の線を引く。その瞬間，画用紙上に初源の差異が生まれ，別の世界への入り口が開かれる。そうして，今度は描かれた線が，かたちが，子どもに呼びかけてくる。それに呼応するかのように，ふたたび子どもの手が動き，言葉にならない言葉をつぶやきながら，線が新たに描きくわえられていく。この往復運動は，子どもでも熟達したプロの画家となんら変わることはない。

　しかし，プロの画家と大きくちがうのは，子どもが絵を描くとき，子どもの関心の中心にあるのが，結果としての完成した作品にではなく，この描くプロセスそのものに生起する楽しさにあることである。幼児はしばしば話を語りながら絵を描き，描かれた絵から新たなインスピレーションをえて，それをまた言葉にする。つまり幼児の絵描きは遊びのひとつなのだ。絵を描きながら物語ることは，幼児による新たな世界構築の実現や自己理解の深まりであり，「表現力を育てる」では尽くせない幼児の経験と体験の表れであり，また制作による経験と体験の深まりでもある。幼児にとって一枚の絵は，絵を描くプロセスにおいて生起したさまざまな物語の痕跡を示す経験と体験の記録である。

　子どもが成長すると，写生というより限定された美的経験と体験のメディアに向かい合うようになる。写生は長い間にわたって，図工の時間において大きな位置を占めてきた。写生は，対象を注意深く見ることが，同時に対象

との距離を失い，対象そのものになることであることを教えてくれる。後で私たちは蝶を追いかける子どもが蝶になる姿を見ることになるだろう。この子どものミメーシス（模倣）の力は，写生においては二重に働く。ものを見ることは，そのものとなることであり，一方そのものを写すことは，ものとの距離をとって再現することである。それにとどまらず，その再現された絵を見ることは，ふたたびその描かれたものになることでもあるのだ。

　子どもが写生をし，家屋の屋根瓦の一枚一枚を注意深く観察し，それを丁寧に描きだしているとき，あるいは植物の葉をつぶさに観察し，その葉脈一筋一筋をまるで造物主のように丹念に描きだしているとき，それは対象であることを忘れそのものになることと，対象としてそのものから距離をとって再現すること，そしてふたたび描かれた絵に住みこむ創造とが，絶妙のバランスで動的に実現されているときでもある。つまり，世界に住みこむ体験と，世界と距離をとる経験とが，絵を描くプロセスにおいて，交互にダイナミックに両者を深めあっているのである。注意深い観察による細部への焦点化が，より深くそのものへのダイブ（体験）を可能にしてくれる。そして，この一心不乱になって描きこむことによって，身体を介して描く行為そのものが目的となり，深い溶解体験を生みだすことになる。

　そこで描きだされた作品は，芸術作品としてはとくにオリジナルともいえず，人類史でいえば，何度もこれまで繰り返し作成されてきたものと変わらないかもしれない。子どもの絵の発達は，J. ピアジェの認識の発達論が提示している発達段階と結びついているといわれる。描画の最初は，筋肉運動的な知覚の喜びからはじまり，見ることと動作とが協応的関係を作りだすことができるようになると，線やかたちや色が理解できるようになり，いろいろと試しながら基礎的な描写的要素を理解できるようになる。さらに4歳を越えると，空間について考えるようになり，要素を組み合わせ全体をデザインすることができるようになる。内容でいえば，感覚的で生き生きとした絵から，複雑な物語的内容をもった表現へ，日常の光景を視覚的に表現したものから，さらには思想や感情を表すための視覚的隠喩を発明したものへと変化

していくといわれる[6]。子どもの描画の発達は，絵画様式の発達研究が可能なほど文化を超えて類似している側面がある。たしかにそこには認識にかかわる発達が強く関与しているといえるだろう。

しかし，主題のちがいにとどまらず，表現のメディアが異なるため，描き方においても文化や歴史のちがいがある。なによりそれぞれの子どもにおいて，表現にいたる経験や体験にもちがいがあり，それが制作のプロセスを独自のものにし，そのことでできあがった作品は，それぞれの子どもにとって，世界の真の姿が象られたものとなる。それぞれの子どもは，描くことを通して新たな自己となり，対象との新たな交流を実現するのである。第1章でも述べたように，［技術－身体－道具］は人間が世界と出会い，世界の深部にダイブするメディア（通路）であるとともに，世界が世界として出現するためのメディアである。世界は，［技術－身体－道具］を通して，その真実の姿を現すのだ。［技術－身体－道具］は，人間が世界と出会う通路であるとともに，世界が人間と出会う通路でもある。ここでも写生をするということが，［技術－身体－道具］というメディアとなって，人間と世界との新たな出会いを生みだしている。そして，世界は人間に描かれることによって，真実の姿を現すのである。

2．道具・素材・手法の発明と経験－体験の生起

教育史研究者の佐藤秀夫は，『ノートや鉛筆が学校を変えた』（1988年）において，ノートや鉛筆といった文具＝学習の道具の発明と普及が，いかに学校での教育の在り方に影響を与えたかについて明らかにしている。佐藤によると，第一次世界大戦において欧米が戦争の継続以外に余裕をもつことができなくなったために，日本のメーカーが欧米のメーカーに代わって鉛筆の生産・輸出をはじめたのだが，戦後になって国外での販路を失って販路を国内に求めたのだという。そのために，国内でもそれまでの高価な輸入品に代わり，安価な国産品の鉛筆が手にはいるようになった。折しも同時期に，国産

洋紙の生産が増大し,「教育用ノート」が小学校児童に向けて大量に低価格で供給されるようになった。そして,ノートと鉛筆が学校に導入されることで,学校教育においてはじめて宿題や作文教育が可能になったというのである。それまでの筆記用具である石盤と毛筆とでは,このようなことはできなかった。「生活綴り方」運動も,このノートと鉛筆なしには生まれなかったというのである。

佐藤は「もの」の歴史(本書の立場からいえばメディアの歴史)から,教育の歴史を捉え直そうというのである。それは,ちょうどチューブ入りの油絵の具が広まることによって,はじめて画家は屋内での制作から解放されて,画架をもって外に出かけ自由に絵を描くことができるようになり,そのために光を描く風景画が誕生したのと同様の事態ではないだろうか。芸術の歴史もまたもの(メディア)の歴史と無関係ではないのだ。

このことは,当然,ほかの文具や道具や素材の発明と普及にも敷衍できる。砂場や鉄棒の発明が,子どもの世界の経験や体験の在り方を変えてきたように,新しい文具=道具の発明や,また新たな素材の誕生は,これまでにない経験と体験の表現形態を生みだすとともに,そのことがまた新しい経験と体験とを生みだす。例えば,日本の美術教育において,それまでの手本を模写する臨画をやめ,子どもの目を自然に向け自由に描くことを奨励した自由画教育は,画期的な意味をもっているが,その自由画教育の表現方法を支えたのは,クレヨンの出現である。クレヨンが出現することによって,子どもにも鮮やかな色をはっきりとだすことができ,自由な表現が可能になった[7]。

幼児の美術教育に引きよせると,クレヨンでは幼児が自由画を描くにはまだ十分ではなかった。クレヨンの出現はたしかに幼児にも色鮮やかな線描写を可能にしたが,クレヨンは幼児の力ではまだ硬くて混色が難しく線画が中心となった。それにたいして,クレパスがクレヨンとパステルを参考に,日本のメーカーによって1926年に開発された。クレパスは,クレヨンより柔らかく混色が可能で,幼児にも容易に面を塗りつぶすことができるようになったのである。このクレパスの発明によって,幼児にも線画でない自由

表現が可能になったのである。

　チョークで描く，鉛筆で描く，クレヨンで描く，クレパスで描く，マジックで描く，水彩絵の具を使って筆で描く，……描く描画材料のちがいが，異なる身体技法を生みだし，異なる世界表現を可能にし，その異なる世界への通路を開いていく。また立体制作ということでいえば，段ボールとガムテープの教育現場への導入は，幼児に大胆で大きな空間構築を可能にさせた。以前では，自分の体よりも大きな立体の構築物を，幼児の力で作りだすことは不可能であったが，段ボールとガムテープはその夢を可能にした。このように，図工の素材や文具＝道具の発明や教育現場への導入は，子どもに新たな表現の経験と体験の可能性を開くことになる。

3．版画からインスタレーションへ

　こうした変化は，なにも図工の素材や文具＝道具の発明にかぎらない。新たな表現形式の導入は，当然これまでとは異なる経験と体験を開くことになる。例えば，美術教育への木版画の導入を考えてみよう。木版画は，彫刻刀と木板という道具と素材をもとになされるが，そこには彫刻刀という道具を使用する身体的技術と，木版という適度な抵抗性をもった素材への合理的な知識が不可欠であり，またそこでなされる行為は工場労働のように，同じ作品のコピーを何枚も印刷するという生産労働の側面をもってもいる。

　日本の美術教育において，木版画が戦後の生活や労働を重視する生活綴り方の教育と結びついて導入されたのは，ゆえなきことではなかった。子どもはそこで道具の使用のみならず，その主題として日常の生活が版画として描かれることで，周囲の日常生活への観察によって社会的認識を深め，さらに表現された制作物としての版画を通してもリアルな「現実」として仲間と共に共同の経験‐体験をすることになった。このような忍耐強い労働とつながる制作プロセスと社会的コミュニケーションの結合とは，社会主義的な道徳観や社会観そして世界観とも相性がよかった。

同様の時代状況とかかわる美術教育における表現形式の変化は，ポストモダンと呼ばれている今日にもみられる。近年の美術教育へのインスタレーションの導入は，それまでの写生中心の小中学校の美術教育を現代アートの教育へと劇的に変容させている。インスタレーションとは，室内や屋外に物体を設置し，そのことで設置した場所や空間を作品と化する現代芸術の制作手法の総称である[8]。インスタレーションの導入によって，子どもは，M. デュシャン以降の現代美術の運動の流れのなかでは，写生のように対象物を注意深く観察し，観察した対象物をできうるかぎり忠実に再現・創造するのではなく，自らのアイディアをさまざまな物体（メディア）を介して場所や空間上に自由に構築することができるようになった。ここには近代と現代とを隔てる芸術観の大きな転回がある。人間中心主義的な認識と価値の中心としての人間による世界の制作から，人間による意味付与自体を批判的に捉え直すメディアとして，「もの」の存在を差しだすことへの転回である。インスタレーションの導入によってえられる子どものアート体験の在り方は，従来の美術教育のそれとは大きく異なったものとなる。
　写生がもつ対象の注意深い観察と正確な再現・創造が生起させる体験と，インスタレーションによる物体を通しての場所や空間構築の体験とは同じではないだろう。戦後間もない時期の子どもの制作した版画作品と，現代の子どもの作ったインスタレーションとを見比べるとき，美術教育が子どもに開いている「現実」が，どれほど異なったものであるのか，またなにより芸術というジャンル自体の経験と体験の在り方が，時代によって異なったものであるのかに驚きを感じざるをえない。

§3　無用の体験の法外な価値

　芸術体験は，イニシエーションと同様，優れたメディアによって導かれる

生命に触れる体験であった。それは演劇やダンスや楽器演奏や歌唱のように，自らの身体によってかたちを生みだすことで体験を生起させるものもあれば，彫刻や絵画制作のように，制作プロセスが体験を生起させるにとどまらず，そのプロセスが物質的なかたちとして定着し，その物質化した作品がまた鑑賞者に繰り返し体験を生起させるものもある。

　プロの画家のように習作を何枚も描くことはないにしても，子どもが絵を描くときにも，それぞれの成長のレベルによってちがいがあるとはいえ，絵の構成を考え，理想の色彩や形態をめぐって模索し，何度も構想を練り直し，仮説を立て，試行的に実行に移すという問題解決のプロセスがある。試行と思考とが循環するプロセスのなかで，なかにはほとんど自力で遠近法の規則を探り当てたりする子どもも出てくる。このように，芸術制作のプロセスには，体験が生起するのにとどまらず，問題解決と同様のプロセスがあるところから，経験的な局面が生起する。したがって，子どもの芸術活動は，空間上の問題解決能力を高めもするし，社会的に有能な能力の向上をもたらしもするし，社会的な関係を他者や対象との間に生みだしもする。しかしながら，いずれにしても，その作成においても，その結果においても，芸術制作は労働とは異なり，目的への従属から解放された有用性の外部にある。この無用性において，芸術は法外の意味と価値とを有することになる。

　子どもがときに「天才的」な芸術的表現者と見なされることがあるが，その理由は，子どもという生の在り方そのものにある。子どもという生の在り方は，なにより純粋な関心に特徴づけられている。純粋な関心は，世界の知覚を目的-手段関係に特徴的に見られるような有用性の関心から引き離す。そのおかげで，子どもは，有用性によってかたちづくられた知覚の経済学にとらわれることなく，また伝統的な絵画手法にとらわれず，自由に作品を生みだすことができる。ある意味では，この子どもという生の在り方は，芸術家が求めつづけている生の在り方と，近似しているといってもよい。また正式な美術教育を受けなかった人たちや，あるいは精神的な病をもった人たちの作品，「アール・ブリュット（生の芸術）」の作品を見るとき，その底抜け

の単純な素朴さや過剰な反復的表現に心をざわめかされたり惹かれたりするのは，そこに日常は隠されている生命の過剰でダイレクトな力の露出を感じるからである。それは伝統的な絵画手法では表現されることのなかったものである。そうした創造が可能なのは，彼らの生の在り方が，子どもという生の在り方と通底しているからでもある。

このように，子どもという生の在り方と創造性との関係を捉えてみるとき，教育とは，ザリガニを背負った子どもからザリガニを無理矢理に取り除くことでなければ，あるいは反対に放任して子どもがザリガニに呑み込まれるのを見過ごすことでもなく，子どもに適切なメディアを与え，そのメディアを自在に使用できる生活の力をつけるとともに，同時に体験を大切に深め，子どもとザリガニとをしっかりと育てていくことだといえる。

―――――――――――――――――――

【註】

註1　ちなみに日本でもっとも初期の洋画家のひとり高橋由一は，嘉永年間（1848-54年の間）にたまたま見た「洋製石版画」の，測量術による遠近法と物にまるみをつける明暗の科学的な写実主義が作りだす視覚世界に驚き，狩野派から洋画へと転向した。土方定一は，これをオランダの通俗的な風景，風俗を描いた石版画であったろうと推測している[9]。私たちにとって興味深いのは，17世紀のオランダ絵画の画家たちが，顕微鏡や望遠鏡といったレンズを通してみることのできる世界の詳細な記録として，絵画を制作した人々であったことである。J.フェルメールが，絵画制作にあたり，現在の写真の先祖ともいうべきカメラ・オブスクーラ（暗箱）を使用していた可能性はきわめて高いといわれている。光学メディアの使用が，人間と自然との関係において新たな視覚世界を開き，さらにそのことが絵画制作にこれまでになかった新たな次元を開いたのである。この17世紀オランダ絵画の革新性については，S.アルパース『描写の芸術―17世紀のオランダ絵画』（1984年）を参照。

註2　古東哲明は，『他界からのまなざし―臨生の思想』（2005年）のなかで，「在ることの不思議」について，「存在の論理的な非必然性。にもかかわらず現に存在し生滅しているという事実性。だからこそその〈今ここ〉の存在の実りの不思議ということである」と述べている[10]。

第 5 章

人間関係領域論
: 子どもが集団遊びのなかで作るメディア

　これまで，メディアを介して，子どもがどのような経験と体験とを開いてきたのか，またどのようにして開いてきたのかを明らかにしてきた。人間の子どもは，すでにさまざまなメディアが複雑に総合された歴史的社会のうちに生まれる。そして，環境として意味づけられた既存のメディアのシステムを介して，自己と世界とを関係づけつつ，自己と世界とを象り，その関係をさらに変容させていく。子どものどのような表現行為も，歴史的社会的身体とそれと緊密に結びつく既存のメディアのシステムとに媒介されながら，実現されるのである。

　ところで，これまで子どもはメディアを単独であるいは親子で経験し体験する存在であるかのように論じてきた。しかし，子どもは，仲間の子どもたちとともにメディアとかかわり，経験し体験する存在である。しかも，集団において子どもはたんに既存のシステム化されたメディアを通して経験し体験するだけでなく，遊びにおいて自ら新たなメディアを生みだしもする。つまり子どもたちは，メディアの受動的な使用者にとどまらず，メディアの積極的な創造者でもあるのだ。この子ども集団の作りだすメディアは，「子ども文化」と呼ばれている。子ども文化の中心をなしているのは，遊び方と遊戯する身体と遊具の連関である（技術‐身体‐道具）。子どもたちは，子ども文化というメディアを介して，互いに結びあい，大人とは異なる子ども独自

の集団を形成するのである。

　本章では，子ども文化を主題に，子どもたちの創造活動と子ども文化＝メディアとの関係を明らかにするとともに，子ども文化を介して集団となる「遊びの共同体」ともいうべき子ども集団において，子どもの自主性がどのように育まれるかについて考えてみる。

§1　子どもが子ども集団のなかで作る子ども文化

1．メディアを生みだす子ども

　私たちは，子どもがメディアを通して新たな創造活動をするのを見てきた。しかし，子どもの創造活動は，既成のメディアを通してなされるだけでなく，新たなメディア自体をも生みだすのである。子ども文化の存在は，子ども自身がメディアを独自に創造し，継承し，伝達し，発展させてきたことを示している。かつての異年齢による子ども集団は，子ども文化を自ら創造し，その創造した文化を新たな参入者に伝達することによって成立していた。子どもたちは，自分たちで遊び方を見つけ，あるいは考案し，それを発展させ，仲間の間で教えあい共有してきたのだ。

　教育人類学の研究者である藤本浩之輔は，大人が子どものために作る絵本や児童文学や遊具といった「児童文化」にたいして，子どもが自分たち自身で作り伝承する文化を「子ども自身が創る文化」と名づけている。そして，この子どもの文化を「ひとつの集団や社会の子どもたちによって習得され，維持され，伝承されている子どもたち特有の生活様式」と定義している。この機能主義の文化理論に基づくこの定義は，習得・維持・伝承の側面に重点がおかれており，文化創造の側面を含み込むことができないという点で，藤本の子ども文化研究の全体を表現するには不十分なものではあったが，他方

で，子ども文化の豊穣な多様性を収集し，記述し，分類することでは大きな力を発揮する定義でもある[註1]。

　子どもの文化の中心をなすものは「遊び」である。しかし，遊びといってもいろいろな遊びがある。それをすべて，子ども文化と名づけることができるのだろうか。藤本は，その場その場で消えてしまう遊びではなく，文化としてのかたちをもって長い年月にわたり，子ども集団のなかで育まれ，継承されてきた，「かごめかごめ」「おしくらまんじゅう」「石けり」「お手玉」や自然を材料にして草花の遊びといった伝承遊びを，子どもの文化として位置づけようとしている。藤本は，「子ども自身が創る文化」を，言語表現・身体表現・事物表現というように，表現の形式を基準にして，次の三つに分類している。

　①わらべ唄，えかき唄，動植物の名称などの言語によって表現される文化（言語表現の文化）
　②ルールのある運動遊び，各種ゲームといった身体によって表現される文化（身体表現の文化）
　③手作りの玩具，草花の遊びといった事物や生き物にかかわって表現される文化（事物表現の文化）

　ここに取りあげられている三つの文化は，どれも本書にとってもなじみ深いものである。ここでは三番目の「事物表現の文化」を例に取りあげてみよう。藤本は，子どもたちがとんぼのヤンマを捕まえる方法の分布を調査している。ヤンマは「虫取り」（昆虫採集）のなかでも特別な獲物であった。藤本は，「ヤンマ釣り」という遊びによって，子どもたちがヤンマの生態と形態とをどれほど詳細に観察しているのか，ヤンマを釣るための技術をどのように高めてきたかを明らかにし，さらに，その観察の結果と捕獲の技術とが代々の子どもたちによってどのように継承・発展されてきたかを示している。子どもたちは，ヤンマの雄と雌との区別にとどまらず，両性具有のヤンマを注意深く見分け別の名で呼び，さらには，成熟の度合いによっても区別して別個の名前をそれぞれに与えている[1]。この子どもたちが自ら生みだした語

彙や分類整理の仕方のなかに，学校で学ぶ近代科学をもとにした分類法とは異なる，「野生の思考」の具体的な展開を見いだすことができるのだ。

　藤本が丹念に調査し制作した，子どもたちによって創造され伝承されてきたヤンマの名称の一覧表をみるとき，私たちは子どもたちの観察力の鋭さと，命名する言葉の豊かさに驚き，あらためて「文化」を作りだす子どもという生の在り方を考えないではおられない。ここで藤本によって「文化」と呼ばれているものは，本書で述べてきた「メディア」にあたるものである。子どもたちは，集団生活を通して，この子ども文化を創造し伝達し発展させてきたのである。そして，この子ども集団には，継承される独特の語彙群や分類法があるだけでなく，独特の挨拶や約束の誓いの作法，喧嘩や和解の作法といったように，さまざまな作法や約束事があったことなどから，「子どもの民俗学」が成立しえたのである。

2．「子ども文化」論から見た子ども

　「子ども自身が創る文化」への着目は，これまで問われることのなかった子どもの事象へと導いてくれる。例えば，藤本は「なぜ子どもは群れているのか」という卓越した問いを提出している。これは，ほとんど誰もが子ども集団を通過して大人になりながら，かつて誰にも問われたことのない問いである。この問いにたいする藤本の答えは明解だ。それは，子どもの間で伝達され共有されるべき固有の文化（メディア）があるからだということである。

　子ども独自の文化の存在が，子どもを大人とは異なる独自の集団として成り立たしめているという見方は，子どもの集団の発達的意味とはなにかを問う心理学的な視点とは異なる，子ども理解の社会学的・人間学的視点を提出しているといえるだろう。そして，この観点からみるならば，子ども固有の文化が消失するなら，子どもという特有の在り方もまた消失すると推測することになる。つまり藤本の定義は，子どもという存在を子ども文化（メディア）によって位置づけていることになる。それは，従来の社会学に立って見たと

きの「社会化される存在としての子ども」とも，心理学的に見られた「発達する存在としての子ども」とも，位相の異なる子ども理解の地平を切り開いたことを意味している。さらにこの視点は，私たちがあたりまえのように思っている子どもの見方に，強く変更を促すものである。藤本は，子どもの生活から構造をもった生活様式としての「子ども自身が創る文化」を取りだすことによって，大人の文化とは異なる子どもの文化の存在を明らかにしたが，さらに進んで，この子ども文化を大人の文化や学校の文化と同列に位置づけることを主張している。

　これは，子どもにも子どもの独自で固有の世界があり，この子どもの小さな世界（スモール・ワールド）は守られる必要があるといった，「子ども期の発見（発明）」以来，何度も繰り返されてきた消極的な主張などではない。藤本は，子どもという存在をたんに文化を継承するだけではなく，大人と同様，文化を創造する主体としてみたのである。子どもは，文化的に未熟な者であり，そのために教育を必要とするのだというのが近代的な子ども観の常識である。だからこそ，子どもは学校で人類の遺産としての文化財を，教科を通して学習しなければならないといわれてきたのである。この子ども観の歴史から捉えるとき，「子どもは自分で文化を創造するのだ」という藤本のテーゼは，たいへんラディカルな宣言ということができる。

　子ども文化が，子どもの自主性や社会性の獲得，知性や感性の発達にとって不可欠であるとするなら，子どもが健やかに大人になるためには，どれほど学校が努力したところで，学校教育だけでは不十分だということになる。このことは，人間の成長における多様な変容の在り方を，教育という名のもとに，すべて学校教育へと収斂させていこうとする近代教育学にたいするアンチ・テーゼでもあった。ここでも，子どもという生の在り方を，メディアとの絡みで理解していることに注意しておこう。

　この藤本の子ども文化論を，さらに本書の問題意識に引きよせて論じ直すならば，子ども文化は遊びの文化ということにおいて，たんに有能な自主性や社会性を育む経験をもたらすだけでなく，これまで述べてきたように脱自

の溶解体験をもたらすものでもあると考えるべきである。つまり子どもは，自ら遊びというメディアを創造することによって，新たな経験のみならず比類なき体験をも生みだしていたといえる。そして，そのことによって，子どもは学校文化とは異なる独自のメディア創造をなし遂げていたのである[註2]。さらにメディアが「現実」を生みだすという本書のテーゼにしたがうならば，子どもの生きている「現実」の一端は，子ども文化という名のメディアによって生みだされているといえる。ある時代の子どもの特徴は，その時代の子どもを取りまくメディアの連関に依存しているといってもよい。子どもが大人と異なっているのは，たしかに発達の差異ということもできるが，むしろ依拠しているメディアの差異ということもできる。このメディアのちがいが，私たちの「現実」と，子どもの「現実」とを別のものにしているのである。さらに私たちはのちに子ども集団における「一人前の子ども」という新たな子ども理解を提示することになる。

§2　子ども集団の消滅と子ども文化の衰退

1．子ども集団の消滅と子ども文化の行方

　子ども文化への藤本の問題意識は，1960年代後半に顕著になってきた異年齢からなる子ども集団の消滅と，同時に生じた子どもの遊び文化の衰弱という状況にたいする危機感から発している。それは，失われようとするものへの哀惜といったものではない。子どもという生の在り方にしたがって自身を育んできた豊かな子ども文化を，子どもが失うことによる，子どもの生活の貧困化にたいする危機感である。しかし，子どもの生活の貧困化といったことが本当にいえるのだろうか。
　自分の子ども時代を思いだしてみよう。第2章4節でも述べたように，も

し読者が1940年代後半から50年代前半生まれなら，年齢の異なる子ども集団での遊びのなかで，子ども時代を過ごしたことだろう。NHKが日本で最初にテレビの放送を開始したのは1953年2月だが，1960年には約半数の世帯にまでテレビは普及した。また1959年には週刊マンガ雑誌が創刊される。テレビが家庭に入り子ども向けの番組が放映されたり，また子ども向けのさまざまなメディアが商品化されたりしたものの，遊びの中心は以前とかわらず屋外の原っぱや空き地であり，そこには遊びに習熟した「お兄さん」や「お姉さん」がいた。異年齢の子ども集団の全盛時代で，日々遊びのなかで工夫した子ども文化を新たな構成員に伝達しつつ，「遊びの共同体」を展開していた。

読者が1970年代生まれなら，その子ども時代はどうだったろうか。戦後の60数年間に，子ども出生数は第一次ベビーブーム期（1947〜49年）の約270万人をピークに減っており，1975年生まれだと子どもの数は約195万人ほどである。1975年ではすでにカラーテレビの世帯普及率は9割を越えている。地域の子どもの数はそれほど多くはなく，異年齢の子ども集団はすでに消滅しており（地域によって事情は異なるだろうが1970年頃には消滅したといわれている），同年代の子ども同士が，温度調整の効いた居心地のよい室内に集い，アニメを見たりテレビゲームに興ずるといったところだろう。ちなみに子どもの遊びの形態を劇的に変えた遊具（メディア）のひとつゲームボーイ用ソフト「ポケットモンスター」が誕生したのは1996年のことである。このときの家庭でのパソコンの普及率はまだ2割にすぎない。屋外での遊び時間の激減と屋内遊びの時間の倍増など，この間の子どもの遊び時間や遊び場所そして遊び方などについての調査結果は，子どもの生活が劇的に変化していることを教えてくれる。

2012年の出生数は，統計の残る1899年以降では最少の103万人である。ピーク時と比較すると，子どもが自力で移動できる範囲内での子どもの数が，どれほど少ない数であるかがわかる。他方，2011年の携帯・PHS・スマートフォンをあわせた世帯普及率は9割を越え，パソコンの世帯普及率は約8

割，インターネットの世帯普及率は約9割となっており，子どもの利用率も高い。この間の子どものテレビ視聴時間は，携帯電話の使用やテレビゲームやインターネットの利用のために減少している。統計資料の現在の数字は，刻々と変化していくため，すぐに古びてしまうが，子どもの生活の変化を推測するには，この程度のおおまかな数字を知ることでも十分に有効である。

2．バーチャルな世界と子どもの「現実」の変容

子どものバーチャルな生活世界は，さまざまな電子メディアによって，以前には考えられないほど時空を拡大している。また子どもには制限されたり隠されてきた性や死にかかわる情報も含め，知識や情報へのアクセスも驚くほど容易になっている。電脳世界では，子どもと大人とを隔ててきたこれまでの境界線はなくなっている。他方で，電子メディアを介した子ども間を結ぶさまざまなネットワークの成立は，新たな形態の自律的な子ども集団を生みだしてもいる。しかし，その自律性は新たな関係を作る可能性だけではなく，ネット上での中傷やいじめなどに見られるように，問題も数多く生じている。

電子メディアによるコミュニケーションの特徴は，誰にもすぐわかるように，視覚・聴覚刺激と記号の刺激が圧倒的な優位にあることである。そして，それとは対照的に，モノに直接触れたときの手触りのあるリアリティ，予想外の軽さや重さ，ヒヤリとする冷たさや暖かな温もり，あるいはものに特有の匂いや香りの経験，あるいは手にするものが虫や魚やヘビや子ネコであれば，その感触はより複雑で簡単にはいい表せないものであろうが，いずれにしても，五感全体をつかった直接的な身体の経験と体験が圧倒的に少ないことはまちがいないだろう。このことは，感覚教育を重視してきた幼児教育にとって重要な問題である。しかし，それ以上に大きなことは，これまでアナログ的なものであるはずの経験と体験とが，デジタル的な電子メディアによって浸食されていることである。他者とのコミュニケーションの仕方や作

法はいうまでもなく，聴くこと，見ること，書くこと，読むこと，知ること，記録すること，記憶すること，想起すること，そして考えること，これらの意味や技術や作法が変わってきていることは，多くの論者によって指摘されている。このことが子どもの生全体にたいしてどのような影響を与えているのかは，十分に判断しそれを評価することはできないが，これまでテクノロジーの発展によるメディア変容が，人間の生（生活・人生・生命）を変容させてきた例から推測して（文字の発明・印刷術の発明・写真映画の発明・コンピュータの発明……），その影響は決して小さなものではないだろう。

　一般に人は，自身の子ども時代と比較して現在の子どもの生活を批評し評価するが，自分の子ども時代が懐かしいために，いまは失われてしまったものを過大に評価しがちとなる。その分，現在の子どもの経験や体験を貧しいものとしてみてしまう傾向がある。たしかに，豊かな自然，子ども同士の濃密な人間関係，大人に干渉されない仲間との自由な時間，自分たちで工夫した遊びや自分たちで作った遊具，互いに顔見知りの親密な（言葉を換えれば地縁・血縁に基づく贈与交換の義務によって縛られもした）地域の共同体，どれもこれも40年前と比較すると失われたものばかりだ。そして，かつては見られなかった（と思われる）子どもの問題が，つぎつぎと起こっているところをみると，その失われたものが子どもを「健全」に育てていたのではなかったかと考えたくもなる。

　過去の過大評価に注意をしつつ，ここでは子どもが自ら作るメディアとしての子ども文化と，その子ども文化の伝達によって集団となる子ども集団によって，子どもの自主性が育まれていたのではないか，そして子どもが「一人前の子ども」になっていたのではないか，という仮説を考えてみる。

§3　子どもに自主性を教えることの不可能性

1．自主性とはいかなることか

　この問題について考える前に，「自主性」という言葉について，一度考えておく必要がある。自主性という言葉は，何を意味しているのだろうか。「自律性」のように責任ある大人として自ら判断し，行為する主体の在り方というよりは，むしろその一歩手前の在り方のように見える。しかも自主性は，たんに自分で決めて自ら何事かを行うといった価値に中立な言葉ではない。自主性は，ある特定の集団のなかにおいて，誰か上位の決定者や判断者，例えば指導者や保護者のまなざしの下で，その集団において「善い」と考えられていることを，進んで積極的に行うことを意味している。例えば，「自主性のある子どもを育てる」と私たちがいうときの自主性とは，家庭なり学校なりで，親や教師が「善い」と考えていることを，親や教師が命じたり指示したりすることなく，自ら進んでなそうとするような心性を育てることである。「自主的に学習する子どもを育てる」といったのは，この場合だろう。

　しかし，これだけではできのよいロボットのようなものだ。「子どもの自主性」という言葉には，もう少し意味にふくらみがあるように思われる。そのふくらみが大切なところだ。そこには，独立した人間として，子どもの選択をできるかぎり認めなければならないという意識が働いている。そして，経験不足のために，ときには失敗することもあるだろうし，またまちがったこともするかもしれないが，大人にいわれるのではなく，自分で自ら選んでなすことで，「教える」ということでは伝達できない大切なことを，身をもって学ぶという意味が込められている。

　それではこの自主性は，どのようにして子どもの身につくのだろうか。
　他から命じられたり強制されたりした行為は，当然のことながら自主的な

ものではない。たとえそうしてなされた行為が道徳的にかなっていても、そ
れは本人の意図なく無理矢理に強いられた行為にすぎない。この強制が繰り
返されて習慣となり、その場に命ずる人がいなくてもなしてしまう行為は自
主的な行為といえるのだろうか。外から見たときには、それは自主的な行為
に見えるかもしれないが、子どもはたんに習慣にしたがってなしているにす
ぎず、本人が意図してなしているわけではない。そう考えるなら、自主性を
命じることで育てることはできない。「自主的にしなさい」という指示は逆
説的なものとなる。

　「善いこと」という価値的な枠組みをはずせば、子どもはいろいろなこと
を自分でやりたがるのだから、自然に任せればよいという意見も当然出てく
ることだろう。しかし、この「自由」に（この場合は「思いつくまま」といっ
た方が正確だろうが）なすことは、自主性にしたがって行為することと同じ
ものだろうか。どうもちがうようだ。

　外から指示し強制しても、あるいは自然に任せて自由にさせても、子ども
は自主性を身につけることはできない。どうすればよいのだろうか。

2．子どもは集団遊びのなかで自主性を学ぶ

　思いつくままの活動や勝手気ままな活動が、自主的な行為と異なるのは、
そこでは経験が起こらないからである。自主性という在り方には、自分から
世界に働きかけ、その結果を受けて自己をも作り直していくという、行為の
ダイナミズムがなければならない。善い行為もあれば、場合によっては大人
から見て道徳的に逸脱しているような行為もあろうが、子どもが自分の判断
でなそうと決め、見通しをもってやり遂げようとするなら、その行為は経験
となり、つまりは自主的な行為となる。つまり自主的とはたんに自発的であ
るだけでなく、また自分で決定するだけではなく、その行為に見通しをもち、
行為の帰結がその行為者自身に返っていくことが不可欠である。

　自主性を育てるためには、自主的な行為を自ら経験するしかない。子ども

は自主的に行為をなすことで自主性を学ぶ。これは獲得しなくてはならない能力を前提にして，その能力の獲得をめざすということで，論理学でいえば解決不能な課題である。しかし，現実は論理学のパラドックス問題とはちがい，いたってシンプルな解決策をもっている。ここに子どもの遊びの集団が登場してくるのである。

　遊びは，喜びに導かれて自発的になされる活動・行為である。「遊びなさい」と命じられて遊ぶ者はいない。反対に「遊ぶな」といわれて遊ぶ者はいるが。そして，鬼ごっこや隠れん坊のような伝統的な定型の遊び（ゲームも含む）には，より楽しくそしてより深く遊び込むためのさまざまなルールや技術がある。このルールや技術の習得によって，遊びは思いつくまま・勝手気ままな活動ではなく，見通しをもった行為になる。子どもは，遊びを通して，一時的で散漫な活動をかたち（枠組み）をもった行為へと変え，自己と世界との間に新たな通路を築きあげていく。このように遊びは，子どもの思考を方向づけ，活動に明確なかたちを与えることで限定を加えはするが，そのことによって，同時に新しい自己と新しい世界とを開いていく。子どもは遊びによって，世界の奥行きを冒険するだけでなく，世界を作りかえ，世界の主人となることができる。その遊戯世界での行為の結果は，自分たちが評価し，次の遊びのかたちを決めていくのである[註3]。

　選択の余地のない状況，何を選択しても同じ状況では，自主的な行為は起こりえない。つまり，自分たちの力でコントロールすることができない状況では，人は自主的となりえない。自分たちが自分たちの判断で決定し，自分たちの力で切り開くことのできる世界におかれないかぎり，自主的に何かをすることなど起こりようがない。遊戯世界では，自分たちの力でなすことができるから，子どもは自主的にアイディアをもち計画を立てるのである。あるいは子どもが自ら作ったルールや掟にしたがって，友だちとの葛藤を解決することができるのである。もとより，この「解決」のなかには，大人の道徳的基準から捉えたとき，必ずしも「正しい」ものと見なされないものも含まれてはいるだろうが，自分たちがなしたことだから，そして自分たちがな

せることだから，自主的に結果を受けとめ，自主的に行為ができる。幼児のように，環境をコントロールする力が弱い者でも，遊戯世界においては，自主的な行為者となりえる。自分のなした行為が，自分が望ましいと予期した結果や効果を生みだすという経験は，願望をもち努力する態度を強化し，逆境を乗り超えようとする力を獲得することを促すことになるだろう。しかし，遊びが自主性を育てるのは，遊びのもつこの特質によるものだけではない。

　遊びが育てる自主性を考える上でさらに重要なことは，子どもが自ら新たな遊びを作り，その遊びによって子どもの集団を生みだすところにある。すでに述べたように，子ども自身の作りだす遊びは子ども文化と呼ばれてきた。子ども文化は，子ども自身が独自に創造し，継承し，伝達し，発展させてきた。子ども集団は，この子ども文化を新たな参入者に伝達することによって集団として成立する。そして，子ども集団という相対的に大人のまなざしから離れたなかで，子どもたちは遊びという大人から見れば自主的な行為をするのである。

　こうであるとすれば，子どもの遊びを中心とする集団の行為が，自主性を育んできたといえるだろう。子どもは自分たちで文化＝メディアを創造する。子どもは，たんに大人の文化を継承するだけの存在ではなく，大人と同様，すでに文化創造の「主体」なのだ。ここに，大人による指示によって管理されたり，大人のまなざしに見通されることなく，自分たちの判断にしたがって，真に自主的に何かをなすという経験が可能となる。それが可能になるのは，生命に深く触れ，比類のない喜びを生起させる遊びの体験が，集団生活が喧嘩やいじめといった子どもの間の葛藤をどれほど孕んだものであったとしても，「遊びの共同体」の一員として子どもの心を結びあわせるからである。遊びの喜びはなにものにも代えがたいのだ。遊びという子ども文化が子どもの集団を生みだし，その子どもの集団が大人の知らない間に子どもたちに自主性を育む。子どもが十分に子どもとして生き，そして自律した大人になるためには，大人によって計画され管理された学校教育だけでは不十分だということである。

3. 経験と体験の場としての実践共同体

　このことを別の角度から問い直してみよう。「正統的周辺参加」(legitimate peripheral participation) という学習理論の重要な用語がある。第 1 章で一度簡単に論じたものであるが，ここではもう少し詳しく解説し，それを手がかりにして「遊びの共同体」について考えてみることにしよう。

　「正統的周辺参加」の学習理論にしたがえば，子どもの集団「遊びの共同体」への子どもの参加は，この正統的周辺参加の形態のひとつである[註4]。J. レイブと E. ウェンガーの共同研究による『状況に埋め込まれた学習』(1991 年) では，学習を個人的なものと捉えるのではなく，社会的実践の部分として捉えるところに大きな特徴がある。「徒弟制的な学び」といったものは，「実践共同体」(community of practice) への正統的周辺参加の実践によって学ぶというのである。このとき正統的周辺参加というのは，実践共同体にたいして，構成員として認められるという意味では「正統的」であり，しかし実践において中心的な働きをしないという意味では，「周辺的」な参加しかしていないということである。

　正統的周辺参加という言葉が示しているように，学習は，個人的な精神への「内化」ではなく，実践共同体への「参加」として捉えられている。学習者は実践共同体に参加することによって，つまり「社会的実践」によって，動機づけられ，社会的共同体の「十全的参加者」(一人前) になることが目的となる。学習とは，それまでの具体的状況から切り離した個人を対象とした心理学が研究してきたように，内的な構造の獲得でもなければ，あるいは表象の獲得でもなく，実践共同体への「参加」の度合いの増加を意味する。しかも，それはまた同時に実践共同体の再生産の実現でもある。つまり実践共同体における社会的実践では，生産と学習と共同体の再生産とが，同時になされているのである[2]。社会的実践について，レイブとウェンガーは次のように述べている。

要するに，社会的実践の理論は，行為者，世界，活動，意味，認知，学習，さらに知ること（knowing）に関係論的相互依存性を強調するのである。意味が本質的に社会的に交渉されるものであることを強調し，活動に従事中の人の思考と行為の関与的性格を強調することである。この観点では，学ぶこと，考えること，さらに知ることが，社会的且つ文化的に構造化された世界の中の，世界と共にある，また世界から湧き起こってくる，活動に従事する人びとの関係だとする。この世界は社会的に構成されている。[3]

社会的実践の理論に基づく学習理論は，E. デュルケームが「社会化」と呼んだ事象，あるいは P. ブルデューが「ハビトゥス（habitus）」による「文化的再生産」として理解した諸事象，人間の生の変容における経験‐発達の次元の説明をするのに，非常に有効な理論といえる。そして，第1章でも述べたように，西田幾多郎の行為的直観の原理に基づく身体論から導いたメディア概念が，社会的実践の理論と同じく，マルクス主義の実践概念を下敷きにして生みだされたこともあり，本書でのメディア身体論を基にした学習理論とこの社会的実践の理論に基づく学習理論とは，理論的に共通性が高い。「正統的周辺参加」の学習理論は，西田から導いたメディア概念の応用編，ヘレン・ケラーとアン・サリヴァンの図式［自己（技術‐身体‐道具）‐媒介者（技術‐身体‐道具）‐世界］でもって理解することができる。また翻って，ヘレンを新参者そしてサリヴァンを十全的参加者と見なしたとき，ヘレンの学習はサリヴァンが代表者となる実践共同体への参加と見ることができるだろう。

このようにレイブとウェンガーの考察の水準に，メディア身体論を接合させてみることで，この両者の差異も明らかになる。引用した箇所からも明らかなように，レイブとウェンガーの描きだす実践共同体は，社会の次元がすべてである。「正統的周辺参加」の学習理論には，社会の次元に回収するこ

とのできない体験 - 生成の次元への問題意識がない。「この世界は社会的に構成されている」のだから。しかし，実践共同体が再生産できるのは，ヘレンとサリヴァンとの関係がそうであったように，十全的参加者の身体と新参者の身体とが結合することによって，互いに新たな自己が開かれるとともに，新たな世界が開かれるからではなかったか。外的な強制ではなく主体的な参加が行われるためには，新参者が十全的参加者の欲望を模倣する必要がある。それは有用な結果をもたらす協働的経験によって引き起こされるのではなく，生命的な体験によってもたらされる。

4．実践共同体としての「遊びの共同体」と「学びの共同体」

さてここで「遊びの共同体」を実践共同体のひとつと見なして考えてみることができる。生産するのは子ども文化であり，学ぶのは子ども文化＝遊びであり，そうして「遊びの共同体」の再生産を行う。この実践共同体（この場合は「遊びの共同体」）における学び（遊びを学ぶこと）は，学習者の「媒体（モデル）」への「欲望模倣」（ジラール）と密接に結びついている[4]。学校における教師よりも，実践共同体＝「遊びの共同体」における十全的参加者＝遊びの熟達者（メンター）の方が，欲望模倣のモデルとして強力であることはすぐに予想できる。「お兄さん」のように虫を捕り木に登り野球をしたい，「お姉さん」のように上手に歌を唄いダンスをしたい。遊びの熟達者の存在は，子どもにとって欲望模倣のモデルとなり，子どもの羨望をかきたてる。学校もまた実践共同体の側面を有してはいるが，学校のように時間的にも空間的にも生活の一部にしかかかわらず，また主に記号の使用によって学習が行われ，かかわり方が役割として限定的であるのにたいして，子ども集団「遊びの共同体」におけるメンターは，身体を介して学習者の生活全体と密接にかかわり，また深い歓喜をもたらす体験をともなうために，動機や欲望にかかわる次元でもかかわり，強力な媒体となる。そう考えるならば，子どもの欲望模倣のモデルとして，子ども集団「遊びの共同体」のメンターが強力なの

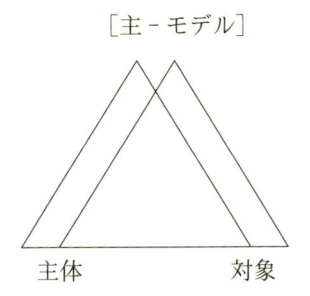

第5章　人間関係領域論：子どもが集団遊びのなかで作るメディア

［主 - モデル］

主体　　　　　対象

R. ジラールによれば，欲望は個人の内面から自然に生まれるのではなく，モデルとなる他者の欲望を模倣するのだという（本書50頁参照）。尊敬する先輩や憧れている人の話し方や笑い方，あるいは服装を真似たりすることはよくあることである。しかし，このことは主体とモデルとが同じ欲望対象をもつところから，ライバル関係になる危険性があることを示している。恋愛関係でいえば，欲望の模倣は三角関係を作りだすのだ（本書220頁参照）。ところで，欲望模倣論は教育においても重要な概念である。教育において「感化」とならんで「模倣」は，非意図的なレベルにおいて，被教育者の変容をもたらすものだからだ。教師がモデルとなることで，教師の文化財（教育内容）への欲望を子どもは模倣するのである。この欲望模倣論も，二重メディア身体として捉えることができる。

図 5-1　二重メディア身体としての欲望模倣論

は当然である。

　このような実践共同体を中心におく学習観は，プラグマティズムとりわけデューイの教育思想とも多くの類似点をもっている。例えば，この学習観は教授よりも学習に優位をおくということで，学習者中心主義（児童中心主義）と考えられるかもしれないが，そうではない。この学習観は，子どもと教材のどちらに中心をおくのかというような二元論的な思考法ではなく，デューイと同じく，媒介者たる「共同体における学習の資源」に焦点をおく思想なのである[5]。

　いいかえれば，実践共同体における学びは，学習者の媒体への欲望模倣と密接に結びついているといえる。学校における教師よりも，実践共同体における熟達者（メンター）の方が，媒体としては強力であることはすぐに予想できる。学校もまた実践共同体の側面をたしかに有してはいるが，時間的空

間的に子どもの生活の一部にしかかかわらず，しかも主に言語・記号の使用によって教授学習が行われ，生徒へのかかわり方が役割として限定的であるのにたいして，徒弟制におけるメンターは，身体を介して学習者の生活全体と密接にかかわり，また欲望にかかわる次元でも強くかかわるために，強力な媒体となることができる。その意味でいえば，媒体として徒弟制におけるメンターの方が強力なのは当然である。

　近代以前の徒弟制度的学習ではなく，学校教育のように近代の労働をモデルにした学習のかたちが，子どもを「学び」から逃走させているといわれる[6]。その理由は，学習自体に価値がないからである。それはちょうど，近代労働が賃金労働となることによって，労働の目的を労働の外部にもつようになり，労働自体の喜びを失ったことに対応している。学びがそのプロセスにおいて価値をもつためには，個人における精神の変容としてではなく，実践的共同体のなかで集団での実践として成されなければならないという。

　実践共同体において，学び自体が内在的価値あるものとして生起するのは，この共同体における交換の様式が，基本的に贈与交換によって成り立っているからである。さらにいえば，「新教育運動」において理想とされた学校共同体を支える交換の様式も，かつてのコミュニティーがもっていた交換の様式と同様，互助的な贈与交換をモデルにしている。例えば，デューイにしたがえば，学校は「胎芽的な共同体」でなければならないという。この学校の共同性を支えているのも贈与交換である。学校が共同体であるためには，共同体が仕事によって共同性を持ちえたように，構成員である子どもと教師に共同の仕事が学校になければならない。学校での課題が，共同の仕事となるためには，子どもたちの関心が共有されなければならない。それが可能になるためには，互助的な関係がすでになければならず，その仕事が実現されることで，また互助的な関係が強化される。それは佐藤学のいう「学びの共同体」としての学校においても同様である。その場での「教えあい」「学びあい」とは贈与交換のことである。

　子どもの実践共同体＝「遊びの共同体」では，学校教育のような意図的な

教授がなくても，学習は単独で遊びという子ども文化＝メディアを介して生起する。子どもが十分に子どもとなるためには，この子どもの集団「遊びの共同体」が不可欠であった。遊びの技術（子ども文化）に熟達した「お兄さん」「お姉さん」（メンター）をモデルにし，モデルに倣うことで，子どもは「一人前の子ども」（十全的参加者）になったのである。これがかつての「遊びの共同体」が異年齢によって成立していた理由でもある。そして，この実践共同体においては，仲間同士の間ではより面白く遊ぶためにさまざまなアイディアが交換され，新参者には純粋な贈与として遊び方が惜しげもなく伝授される。より楽しい遊びの実現という強い欲望に促され，関心が共有され「教えあい」「学びあい」の贈与交換が出現する。かつて学校が内部に贈与交換の仕組みがそれほどないにもかかわらず，強力ではないにしても共同体になりえた理由は，その背後に子どもの実践共同体である「遊びの共同体」が機能していたからではないだろうか。

§4　子ども文化が衰退するなかでの大人の役割

　子ども独自の文化の存在が，子どもの集団を大人とは異なる独自の集団として成り立たしめていた。そして，その子ども集団による遊びのなかで，子どもの自主性は育まれてきた。子ども独自の経験や体験をした。この子ども集団が消滅すると，子ども固有の子ども文化が消失し，また子どもという特有の生の在り方もまた消失する。そして子どもが主体となる遊戯世界もその世界を縮小させる。どのようにすれば子どもがふたたび自身の文化を継承し伝達するようになるか，また子ども自身が子ども文化を創造することができるようになるか，が重要な課題となる。そのためには，子どもが十分に遊び込むことのできる場所と時間とが不可欠である。

　子どもが自由に遊び込むことのできる場所と時間が確保されるために，保

育所や幼稚園がはたす役割は大きいといえるだろう。しかしそれだけでは十分ではない。今日，子どもが保育所や幼稚園で，保育者から子ども文化を学び，ほかの子どもたちに伝達し，共有し，発展させている。このとき保育者は，子ども文化のイニシエーターの役割をはたしているといえるだろう。保育者は，適切なメディア［技術‐身体‐道具］を選択し，そのメディアがどのような経験と体験とを生起させるかを，イニシエーターとして子どもに教える必要がある。道具は使用法（技術‐身体‐道具）として教えることができるし，教える必要がある。しかし，それだけでは不十分である。それは新たな子どもによる子ども文化の創造に開かれなければ，その意義は半減してしまうだろう。したがって，この子ども文化の伝達は，子ども集団を生みだす刺激とならなければならない。

　もともと子どもに遊び方を人生で最初に教えるのは，他の子どもたちではなく，幼児の相手になることに無上の喜びを感じる親であり祖父母であり大人たちである。発達心理学者の麻生武は，『ファンタジーと現実』（1996 年）のなかで，ごっこ遊びへとつながる見立て遊びを，親がどのようにして幼児に教えるのか，また幼児がどのようにして遊ぶことを通して遊び方を学んでいくかを記述している。例えば次のような事例である。

> U は 1 歳 10 ヵ月 25 日である。昼食の際，M（母親）が 6 センチほどのロボットを手にして，「ロボットさん，あなたもどうぞ」と言い，「パクパクパク」と U の目の前のパンをロボットに食べさせるまねをする。U は，すぐさまそのパンを手でつかみ遠ざけ，M を見つめ，「イイナー」，「エンエン」と言う。これは M にロボットの台詞を言ってくれというメタ発話（「発話」についての発話）である。M が「いいなー，ぼくも欲しいなー，エーン，エーン」と言ってロボットを操ると，U はとても満足している。[7]

　「ロボットさん，あなたもどうぞ」とロボットの人形を手に母親が子どもに話し始めたとき，その声の調子はいつものそれではなく，少し大げさに抑

揚のついた遊戯的（playful）なものであったにちがいない。それは遊びの世界がいま開かれた合図である。ここでは，子どもに遊びの発端を開き遊びの技と喜びを伝える母親の姿と，それにたいする子どもの新たなアイディアの提示，さらにその子どもが何をしたいのかを斟酌し即座に応答する母親のありさまが，「厚い記述」（後述）で描かれている。子どもは，このような遊びの熟達者による手本の提示やプロセスの支えによって，新たな意味世界を構築し，より深い「遊びの世界」へと進むことができるのである。この記述は，子どもであったとき，そして親になったとき，誰もが経験し体験しておきながら，これまで誰にも系統だって記述されることのなかった記述である。

本書での「道具を以て物を作る」という行為的直観に基づくメディア身体論の立場からは，この遊びと遊びの教えが，ロボットの人形やパンという「もの」を介してなされていることに注目しておく必要がある。そして，ここでも第1章でみた［自己‐媒介者（技術‐身体‐道具）‐媒介者（技術‐身体‐道具）‐世界］の「二重メディア身体」が発動しているのである。しかし，それ以上に重要なことは，麻生が『ファンタジーと現実』の論述を通して，「遊びの世界」に子どもが入っていくためには，遊ぶことのできる年長者（メンター）の援助が不可欠であることを，詳細な観察記録と明解な理論的解釈によって，説得力をもって明らかにしていることである[8]［註5］。遊びというコミュニケーションの仕方を子どもが学ぶ上で，大人が中心的役割をはたしていることを認めるとき，子ども集団を生みだし維持する働きをもつ子ども文化の再生に向けて，子ども文化の熟達者，かつて「一人前の子ども」でもあった大人が，子どもに遊びの熟達した技と楽しさとを，身体と「もの」とを介して，教え伝達するのは当然のことといえる。

ここでまた，子どもの領分ともいうべき自主的に行為する子どもの集団を，大人の援助によって形成する，という新たなパラドックス問題を背負い込むことになるが，しかし，ここでも比類のない喜びに駆動される遊びの力は有効だ。さらに幼小連携は，新たな異年齢の子ども集団を育てるチャンスでもある。幼稚園が小学校のようになるのではなく，小学校が遊びの力に開かれ

る可能性をもつのだから。

【註】

註1 子ども文化論の古典ともいうべきオーピ夫妻の名著『学童の伝承知識と言葉』(1959年)では，子どもの間で伝達される文化として童謡が民俗学の対象として取りあげられている[9]。あるいはそのあとも，H.B. シュワルツマンや B. サットン゠スミスらによって，子どもの文化について優れた文化人類学的研究がなされていた[10]。この研究系譜において，藤本の子ども文化研究の独自性は，「文化を創る子ども」という視点から，どこまでも子どもの生きている世界に分け入ったことにある。子ども文化と子ども集団との関係については，藤本浩之輔『子どもの育ちを考える―遊び・自然・文化』(2001年)を参照。

註2 「児童文化」のように，大人から与えられた文化においても，子どもはたんに受動的な受容者ではない。デザイナーたちが，子ども向けの商品として作りだした遊具やゲームを，子どもたちは自分用にカスタマイズして，大人たちの意図を超えて遊ぶ。そして，その遊び方が子どもの心を捉えるとき，その遊び方は子ども仲間を通して伝播し広がっていくのである。例えば，ゲームソフトは，あらかじめ制作者の意図があり，その意図から外れた遊び方は困難なように見えるが，中沢新一は『ポケットの中の野生』(1997年)において，子どもたちが制作者の意図を超えて，自分なりに工夫をしゲームをカスタマイズして遊ぶ姿を描いている。

註3 本書の冒頭で手がかりにしたユクスキュルは，カント主義に立ったユニークな生物学者であった。ユクスキュルは『動物の環境世界と内的世界』(1921年)のなかで，「すべての動物種は，彼固有の『環境世界』の中心を占めている。彼は，その『環境世界』に対して，自律的な主体（Subjekt）として登場する。(中略)すべての動物種の『環境世界』には，当該の動物種にのみ属する事物しか存在しない。(中略)すべての動物種は，彼固有の『環境世界』を，ちょうどそこからは抜けだすことのできないカタツムリの殻のように一生のあいだ持ちまわる。」と述べている[11]。ユクスキュルの環境世界論は，すべての動物種についての原理であるから，人間もまたこの原理にしたがっているのである。

ユクスキュルの環境世界論は，M. ハイデガーに世界-内-存在の哲学のヒントを与えたが，同じく新カント主義者 E. カッシーラーにもシンボル形式の哲学のヒントを与えている。カッシーラーは，ユクスキュルの動物記号論ともいうべき環境世界論を引きつつ，人間はシンボル系という新たな次元の現実に生きていることを明らかにし，人間を端的にシンボルを操る動物（animal symbolicum）と定義する[12]。カッシーラーは，『シンボル形式の哲学』(1923・1925・1929年) において，言語・神話・宗教・芸術・科学といったものをシンボル形式として捉え，シンボル形式の媒介による世界形成を論じた。次のように述べている。「この像＝世界は経験的所与の単なる反映ではなく，むしろ認識・芸術・宗教・神話がそれぞれにある自立的原理に従って産出するものなのである。このようにしてそのそれぞれが独自のシンボル的形象を創造するのであり，それらの形象は知性的シンボルと同種ではないにしても，その精神的起源に関しては出自を同じくしているのである。これらの諸形象

のどれにしても、他の形象に完全に解消されたり、他の形式から導き出されたりすることはなく、そのそれぞれが精神のある特定の捉え方を示しているのであるし、同時にその捉え方において、またその捉え方を通じて『現実的なもの』の特定の側面を構成しているのである。それゆえ、これらの形象は、即時的に現実存在しているものが精神に開示されるさまざまな仕方なのではなく、精神がその客観化の働きにおいて、言いかえれば精神の自己開示においてたどるさまざまな道なのである。」[13] このシンボル形式の哲学が、後の言語学や記号論の発展にどれほど多大な影響を与えつづけてきたかを語ることは、もはやこの註の範囲を超えている。

重要なのは、このカッシーラーのシンボル形式の哲学が、本書で述べてきたメディア身体論と結びついていることである。カッシーラーが「シンボル形式」と呼んでいるものを、本書では歴史的社会的に形成されたメディア［技術-身体-道具］として捉えようというのである。本書では、ユクスキュルの環境世界論から、西田の行為的直観の原理にしたがって、新カント学派の認識論的原理を批判的に乗り超え、メディア＝かたちによる新たな経験と体験の生起という主題を論じている。そのため本書は、西田の行為的直観の原理を独自に「構想力の論理」として「表現的世界一般の論理」へと発展させた、三木清の『構想力の論理』（1939・1946年）での技術＝かたち（Form）の思想とも深く響きあっている。「構想力の作り出すものは概念でなくて形である、そして『形の多様性』Mannigfaltigkeit der Formが構想力の論理の根柢である。」[14] このとき、三木のいう構想力の論理とは、人類史と自然史とをつらぬく論理として捉えられており、生物のかたちもまた構想力の論理が作りだしたものとして捉えられている。さらに三木は、構想力の論理はシンボル（象徴）の論理であるとし、構想力の論理によってカッシーラーのシンボル形式の哲学を書き換えることをめざしたのである。未完に終わった『構想力の論理』は、メディア形成の論理として新たに読み直す可能性があるのだが、そのことは本書の課題を超えている。

詳細な検討はここではできないが、次の註で述べるマルクス主義に影響を受けたヴィゴツキー学派の思想との関係とともに、西田哲学とこの新カント学派のシンボル理論から、ソシュールの影響を受けた記号論へとつづく思想との関係の解明は、メディア身体論をさらに理論的に深めていく上で重要な検討課題である。西田の哲学が、この新カント学派とマルクス主義との批判的な摂取と対立のなかで展開されてきたことを知るとき、その西田による批判的検討の在り方のうちに、両者（古い図式でいいかえれば観念論と唯物論）を超えていく道を見いだすことができるだろう、というのが本書の理論的な見通しである。

註4 近年の発達理論の中心は、ピアジェの個人主義的な認識の発達観から、マルクス主義の実践概念の影響を受けたL.S. ヴィゴツキーやM.M. バフチンの影響を受けた、J.V. ワーチらの発達を「文化的道具に媒介された行為」に基づく文化学習過程として捉える考え方へと移っている[15]。例えば、ヴィゴツキーは「心理学における道具主義的方法」（1930年）において、道具使用と同様に記号の使用が行為を変容させることについて、次のようにいっている。「技術的な道具が労働諸操作の形式を規定することによって、自然的適応の過程を変異させるのと同様に、心理的道具もまた、行動の過程に挿入される場合、自らの諸特性によって新しい道具的な作用の構造を規定し、心理的諸機能の全経過・全構造を変異させる。」[16] この思想は本論のメディア概念ときわめて近いものである。本書の経験・体験を生みだすメディアというアイディアは、直接的には西田幾多郎の論考「論理と生命」で深

められた行為的直観の論理を組みかえたメディア身体論からきているのだが，その西田の論理は，田邊のマルクスの批判的摂取を媒介にしているところから，結果として，このヴィゴツキー学派の発達を媒介する文化的道具という理論に対応しているのである。しかし，ヴィゴツキー学派の学習理論は，発達研究の立場から，記号の使用といった心理的道具の働きへの関心が高く，その点において，優れた成果をおさめているのにたいして，生きられた身体とつながる生命論への関心が希薄で，今日の幼児教育を捉え直す上で不可欠な体験‐生成の次元への問題関心が欠けている。この問題を考えるには，道具使用と身体の二重性とをセットで理論的に捉える必要がある。

ところで，このヴィゴツキーの論文には，興味深いことに，「道具主義的方法は，J. デューイやその他のプラグマティストたちの道具主義的論理学と共通なものは（その名称を除いて）何も持たない」[17]と述べられている。V. レーニンの『唯物論と経験批判論』(1909 年）におけるE. マッハへの批判，そしてそのマッハ主義と連なるものとしてプラグマティズムへの批判が，イデオロギー闘争として強力に推進されているなかで，もとよりヴィゴツキーが本心からそう理解（誤解）していた可能性もないではないが，クループスカヤ記念共産主義教育アカデミーで行われた報告において，ヴィゴツキーは，自身の思想とデューイの思想との間に，多くの共通点があるとはいえなかっただろう。デューイは，『実験的論理学論集』(1916 年）において，「この論集の論旨は，思考が環境のコントロールにおいて道具的（instrumental）である……ということである」[18]と述べている。両者の思想には，実際多くの共通点があり，むしろ思想研究としては，この両者の共通点をもとにして捉え直す方が有益である。事実，今日のヴィゴツキー心理学の系譜にある文化心理学には，しばしばデューイの名が登場している。また『新しい文化心理学の構築―〈心と社会〉の中の文化』(2007 年）において J. ヴァルシナーは，ヴィゴツキー心理学の伝統に C.S. パースのプラグマティズムの記号論をつなげて論じており，ヴィゴツキー心理学とプラグマティズムとのハイブリッドな理論の構築は，より理論的精度をあげていく傾向にある。ところで，このヴァルシナーの理論構築の方向は，先に述べたカッシーラーのシンボル形式の理論とも交叉するはずであるが，文献一覧には S.K. ランガーの名前はあるが，カッシーラーの名前は見あたらない。

註5 記憶に残ることもないほど幼い時期に，私たちは，遊びという特有のコミュニケーションの仕方を，大人たちから伝達されているのである。この遊びの伝達は，相手からの見返りを求めるようなものではなく，遊びの極意を惜しげもなく伝授しようとする純粋贈与といってよいものだろう。それというのも遊びを教える者＝与える者は，教えること自体に喜びをもって，相手からの返礼を期待することなく教えるからである。そして，その教える者も，かつて与えることに喜びをもった者から，教えられた＝与えられたにちがいないのだ。遊びを教えることのなかで，不可能とも思える純粋贈与のリレーは，さりげなく，しかし確実に，実現されてきたのである。考えてみれば，この純粋贈与のリレーこそが，人間のなすことのできる，もっとも創造的な行為なのかもしれない。

□遊戯と自由の古典的理解―ホイジンガとカイヨワ

「すべての遊びは，まず第一に，何にもまして一つの自由な行動である。命令されてする遊び，そんなものはもう遊びではない。」
　　　　　　　　　　　　　　　　　ホイジンガ『ホモ・ルーデンス』

　遊びは不思議な行為だ。仕事は他者に強制することができる。仕事だけではない。遊び以外の行為は，他者に強制することによって目的を果たすことができる。しかし，遊びだけは強制することができない。強制されたボール投げは遊びではなく，ちょうどバケツリレーの訓練のように，ボールという球体を交互に繰り返し移動させるだけの単調な仕事になる。反対にひとたび遊びと見なされたら，どのような行為でも，たとえ長時間集中しなければならない苦しい仕事でさえも，遊びへと一変させられてしまう。例えば，罰として科せられたペンキ塗りの作業も，遊びの達人トム・ソーヤーの手にかかれば，子どもたちにとって大切な宝物と引き換えにしてでもやってみたい魅力的な遊びに変わってしまう。
　だから遊びは不思議な行為だ。遊びとなるための最低条件は，それが自由になされることである。そして，これが学校の授業に遊びを取り入れることを困難にしている理由でもある。教師によって「勉強しなさい」というのと同じように「遊びなさい」といわれることほど奇妙な事態はない。これでは子どもは遊ぶことができない。「すきにしていいよ」というある時間の課題を免除することによってしか，子どもを本来の遊びに向ける方法はないのである。
　この言葉の主，J.ホイジンガは14，15世紀の北フランス，ネーデルランドの文化を詳細に描いた『中世の秋』（1919年）などの著作で有名なオランダの歴史学者である。そして遊び研究のバイブルともいうべき『ホモ・ルーデンス』（1938年）の基本テーゼは，ダンスや音楽や詩はもとより，祭祀も

法律も知識も，文化は遊びのなかに生まれ，遊びとして発展するというものである。一見奇妙にも聞こえるこのテーゼを，ホイジンガは古今東西の驚くべき文献的知識を元にして証明している。

　ホイジンガの『ホモ・ルーデンス』が今日の遊び研究のバイブルであるのは，そのテーゼによって初めて遊びについての明確な定義を明らかにしたことによる。ホイジンガは，遊びの形式的特徴として次の五つをあげている。①遊びとは虚構であること，②自由な活動であること，③いかなる物質的利害とも関係ないこと，④規定された時間と空間のなかで決められた規則にしたがうこと，⑤非日常であること[1]。

　ところで，ホイジンガの遊び論は，後にカイヨワによって批判されたところから，カイヨワの遊び論の方が優れていると思われがちだが，理論上の深さでこれを超えた遊び論の本はまだない。

　そのカイヨワはどうか。カイヨワもまた「遊びは遊戯者が遊びたいから遊ぶ，そこにのみ存在する」と『ホモ・ルーデンス』と並ぶ遊戯論の古典『遊びと人間』（1958年）で述べている。遊びとは何かについてあらためて考えてみると，子どものときからあれほど何度も繰り返し体験してきたことなのに，明確で統一的なイメージをつかみだして定義することが困難なことに気がつく。そもそも賭博師のサイコロの一擲と，ダイナミックなスポーツのサッカーと，愛らしい幼児のごっこ遊びと，命知らずのバンジージャンプとが，みな「遊び」と呼ばれていること自体が不思議なことなのである。これらすべてを「遊び」として統一する原理などあるのだろうか。あるとすればそれはいったい何だろうか。

　この困難なテーマに挑戦して，遊びについてもっとも包括的な定義を下したのは，ホイジンガであるが，ホイジンガの遊びの研究では，サイコロ遊びのような「偶然の遊び」とブランコ遊びのような「眩暈の遊び」とが無視されていた。カイヨワは，ホイジンガによる遊びの定義を発展させて，遊びを次のように定義し直した。

　遊びとは，なによりも①遊びたいから遊ぶという自由な活動であり，②日

常生活から分離した活動,③あらかじめ成り行きがわかったり,結果が得られたりすることはない不確定な活動,④非生産的な活動,⑤ルールのある活動,⑥虚構的な活動である[2]。なるほどこのように遊びを定義してみると,誰もが体験しながら正体のつかみにくい遊びも,他の活動から区別して理解できるようになる。なかでも,「遊びは遊戯者が遊びたいから遊ぶ」という遊びの規定,これ以上に遊びの本質を言い表す言葉はないだろう。ここでは有用性の原理にしたがうあらゆる強制的な活動から,きっぱりと際だてられた「遊び」という活動の特質が宣言されているのである。

　さらにカイヨワは,ホイジンガのように遊びの外的構造の指摘にとどまらず,遊び世界での遊戯者の根本的な心的態度のちがいから,遊びを次の四つに分類している。競争の遊び＝アゴン(サッカーやチェスなど),偶然の遊び＝アレア(ルーレットや宝くじなど),模擬の遊び＝ミミクリ(ごっこ遊びなど),眩暈の遊び＝イリンクス(ブランコやジェットコースターなど)。カイヨワ理論の人気の秘密は,このシンプルで明解な遊びの分類表の魅力にある。

　遊びがレクリエーションとして,さらなる労働のための気晴らしと見なされているように,親や教師は,ともすれば子どもの遊びを学習の付録のように考えがちである。しかし,人間にとって遊びがもつ意味を知るときには,子どもが遊ぶことの重要性も認識できるようになるだろう。人間は何か有用なことをするためにだけ生きているわけではない。人間にはまったく無用で生産的でないことをすることが必要なのである。「遊びたいから遊ぶ！」カイヨワのテクストは,そのことを私たちに教えてくれるのである。

　また『遊びと人間』の補論「教育学から数学まで」のなかで,「遊びは訓練ではない。遊びは試練あるいは獲得した成績でさえもない。これらは遊びの本質ではなく,付加的性質にとどまるのである。」と述べている。この文章はJ.シャトーとK.グロースの遊戯論を比較して論じている箇所である。シャトーによると,遊びはグロースがいうように大人になるための訓練ではなく,むしろ試練であるという。このように,教育学者も心理学者も,遊びを訓練とみたて,あるいは試練と見なし,遊びが能力を発達させることに関

心を限定して遊びを論じてきた。したがって，サイコロ遊びのような「偶然の遊び」やブランコ遊びのような「眩暈の遊び」は，教育学者や心理学者には評判がよくない。この二つの遊びのタイプは，子どもに何も新しい能力を発達させたりしないからである（詳細は第8章2節参照）。しかし，それでは遊びの目的が遊び自身であるという遊びの本質をとりにがしてしまう。しかも，有用性の視点でのみ遊びをとり扱うことは，遊びの本質をとりのがしてしまうだけでなく，遊びによって子どもが経験する生命感や自由感や幸福感をだいなしにしてしまうのである。

第6章

環境領域論
：子どもが動物と出会うことの畏れと喜び

　子どもが，動物や小鳥や昆虫に特別の関心をもっていることは，子どもとかかわったことのある人ならば誰でもよく知っているし，また自身の子ども時代の体験を振り返っても，まちがいないことだろう。あなたも，子ども時代に，イヌやネコや小鳥を飼いたいと親にせがんだことはなかっただろうか。ハムスターや金魚やカブトムシを飼っていたことはなかっただろうか。

　「幼稚園教育要領」(2008年)の領域「環境」の「ねらい」においても，「(1)身近な環境に親しみ，自然と触れ合う中で様々な事象に興味や関心をもつ。(2)身近な環境に自分からかかわり，発見を楽しんだり，考えたりし，それを生活に取り入れようとする」とし，さらにその「内容」の(5)では，「身近な動植物に親しみをもって接し，生命の尊さに気付き，いたわったり，大切にしたりする」と述べている。幼児の環境をなすものとして，幼児が動物と触れあうことの重要性が指摘されているといえるだろう（ちなみに「幼稚園教育要領」では，経験と体験の用語が区別されずに使用されている。その理由は，要領の執筆者が経験 - 発達の次元と体験 - 生成の次元の差異に身体的には気づいていながら，両者を理論的に明確に区別できていないからだ）。

　それにしても，なぜそれほどまでに子どもは動物に強い関心をもつのだろうか。また子どもは，動物との交流によって，大きな影響を受けるのだろうか。この疑問にたいして，既存の幼児教育学では十分な研究がなされている

とはいいがたい。本章では、これまでの考察と同様に、まず子どもの生命に触れる体験を生起させるメディアとして動物を論じるが、動物をメディアとしてのみ捉えることは一面的である。動物は、私たちに新たな世界を開くメディアであるにとどまらず、他方で、私たちの在り方を倫理的に問い糾す他者として出現する。この動物の二重の性格を正しく捉えることが重要である。動物／人間、子ども／大人といった二分法の境界の作られ方を疑いつつ、子どもと動物との交流について、あらためて生命に触れる体験という主題と命の教育とを結びつけて、詳しく考えてみることにしよう。

§1　人類史的課題としての動物との出会い方

1．命の教育と動物

　いじめによる子どもの自殺報道に、心を痛めない大人はいないだろう。なぜこの世に生まれてまだ十数年にしかならない子どもたちが、自らの命を絶たなければならないのか。このような事件が連続して起こり、学校現場でもいじめをなくそうとするさまざまな取り組みが活発化している。こうした取り組みのひとつに「命」を主題とする教育がある。命の教育は、子どもに命の大切さを伝えなければならないという切実さから出発しており、鳥山敏子の実践例[註1]でも明らかなように、優れた教育実践が積み重ねられてきてもいる。

　しかしながら、命の教育は、そのこと自体を目標にして特化していくと、その本来の意図とは反対に、不健全な結果に陥る危険性がある。それというのも命の教育は、人間の存在の根幹に触れる誕生と死・暴力、そして性にかかわる、たいへんデリケートな教育であり、子ども（それはもちろん子どもにかぎられたことではないが）の価値観を根底から揺さぶり、実存を脅かすも

のとなる危険性があるからである（第8章で「子どもの悪の体験」として詳しく捉える）。

　そうかといって，それらの事柄を科学の名のもとに，知識や情報という中性的な形態に加工して伝達するのでは，人間の実存と結びついている暗い部分に触れることは回避することができても，表層的な理解にとどまり，肝心の子どもの生に触れることができない。この危険性を回避し，かつ子どもの生に触れるための「生の技法」のひとつは [註2]，命そのものを直接に主題化せず，さらにまた子どもの生に直接にかかわることをめざさずに，動物とのかかわりのなかで，子どもが命にかかわることのできる場を構成し，命について子どもが自ら考える機会を作ることである。

　このように述べると，なるほど子どもは動物を飼うことで，生き物にたいする優しさや，責任感を身につけるし，また誕生から死までの命のサイクルを学ぶことができるのだから，動物は命の教育に有効だと考えるかもしれない。そうすると，このような実践は，これまでにもやってきたことだし，別に目新しいことではないのではないかと考えるかもしれない。そして，動物を飼うことで子どもの命を育てる教育実践は，学校教育においてそれほど重要性をもったテーマにみえないかもしれない。

　しかし，人類史という観点からこのことを捉え直すと，普段見慣れているこの教育実践は別のものに見えてくる。動物を飼うことは，実は人類史的課題を背負ったものであることがわかってくるといえば，少し大げさすぎるだろうか。だが本当に，人類史において動物とどのように出会うかは，人間が人間となっていく上で，中心的なテーマであったのだ。それはなにも狩猟民がどうすれば狩りがうまくいくのか考えるといった経済的な生存にかかわる課題としてだけではなく，自分たちはいったい何者なのか，どこから来てそしてどこに行くのか，そして異なってはいるが似てもいる自分たちとこの動物たちとの関係はいったい何か，といった人間存在への反省にかかわる問題でもあった。動物の存在はいつも気になって仕方のない大切な関心事だったのである [註3]。

2．メディアとしての動物

　第1章で，動物と比較することで，人間存在とはどのような存在なのかを論じたように，動物は，人間の特性を映しだす鏡として機能し，人間が人間であることの特性を明らかにしてくれる。動物という参照する項が存在するからこそ，「人間」というカテゴリーが明確になる。動物がおらずまわりに人間しかいなければ，人間は「人間」というカテゴリーを必要とすることもなく，動物との比較から人間の自覚と反省を深めることもなかったであろう。「人間とは○○の動物である」という命題の形式は一般的である。しかしそれはなにも人間学といった学問が成立してからはじまったわけではない。その起源はずっと古い。なにより人類にとって思考をかたちづくるさまざまな枠組みも，この動物との関係から生まれたのである。構造主義によるトーテミズムの説明は，そのことを教えてくれる。

　人類学者E.リーチによると，動物の生存とは異なり，人間の生存のためには，社会のあらゆる成員が，相互の社会的地位によって仲間を区別することを学ばなければならないのだが，このことを行うもっとも簡単なやり方は，動物的なカテゴリーを変形して，人間の社会的分類に適用することだというのである。これが，トーテミズムという人類学の古典的課題に対する，C.レヴィ＝ストロースの構造主義的アプローチにおける肝心点である。

　そして，リーチは，イギリス人が動物を分類するやり方を支配している，奇異な規則性を例にあげている。イギリス人は動物を，①野獣，②キツネ，③猟獣（イヌ），④家畜，⑤愛玩動物，⑥害獣というように分類している。この分類にたいして，①見知らぬ人，②敵，③友だち，④隣人，⑤仲間，⑥犯罪者という言葉を組み合わせてみると，それぞれ2組の言葉はある程度対応している。つまり，比喩的な使い方によって，動物のカテゴリーを，人間のカテゴリーと同等のものとして用いることができるのである（時として実際に用いられている）。レヴィ＝ストロースの主な学問的貢献のひとつは，こ

ういった動物のカテゴリーの社会化が，いかに広範囲に分布しているかを示したことである[1]。

このように，動物の分類は，［自己 - メディア（技術 - 身体 - 道具）- 世界］におけるメディア［技術 - 身体 - 道具］として，人間の社会の分類に使用され，人間が社会を理解するために役立ててきたのである。つまり，人間は動物を思考のための社会的なカテゴリーとして利用してきたのである。

3．子どものメディアとしての動物絵本

それでは，子どもにとって動物とはいったい何者なのだろうか。私たちは，そのことについてすでにその答えを知っている。その答えを自覚的に思いだすために，今日，私たちが動物と子どもとの関係をどのように捉えてきたか，その関係を表現してきた文化（メディア）の蓄積からみていくことにしよう。それというのも，この文化のなかに，洞窟芸術の誕生した後期旧石器時代から数えても，3万年にもわたる動物とかかわる人間の知恵が凝集されているのだから。この文化のなかで，子どもにとって動物とはいったい何者なのかを知るもっともよい手がかりのひとつは，動物を描いた絵本である[註4]。

B. ポターの『ピーターラビットのおはなし』（1901年）や，D. ブルーナの『ちいさなうさこちゃん』（1955年），あるいは中川李枝子文・大村百合子絵『ぐりとぐら』（1963年）の絵本をみればわかるように，絵本にはウサギやクマやネズミといったさまざまな動物たちが登場する。不思議なことには，人間が主人公の絵本よりも動物が主人公の絵本の方が圧倒的に多い。動物を描いた絵本こそが，絵本の中心であるとさえいえるほどである。なぜこれほどまでに繰り返し動物が絵本に描かれてきたのだろうか。

絵本を制作している絵本作家のみならず，絵本を購入し子どもに与えている大人たちも，動物が絵本に描かれていることになんの疑問をもつこともなく，子どもと動物とが親密な関係にあるものとして理解している。だからこそ私たちは，「ママ」「パパ」と言葉を話しはじめた幼児に，つづけて「ワン

ワン」や「ニャンニャン」という動物の名前を教え，さらには，近所ではまず実物と会うこともないであろう「ゾウ」や「カバ」「キリン」「ペンギン」といった動物たちの名前を，いち早く教えるのである。誰もが知っておりながら誰も疑問と感じないこの素朴な事実が示しているのは，私たち自身が子どもには動物とのかかわりを必要とする深い理由があると直感しているということである。

　その理由とは何か。結論を先取りして述べるなら，子どもが動物とのかかわりを必要とするのは，動物が子どもにとって「人間になること（人間化）」で不可欠なメディアであると同時に，「人間を超えること（脱人間化）」へと導く他者であるからだ。つまり，子どもは，動物と出会うことによって，人間になるとともに，人間を超えた存在になることができるのだ。

　動物が，子どもにとって「人間になること」を促すメディアであるという最初の命題を理解するのは，それほど困難なことではないだろう。古代において，人間の思考を可能にしたのは，クマや狼といった野生の動物や鳥たち，昆虫そしてさまざまな植物の存在である。とりわけ動物は，人間にとって思考の重要なテーマでありつづけてきた。神話をみればわかるように，人間の思考は，動物について考えることからはじまったといってもよいほどである。ちょうど芸術の創造が，後期旧石器時代にショーヴェ洞窟（現時点では世界最古の壁画が発見された洞窟）やラスコー洞窟やアルタミラ洞窟といった洞窟の岩壁に，バイソン・馬・山羊・鹿などの躍動的な動物たちを描くことからはじまったようにである。

　人類史において，動物が人間の人間化をもたらすメディアであったが，同じことは個人の成長発達においても生じる。ふたたび動物絵本について考えてみよう。絵本では，しばしば動物を私たちの仲間として，言葉を話し服を着て2本足で直立歩行をするものとして描く。絵本の文法ともいうべき擬人法は，本来他者である動物を理解可能なものへと変えてしまう魔術的な手法である。子どもには，動物が人間と同様の仲間に見えてくる。こうして動物絵本は，動物と私たちの生命としての同一性を明らかにする。

それでも，動物絵本では，動物の特性はさまざまなレベルで残されるし，また動物の種類のちがいがそのまま目に見える特徴となる。大きな耳，長い首や尻尾，鋭い爪や牙，翼や甲羅……このことによって，動物とは異なる人間の特徴が明示される（エッツ『あるあさ，ぼくは……』参照）。人間と動物との分割線が何であるかを知ることができる。また，動物は子どもの思考のカテゴリーとしても機能している。動物のちがいは，異なった性格をもつ人間のちがいを表すのにピッタリだ。ネズミとゾウを知れば，大きさのカテゴリーには困らないように（なかえよしを・上野紀子『ねずみくんのチョッキ』参照），ライオンの「勇気」，ネズミの「智恵」，あるいはキツネの「狡猾さ」を知れば，徳のカテゴリーには困らない（M.ベロニカ『ラチとらいおん』参照）。このようにして，動物を抽象的なカテゴリーの変わりに使用することによって，子どもは自分のことや人のことそして世界を分節化して認識することができるようになる。言葉を変えれば，ここでは動物がトーテミズムのようにメディアとして機能しているということができるだろう。

§2 人間を社会の外に導く他者としての動物

1．人間が動物になることの深さ

使役や食料や有用な材料の供給源としてではなく，あるいは愛玩のためでもなく，古代より動物は人間にとって不可欠な存在でありつづけてきた。それはなにより動物とのかかわりのなかで，人は「人間とは何か」を問い自覚してきたからである。トーテミズムにかぎらず，神話や宗教から哲学にいたる人間の定義をみればわかるように，「人間とは何か」の問いと人間であることの自覚は，長年にわたる動物との関係のなかで深められてきたのである。しかし，人間にとって動物の存在が不可欠なのはそれだけではない。人は動

物となることで，人間と動物との分割線を無効にし，人間であることの限界を突き破り，人間であることを超えてきたのである。もしこの世界に羽ばたく鳥がいなかったら，大空を自由に飛翔するイメージや，空中から翻って大地を捉え直す鳥の視線を，人間はもつことはできなかったにちがいない。同様に，もしこの世界に水中を自由に泳ぐ魚がいなかったら，人間の世界を水面下から捉え直すこともできなかっただろう。人間は，鳥や魚やさまざまな動物と出会い，またその動物となることで，人間であることの限界を超えて，人間の生の可能性を拡張してきたのである。

　シャーマンとは，そのような動物になる技に長けた人たちであった。シャーマンはさまざまな厳しい訓練をつむことで動物になり，その動物だけに開かれた通路を通って，自然の謎に分け入ることができた。シャーマンは，ワシになることでワシの環境世界に開かれ，ヘビになることでヘビの環境世界に開かれた。とくに北アメリカのシャーマンはクマ（グリズリー）となることで，どの木の実が食用に適するのか，どの植物の葉が何の病に効くのか，クマがもつ森のなかで生きるためのさまざまな知恵を，クマから学ぶことができた。そのためシャーマンはクマと同じ名前で呼ばれたりもした。しかし，シャーマンは動物になることで，有用な知恵を学んだだけではない。なにより動物になることで，シャーマンは，人間の世界（社会）を超えでて，深く生命とつながることができたのである。もちろんこのことはとても危険なことでもあった。ときとしてクマとなったシャーマンは，動物性に呑み込まれてしまい，凶暴な殺人者になることもあったからである[2]。

　直に動物と命のやりとりをする狩猟民にも，このような動物とのかかわりが不可欠であった。狩猟民は，動物になることなしには，動物の習性と行動に習熟して，足跡のようなわずかな痕跡をもとに，何キロも獲物のあとを追いかけることなどできなかったのである。映画『戦場のメリークリスマス』（1983年）の原作者として有名な，そしてV. ウルフやC.G. ユングとの親交も深かったアフリカーナーの作家・軍人・探検家L. ヴァン・デル・ポストの『カラハリの失われた世界』（1958年）から，アフリカの狩猟民サン（ブッ

シュマン）たちの驚くべき追跡能力を描いた文章を引いておこう。

> 毎日，ヌホウやその仲間が，砂漠の砂についた動物，鳥，昆虫，そしてもちろん天候や時間の刻印を，いかにらくらくと解読するかを，われわれはいやというほど見せつけられた。私は彼らのすぐれた能力をかろうじて識別できる程度には古代の科学に通じているつもりである。彼らは，シカ，ライオン，ヒョウ，鳥，爬虫類，昆虫類が砂の上のタイムシートに押した時刻を，見るが早いか言い当てることができた。彼らにとって同じ足跡は二つとなかった。（中略）彼らは五十の足跡の中から一つを選び出して，たった今それをつけたばかりのカモシカの，大きさ，性別，体つきから気分まで正確に推量する。印象的な現実の姿から理解するのは当然としても，砂の中のかすかな印から，相手の世界を理解する。[3]

この引用箇所の次の場面で，彼らが大カモシカになって踊る場面が描かれているが，そのとき「彼らは群の中の大カモシカになって踊る」[4] と述べられている。これは字義どおりに理解されるべきだ。この大カモシカになれる能力こそが，動物の環境世界についての深い観察力と洞察力とを可能にし，彼らの狩猟を可能にしているのである。

2．産業社会におけるシャーマンと狩猟民

産業社会になって，シャーマンや狩猟民の動物とのかかわり方が消滅したわけではない。動物を描く詩人や画家は，古代のシャーマンや狩猟民の今日の後継者である。彼らは動物となることができることから，あるいは動物の生に強く惹かれてしまうところから，動物の生に奥深く触れ，言葉であるいは絵筆で，動物の生を鮮やかに表すことができる。

林や野原や鉄道線路で，虹や月あかりから物語を贈与される賢治，小岩井農場を自ら風景の一部となって歩きつづけて心象スケッチをひたすら綴る賢

治,「ホホウ,ホホウ」と叫びながら夜の麦畑で跳ね上がる賢治,盛岡から花巻まで夜通し歩きつづける賢治,「どっどど　どどうど　どどうど　どどう」(「風の又三郎」より),風を受けて歩き自ら風となる賢治,宮澤賢治はまぎれもなくシャーマンである[5]。しかも彼は詩人と同時に科学者の目をもあわせもつシャーマンである。賢治の作品にこのことを伺わせる記述を見つけるのは困難なことではない。例えば次のような記述がそうだ。

　　そのお魚がまた上流から戻つて来ました。今度はゆつくり落ちついて,ひれも尾も動かさず〔た〕ゞ水にだけ流されながらお口を環のやうに円くしてやつて来ました。その影〔は〕黒くしづかに底の光の網の上をすべりました。
　　『お魚は……。』
　　その時です。俄に天井に白い泡がたつて,青びかりのまるでぎらぎらする鉄砲弾のやうなものが,いきなり飛込んで来ました。
　　兄さんの蟹ははつきりとその青いもののさきがコンパスのやうに黒く尖つてゐるのも見ました。と思ふうちに,魚の白い腹がぎらつと光つて一ぺんひるがへり,上の方へのぼつたやうでしたが,それつきりもう青いものも魚のかたちも見えず光の黄金の網はゆらゆらゆれ,泡はつぶつぶ流れました。[6]

「やまなし」(1923年)の鮮烈な一場面である。突然に空から舞い降りて一瞬のうちに川のなかの魚をくちばしで捉える姿が,まるで高速度カメラで捉えたかのように鮮やかに描かれている。水面の向こうの世界(天上界)から,コンパスのような鋭いくちばしがこちらの世界に侵入し,それまで獲物を捕ろうと悠々と泳ぎ生きていた魚を,あちらの世界へ獲物として連れ去っていく。そのありさまを見ているのは,川底にいるカニの目である。このときシャーマン賢治の目はカニの目である。そして,賢治のこの作品を通じて,私たちの目もまたカニの目となる。

第6章 環境領域論：子どもが動物と出会うことの畏れと喜び　　161

　優れた動物学者や昆虫学者も，現代のシャーマンである。例えば，J.
H. ファーブルの昆虫を観察する目はどうだろうか。まん丸な糞球を巧みに
転がすスカラベ（糞虫）に魅入られ，獲物を殺さずに卵を獲物のからだのう
ちに産みつけるアナバチの本能に驚嘆するファーブルの目，地面にはいつく
ばって，生存を賭けて生きている虫たちのミクロの世界に分け入り，観察と
実験とによって，虫とディープにコミュニケーションする道を探究する
ファーブルの目。それは宮澤賢治の目とは異なるが，シャーマンの目ではな
いだろうか。彼が残した虫とのコミュニケーションの記録『昆虫記』（1879
- 1907 年）は，不思議な幸福感に満ちた本である。『昆虫記』こそ，経験観
察の報告であるとともに，混じり気のない一生懸命さで，ファーブルが人間
のサイズの尺度の枠を超えて虫の世界へとダイブした溶解体験の記録であ
る。子どもは，この希有な虫の世界との対話記録（メディア）を手がかりに，
虫とのより深いコンタクトの仕方を学ぶ。また私たちは，この『昆虫記』を
ガイドブックとすることで，子どものときには不自由なくできた虫の世界に
ダイブする仕方を，あらためて「生の技法」として学び直すことができるの
である。
　あるいは，「野鳥」という言葉の生みの親であり，「日本野鳥の会」の創立
者である，中西悟堂はどうだろうか。彼は，若いときから厳しい仏教の修行
をしていただけでなく，木食（穀物を食べず森での採集物を食べる修行）の実
践者でもあった。そして中西は，驚くべきスピードでもって野山を難なく歩
くことができただけでなく，さらに野鳥を自在に呼び寄せることができたと
いわれる。彼こそシャーマンそのものではないだろうか。自伝『愛鳥自伝』
（1993 年）は，破天荒ともいうべき中西の生涯を語っているが，そのなかで
中西は，「私の場合は鳥まで成り下がって鳥と一体になれるなにかが私の中
にひそんでいるのではないかと思いもした」[7]と述べている。この「鳥まで
成り下がって」という言葉には，否定的な響きはない。ポイントは，「鳥と
一体になれるなにかが私の中にひそんでいる」という文章にある。たとえ私
たちのなかにそのような「なにか」がひそんでいなくても，中西悟堂ととも

に野山を歩くとき、彼の仲立ちによって、私たちもまた野鳥と交信することができるようになるのである[註5]。

3．動物性を生きる子どもの喜び

このように動物になることができるのは、シャーマンや狩猟民やあるいは詩人や画家や動物学者のように、特別な能力に恵まれたり訓練を重ねたりした人間だけにかぎられたことではない。私たちもまた不十分ではあるが動物になることができる。だからこそ野生の動物をみると、心が無性に湧きたつのだ。そして、なにより子どもは、動物になる天性の達人なのである。大人は子どもがイヌになるのを見て、子どもがイヌのふりをしている、イヌを模倣していると考える。しかしそれは大人の常識的解釈にすぎない。このとき、子どもはイヌのふりをしているのではなく、子どもはそのままイヌなのである。我を忘れて子どもが跳ねるウサギのあとを追いかけるとき、子どもは跳ねるウサギである。

さまざまな動物の存在が、子どもの心に自然との多様な通路を開き、子どもに人間を超えでる体験を与える。この動物になる子どもの力が、子どもと動物との関係を親密で友愛に溢れるものにしてきた。動物になる子どもの力の理解なしには、子どもがなぜあれほどまでにイヌやネコを飼うことを熱望するのかは理解できないだろう。

ところで、成長あるいは発達とは、有用で有能な社会の成員になることである。したがって、大人になるとは、このような動物性を否定（克服）して、動物性との間に距離をとることである。第8章で述べるように、『子鹿物語』で、動物の殺害と大人になることとが結びあわせて描かれているのは、偶然のことではない。愛する動物の殺害は、同時に、自己の動物性の象徴的な殺害でもあるからだ。しかし、深く生きるためには、人はただ動物性を否定し有用な人間になるだけでなく（最初の否定）、ふたたび人間であることを否定して動物性を生きる必要がある（否定の否定）。動物性を否定し人間になるこ

とと，そして人間を否定して動物性を生きることのダイナミズムこそが，人間を人間たらしめているのである。そうでなければ，私たちは社会の諸機能に解体されてしまい，生命との深いつながりを失ってしまうことになるだろう。

　人と動物との関係を考えた優れた動物絵本は，動物を通して実現されてきた自然＝野生との通路を，子どもに安全なかたちで提示するメディアである。それを可能にしているのは「擬人法」である。擬人法は動物絵本にとってもっとも重要な技法である。動物という言葉も通じない「他者」を，擬人法によって人間化することで，言葉を話し服を着て人間の秩序のなかに位置づけることができる。子どもの前に，サングラスにアロハシャツを着たクマが突然に現れ，なれなれしく話しかけてきても，絵本の世界では不思議でもなんでもない。こうして絵本の世界では，クマも人間と交通可能な仲間となる。

　ところが擬人法が優れている場合には，動物を人間の側に近づけながら，人間の側に一方的に回収することなく，かえって動物を私たちの世界の外に生きる他者として描くことができる。人間の人間中心主義的なイメージを超えた過剰な動物性を放射する動物が登場することで，安全であるはずの絵本のなかにも，人間世界の外から野生の風が吹き込むことになる。もちろん絵本には，シャーマンが動物になることで体験するような生命を揺さぶるほどの強度はないが，それでも擬人法によって，動物性の闇に呑み込まれることなく，子どもに深く動物になることの喜びを与え，生命に触れさせるのである[8]。野生の力ゆえに論争を呼んだ，センダックの『かいじゅうたちのいるところ Where the Wild Things Are』（1963 年）という驚くべき動物絵本はこの優れた実例である。

§3　子どもと大人の命を象る動物

1．「メディアのなかの動物」と「他者としての動物」

　動物絵本に登場する動物たちは，しばしば「人間を超える」体験をもたらす他者として登場してくる。重要なことは，読者である子どもが，この動物絵本というメディアを通して，野生の存在に誘われ，人間中心主義の擬人法を超えて，世界のうちに溶解し，生命に触れる体験をすることだ。さらにつけくわえるなら，絵本は子どもがひとりで読むというよりは，まず大人が子どもに読んであげるものである。したがって，この人間を超える体験は，子どもの体験であるとともに大人の体験でもある。大人は，ちょうど子どもと一緒に動物園や水族館に行くのと同じように，子どもに動物絵本を読んであげることによって，子ども時代の自分の体験（生命の体験）を，生き直すことができるようになる。こうして「子どもの時間」を生きることができるのである。

　私たちは，動物絵本を子どもに与え，子どもとともに体験してきたということにおいて，すでに子どもにとって動物がどのような存在であるかを知っている。より正確にいい表すなら，子どもがどのように動物とかかわるべきなのかについて知っている。それというのも，すでに本書の最初に述べたように，生得的な環境世界を生きていない人間にとって，生の自然は抽象的に想像することができるだけであって，人間はいつもすでに経験や体験を方向づけるメディアの媒介のなかにある。人間の動物とのかかわりもメディアを介している。ただそのメディアの枠づけを，「他者としての動物」は突破して到来するところに，「他者としての動物」と「メディアのなかの動物」とのダイナミズムがある。「他者としての動物」が，こうして動物絵本に見られるような「メディアのなかの動物」の創造を駆動してきたのである。ちょ

うど文学作品が，体験を言葉によって語るという不可能性の可能性を実現してきたようにである。こうして子どものメディアは，私たちの子どもの理解と，子どもがこのようにあってほしいという子どもへの願いとに基づいて制作され，贈り物として子どもに向けて差しだされるのである。

　子どもは，実際に動物と出会うことによって，人間と動物とのちがいを認識し，両者の境界線を理解するようになる。しかし，動物は人間を映しだす鏡以上の存在である。動物性は一方で忌避すべきものであると同時に魅力に満ちたものでもある。動物性がもたらす戦慄や驚異や畏れは，日常的な世界を超えた驚嘆を生みだす。子どもは，野生の存在者と出会うことによって，動物との境界線を超えでて，あたかも動物のように世界との連続的な瞬間を生きることができる。子どもは，クマに会えばクマとなり，蝶を追いかければ蝶となる。そのとき世界に溶けることによって，生命に十全に触れることができるのである。

　言葉をもたない動物との交流は，言葉によって作りだされる自己と世界との距離を破壊する。動物は言葉をもっていないので，直接的に子どもの生を，人間世界の外の生命世界へと開くのだ。ここでは，動物とは，子どもに有用な経験をもたらす他者としてではなく，有用性の世界を破壊して社会的生を超える導き手としての他者である。「何の役に立つのか」は，私たちの日常生活のもっとも基本的な関心のひとつだ。しかし，この「何の役に立つのか」という有用性への関心は，世界を目的‐手段関係に分節化して限定してしまい，対象として生命をモノと見なし，生き生きとした世界全体にかかわることから私たちを遠ざけることになる。それにたいして，動物は言葉をもたず，無為であるがゆえに，動物とのかかわりは，この有用性の関心を超えて，世界そのものと出会うことを可能にしてくれる。

2．外部としての動物

　動物とともに生きる子どもは，動物と出会うことによって，「人間になる

こと」と「人間を超えること」という二重の運動を生きることができる。しかし，こうであるとすれば，この二重の運動に生きることは，子どもにかぎられた生の課題ではなく，大人にとっても同様であることに気がつくことだろう。つまり子どもにかぎらず，すべからく人間は，動物（生命）に触れることなしには生きてはいけないのだ。人間以外のすべての動物が死に絶えた世界を想像してみるとよい。空には鳥が飛ばず，川には魚が泳がず，草原には虫の声もない。私たちの心を表現するイメージの担い手を失ってしまっては，どのような歌も詩も文学もありえず，世界は単色に沈みこんでモノローグだけの貧しい世界であるにちがいない。

　　　行春や鳥啼き魚の目は泪[9]

　芭蕉の俳句ひとつ取りあげても，このことを理解するのに十分である。『おくのほそ道』（1702年）で2番目に登場するこの俳句では，すぎゆく春への惜別の情が描かれているのだが，同時に，芭蕉の旅立ちにあたっての名残惜しさが描かれてもいる。しかし，「行春や」と切れがあるところで，芭蕉の人間的な視点から転じて，鳥と魚が描かれることで，この感情は空と水の他次元にまで自然全体に滲透していき，この世を生きていくものすべての存在者が春に感じる，いつかはこの世から消える生命への惜別の情が，季節の移り変わりとして，表現されることになる。

　人間世界に回収することのできない異種の存在者の存在は，私たちが存在している世界が，堅固で不変のようにみえながら，実は多重でどこまでも開かれる可能性の孕まれた無限の縁暈をもった世界であることを告げ知らせ，私たちがいまここに「在ることの不思議」を教え，より深く存在の深部へとダイブするための通路ともなりえるものである。とくに日本の詩歌（メディア）の伝統は，「花鳥風月」ともいわれるように，特定の主題群を通して，山川草木，禽獣虫魚の自然物と結びつけて心を描くことにあった。それは日本の文学や芸術において，自然が超越的な性格を担ってきたからでもある。

鳥や虫や植物を歌うことで心の風景を歌い，人間世界を超えた存在の世界に触れることができた。

　外来の思想でありながら，縄文以来の生命観と連なり，自然のすべてを仏の現れと捉え，「山川草木悉皆成仏(しっかい)」を唱えた天台本覚(ほんがく)思想は，巨大な岩や木々といった自然物をカミとする神道とともに，日本の詩歌や絵画の表現史において，思想的背景となってきた。そのために，日本においては，キリスト教や儒教のように，人間中心主義として，人間と動物との境界線を明確にすることなく，しかも素朴なアニミズムにとどまらず，動物や植物を同じ存在者として捉える自然観が継続されてきた。そして，輪廻転生(りんねてんせい)の思想にかぎらず，またキツネやサルやシカがカミの使いであるにかぎらず，空飛ぶ鳥も，森の獣たちも，水のなかの魚たちも，鳴く虫たちも，自然のなかの生き物は私たちの心を人間世界の外部へと開く大きな通路でありつづけた [註6]。このように，日本の文化において，動物や自然の諸物は宗教的な意味合いをもってきたのである。

　世界の多くの国々では，今日でもなお宗教は依然として大きな力をもっており，日々の生活の仕方を枠づけている。このような国々では，価値観は多次元的な構造をもっており，人間関係によるものにとどまらず，神あるいは神々・自然との関係からなっている。それにたいして，戦後の日本を生きる私たちの多くは，価値は人間の間だけで生まれるものだと考えている。世俗化した社会では，ひとたび人間集団から排除されると，自分の存在を価値あるものとして位置づける場所がなくなってしまう。学校が子どもにとって息苦しくなるのは，たんに学校での勉強と将来の生活とのつながりが見えにくいからばかりではない。学校が世俗化された単次元の空間として機能し，そこでは人間世界の外部（生命の世界）への通路が閉ざされているからでもある。子どもは，たえず教師や他の子どもたちの評価や場の「空気」を気にしながら生きている。その息苦しさは，それ以外に自分を象るものがないからだ。

　動物は人類史において，人間世界の外部への導き手であったし，いまでも

導き手でありつづけている。古代のように，動物はもはやカミの変身した姿であったりカミの使いだったりするわけではないが，いまでも人間の意味世界の外を示してくれもする大切な存在である。私たちは，動物がいることで人間の世界にはその外があることを知り，その人間世界の外に触れることよって，より深く生きることができる。一頭のアザラシが，普段見慣れた川に突然現れるだけで，この世界は一変する。私たちにとって，動物とはそのような存在者である。なぜいま多くの人々が，動物を飼い始めているのかを，一概に説明することはできないが，このような人間関係の外に出る通路を，人々が動物との関係に求めていることはまちがいないだろう。

　ガラスとコンクリートで設えられた，近代的な均質空間のオフィスのなか，パソコンなどの情報機器がおかれたデスクのとなりを，優美なゴールデンレトリバーが黄金の毛波をなびかせてゆったりと通り抜けていくとき，外部へのささやかだが大切な通路が開かれる。そしてそこから，さわやかな生命の風が吹いてくる。世界の外に軽く触れ，生命風によって生が癒される。しかし，動物は癒しのような軽く触れるレベルにいつもとどまっているわけではなく，ときとして人間の生を遥かに凌駕する野生の力でもって，思いがけず生命のディープな内奥へと，私たちを危険なほどに誘ってくるかもしれない。子どもたちの生命感は，そして，私たちの生命感も，このような他者としての動物との出会いによって象られるとともに，また大きくはじけてもいく。このようにして子どもは，命あるものとの出会いの喜びと畏れとを体験していくのである。

§4　動物を飼うということ

　より高く発達し人間になること（人間化）と，より深く生命性に触れ人間を超えること（脱人間化）とは，人間の生を特徴づける両極の運動であると

ともに，教育というポイエーシスを構成する二重の運動でもある。繰り返すまでもないことだが，私たちの子どもは，社会的に有能な人間になる必要がある。そのため，私たちは，教育の名のもとに子どもの自然に介入して，人間にとって有用と考えられている諸能力の開発に向けて，さまざまなかかわりをしてきた。しかし，他方で，私たちは，子どもが現在を深く生きて，社会の外で生命に触れることも，大事なことだと考えてきた。美術や音楽や体育にかぎらず，国語や理科や算数や生活科や社会科も，そのことを可能にする教科だ。私たちは，先に，物語が言語によって生命に触れるメディアであること，そして身体運動やスポーツが身体を通して生命に触れるメディアであることを明らかにした。つまり，学校の教科は，有用な発達を高めるだけでなく，生命に触れることのできるメディアでもありえるのである。

いうまでもなく学校教育では，より高く人間になること，すなわち発達としての教育が主な課題であった。しかし，それが学校で可能だったのは，放課後，遊びと仕事の手伝いによって学校の外で後者の課題が実現されていたからである。子どもは遊びにおいて有用性の世界を超えて生きることができた。また子どもは，家禽や家畜とかかわったりすることで，排泄や交尾や出産や死といったことを受けとめることができた。さらには食べるという日々の営みが，他の生き物の生命を奪うことであることを，身をもって知っていた。しかし，今日では，それらのことは子どもたちにとっても，そして私たちにとっても，リアルなことではない。私たちにとっては，家畜はもとより，鶏のような家禽さえも身近なものではなくなった。統計はそのことを数字で明らかにしてくれる。日本では，明治初期には農林水産業に従事している人口割合が8割以上を占めていたが，1960年には3割となり，さらには2010年には4％となっている。変化は劇的というべきであろう。

子どもは，より高く人間になることと，より深く人間を超えることという二重の課題を生きている。この二つの運動の強さと深さを，どれほど強め深めることができるのか，そしてこの両者のバランスをどのように作るかが教育の課題である。この二つの運動は，互いに無関係ではない。人間を超えて

生命感を深めることが，より高く人間になろうとする意欲を生みだしもするのである。そして，鉄棒運動が一方で繰り返しの練習を必要とし，また物語を読むことが国語についての学力を必要とするように，より深く「人間を超える」ためには，諸能力の発達が不可欠である。ただグルグルと体を回転させる単純な運動は，最初は幼児に喜びを与えるが，成長するにしたがって飽きてしまい，練習によってしかできないような優美なダンスや，リズミカルなステップと跳躍の踊りに，取ってかわられるようになる。より深く生命に触れるメディアも，技能の力の高まりによって，溶解体験をより高度な形態で実現されることになるのだ。文化とは，より技術的に高度なかたちで，より深い体験を実現する，メディアの別名でもある。

　こうであるとすれば，幼稚園・保育所も含めて学校で動物を飼うことは，これまでにもまして重要な意味をもつものといえるだろう。たしかに学校で動物を飼うことには，いろいろな困難がともなう。しかも，子どもの生命感が深まったのかどうかを測る客観的な尺度や方法もないので，その教育的成果を直接に検証することもできない。私たちは，ここで生命感の育成を評価できるかという困難な課題に直面しているのだといってよいだろう。しかし，目に見えて子どもが変化するような即効性のある「命の教育」は，危険でさえある。たしかに偶然にも人の死と向かい合うことになり，それを境に命の大切さを深く感じ，生き方を変えることはあるだろう。例えば，これから第8章で見ることになる「死体」を探すために旅に出た子どもたちのように。一種の回心や覚醒というべきものをもたらす出来事を，学校という人工的な場のなかで計画したり企画したりすることは，意図がどれほど教育的なものであっても，それは子どもへの暴力である。

　生き物の世界との通路を開く優れたガイドと共に，近くの公園の探索からはじめ，次第に森の奥深くへと冒険すること，生き物をよく観察すること，人間の世界の外へと誘う優れた動物絵本や物語を読むこと，すべての生き物が平等に同じ平面におかれている図鑑をよく眺めること，飼いたいと本当に願ったときに動物を飼うこと，その動物の世話を最後まで責任をもってはた

すこと，日々の世話の積み重ねのなかでその動物との関係を深めること，……が子どもの命を象っていく。たしかに実証的なデータによって，これらのことが成果を必ず修めるという確証はない。人間存在の根幹にかかわる変容とは，当の本人にとって，旧来の「現実」が崩れ，新たな「現実」が生起する生まれ変わりのたしかな深い体験であるにもかかわらず，その体験を客観的に実証的なデータでもって示すことは不可能だからである。しかし，動物と向かい合うことが，動物と取り交わす友愛が，子ども期のたんなる一過性のエピソードなどではなく，連綿とつづいてきた人類史の人間化と脱人間化にかかわる課題であることを思いだすことは，動物とかかわる教育実践のさらなる広がりと深まりを促すきっかけになるだろう[註7]。

　私たちは，幼児教育の5領域において，具体的な事象を取りあげて，体験‐生成の次元の生命性を深めるメディア［技術‐身体‐道具］の働きを見てきた。取りあげたどの事象のうちにも，当然のことながら，経験‐発達の次元を捉えることができるが，論考の中心は体験‐生成の次元の解明にあった。最初にも述べたように，経験‐発達の次元を軽視しているわけでは決してない。論考の目的が，①経験‐発達の次元を重視した上で，なおかつ幼児教育のなかでは体験‐生成の次元が生起していること，②そしてこの次元が生起することが人間の形成にとって不可欠なこと，③さらにこの次元が自然史的進化を支えに人類史のなかで長い年月をかけて育まれてきたメディアによってもたらされること，を明らかにすることにあったからである。どの論考も，従来の幼児教育学の範囲を超えているが，その理由は，幼児教育学がともすれば幼児教育という枠にとらわれがちな思考法になるのにたいして，人間存在についての包括的な理解の立場から，幼児教育の実践と幼児教育学とを捉え直す必要があると考えたからである。序論でも述べたように，幼児理解は人間についての包括的理解なしには実現できないことである。第3部では，子どもという生の在り方の側に焦点をおき，体験‐生成の次元のさらに深い解明を試みる。それにしても，この「さらに深い」とはどのようなことだろ

うか。

【註】

註1　私たちは，食物を食べることなしには，命を長らえることはできない。そのとき，食べられるものは，「食品」や「食料」などではなく，動物や植物といった他なる生きているものの命である。私たちは，他なる生き物の命を奪い食べることで，自分たちの命を維持しているわけである。家庭やレストランでの食事の作法を学ぶことや，あるいは伝統的な食文化・食習慣を継承するといった食育をめぐる課題は（ちなみに「幼稚園教育要領」の領域「健康」において食育が幼稚園でも求められている），その食料のもとになる動物や植物との関係を抜きにして語ることができない。そう考えると，本書でこれまで述べてきた動物と人間との関係は，食育を考えていく上でも重要な主題であることが理解できるだろう。生命を奪い食べることの倫理的意味を，仏教思想を背景に極限まで問い詰めた思想家は宮澤賢治である。賢治の生命の思想については，拙著『贈与と交換の教育学―漱石，賢治と純粋贈与のレッスン』（2008年）の第8章「生命の倫理としての贈与と心象スケッチ」を参照。また「食べる」ことと作法との関係については本書48頁を参照。

註2　ここでいう「生の技法」とは，繊細で壊れやすい生成の体験をそのまま肯定し，より深くより内奥へともたらすための技法を指している。「生成としての教育」を実現する生の技法を「方法」と呼ぶことはできない。方法とは匿名的であって誰が使用しても手順にしたがうかぎり同様の成果をあげることができ，また繰り返すことができる。そして，方法は技能（スキル）として訓練によって身につけることが可能なものである。さらに熟練すれば高い技巧（テクニック）を誇ることもできるようになる。いいかえれば，方法は「発達としての教育」によって獲得できるものでもある。それにたいして，「生の技法」は人格的なかかわりであり，だからこそ繰り返しのきかない一回的なものであり，状況によってその帰結も異なる。また「生の技法」は訓練によって身につくものではなく，生成の体験によって学ばれるものにすぎない[10]。

註3　時代や場所を問わず，人はなぜ連綿と動物を描いたり，動物の像を造ったり，さまざまな装飾品のデザインに使用してきたのだろうか。ショーヴェ洞窟・ラスコー洞窟・アルタミラ洞窟などの壁画を芸術の起源とするなら（もちろん絵を岩壁に描く行為自体は宗教的な儀礼行為でもあったろうが），動物を描くことは人間存在にとって不可欠な経験・体験ということができるだろう。動物を描いたり動物像を創作したりすることは，人間以上と人間以下の「聖と穢」とに触れることであり，いいかえれば，人間存在の臨界点に触れることである。つまり人は動物を描くことで，人間とは何者かを反省するのみならず，人間を超えようとしてきたのだ。そして，私たちはそのような動物の像（もちろんこれもメディアのひとつ）に触れることで，ある特定の時代と地域の動物表象を知るだけでなく，同時にその人間理解を知ることになる。

註4　本書における絵本の定義は，拙著『動物絵本をめぐる冒険―動物-人間学のレッスン』（2002年）の次の定義にしたがっている。「絵本とは，表象と言語という異なるレベルの意味の表現形式である絵と文章とが，それぞれにおいて完結することなく，おたがいに向けて開かれ，

第6章 環境領域論：子どもが動物と出会うことの畏れと喜び

それぞれに相手の意味をより一層深く照らしだすように仕掛けられた，立体的でトータルな表現形式である。絵は視覚的な表象によって，文章の行間の意味を深め，聴覚によって受容される文章は時間の流れを構成することによって，絵の余白の意味を明らかにする。」[11]

註5 幼いときから動物に囲まれて育った動物行動学者のK.ローレンツは，身をもって一瞬のうちにガチョウとなり，ガチョウの仕草の数々を学生に示すことができたといわれる。これもまた動物となるシャーマン的な力というべきものではないだろうか。

註6 このような自然を表現する伝統は，第3章でも取りあげたように，宮澤賢治において，他に比類のない擬人法の極限を生みだすことになる[12]。

註7 教育学・教育思想のテクストのなかで，教育における重要な主題として動物とのかかわりが取りあげられることはまずない。私が唯一見つけた例はR.シュタイナーの『人間理解からの教育』(1924年)である。シュタイナーはこのなかで，まず植物と大地との分かちがたい結びつきを論じたあとで，独特の動物-人間学を展開している。シュタイナーによれば，人間のなかにはあらゆる動物的要素が含まれており，「動物界とは拡散された人間のことであり，人間とは収斂された動物界のことである」という。このように教えることで，子どもは動物界を自分に属するものとして学び，動物と人間とが類縁関係にあるという感情をもつようになり，さらに地球を生きているように感じるようになるのだという。そして「すべての動物の意志が，適切に分化・個別化されて，人間のなかによみがえる」のだという[13]。これは近代科学に基づく人間と動物についての知識とは異質な，科学以前の古層の動物-人間学の知といえるものである。動物や植物と人間との内的な結びつきを培うことが，人間の形成にとって不可欠だと考える点で，この思想を評価したい。

□狩猟の享楽と供犠の恍惚

　人間学が指摘するように，人間は一方でまぎれもなく動物でありながら，他方で多くの点で動物と異なっている。そのような動物との差異は人間とは何かを明らかにするものとして，例えば，「ホモ・サピエンス homo sapiens」「ホモ・ファーベル homo faber」「ホモ・ロクエンス homo loquens」「ホモ・ルーデンス homo ludens」といった言葉で代表されるようなものから，「アニマル・エドカンドゥム animal educandum」といったものまで，いろいろと指摘されてきた。理性をもつこと，労働すること，言葉を話すこと，遊ぶこと，教育を必要とすること，……このような人間学的な事象はそれぞれが独立してあるわけではなく，互いに結びついており，人間の特徴を示しているといってよい。そのような特徴のひとつに，「動物を必要とする動物」ということができる。ここで「必要」という言葉でいい表そうとするのは，人間に使役や食用のためといった有益なものとして道具的に位置づけられるというのではなく，むしろそのような有用性を破壊するものとしてあるという意味である。

　このような人間の動物への関心を，自然科学的な思考法からアプローチすれば，進化の過程で獲得されたものと見なされるだろう。ヒトが人間になる前の長い期間において，ヒトの環境世界として自然は生存とかかわるもっとも重要なものであったことはいうまでもない。当然，人間の最初期の世界構築において，生命に脅威を与えるものとして，超越的な聖なる存在として，あるいは貴重な食料として，あるいは衣服の材料として，動物への関心も今日とは比較にならないほど大きなものであったはずである。このような人間の動物への特別な関心は，「社会的生物学」で有名な生物学者 E.O. ウィルソンが述べるように，「バイオフィリア（Biophilia）」，すなわち「生命もしくは生命に似た過程に対して関心を抱く内的傾向」[1)]に，仮託することができるかもしれない。ウィルソンは，進化論をもとに，人間は霊長類の遺伝的な歴

史のなかで，自らの生存にとって意味あるものとして，生命にたいする生得的な関心をもっているのだという。ウィルソンにしたがえば，人間は遺伝子のレベルで自然をそして動物を必要としており，そのような自然や動物とのかかわりなしには，健全な発達などありえないというのである。たしかにウィルソンの説はそれなりに説得力があるが，それは動物への関心を動かす力の在り方を示しているのであって，それが具体的にどのような人間の生を開いているかを示すものではない。狩猟はこのような有用性の原理では収まりきれない人間と動物との関係を明らかにする。

　普通，狩猟は狩猟民にとって生きていくための主要な行為だが，狩猟民以外で今日，狩猟で生計を立てている人はそれほど多くないだろう。ニーチェの影響を受けた生の哲学者J. オルテガ・イ・ガセットは，闘牛の文化をもつスペインの哲学者として，「狩猟の哲学」を論じている。オルテガによれば，もし人が我が身を犠牲にする「労働」ではなく，「歓喜と幸福の生」としての「天職」として担うことができるのであれば，正常な人間によって最も尊重されるべき天職とは，狩猟だというのである。狩猟において人間は野生の動物とかかわり，世俗的な現実から離れ，原初の生に立ち戻り，幸福を生きることができるというのだ。

　このとき，オルテガは主としてスポーツとしての狩猟について論じている。狩猟とは優等の種族が劣等の種族にたいする行いであるのだが，この不均衡は過度になってはならないという。それというのも，この不均衡が大きくなりすぎるときには，狩猟は殺戮と変わらなくなる。そのため狩猟が成立するためには，武器の威力など自らの力に制限を加えなければならない。しかし，獲物もまた防御本能や闘争本能を備えており，そこには獲物が逃げおおせるチャンスが開かれているのであって，万能の狩猟者は存在しない。もともと狩猟の優れた獲物はいつの時代においても希少である。したがって，猟のプロセスにおける絶頂の一瞬とは，その獲物がちょうどよい距離に姿を現す瞬間である。この電撃のような瞬時の出来事が突如として起こるのは，獲物のもつ希少性と関係している。

狩猟とは、人間と動物とのもっとも深い交流の形態のひとつである。オルテガは獲物との神秘的な合一について語っている。狩猟者は獲物と同じように振る舞いはじめるというのである。狩猟者は動物のように姿を見られないように身を隠し、どのような物音も立てないように進んでいく。狩猟とは動物の模倣でもあるのだ[2]。

このようなことは、なにも西欧の貴族にかぎられたことではない。柳田國男は、九州宮崎県の椎葉村に伝わる狩りについての作法や語彙を集めた『後狩詞記(のちのかりことばのき)』(1909年)の序において、中世の武家における「狩りという強い楽しみ」について書いている。「殺生の快楽は酒色の比ではなかった。罪も報いも何でもない。あれほど一世を風靡した仏道の教えも、狩人に狩を廃(や)めさせることのきわめて困難であったことは、『今昔物語集』にも『古今著聞集』にもその例証がずいぶん多いのである」[3]。狩猟は生存のためというよりは、殺生自体がもたらす快楽とつながっている。なぜ快楽なのか。

狩猟は死と不可分であり、そこには犠牲者の血が必ず流れる。狩猟と供犠とは強く結びついている。獲物が狩られたときには、それは供犠そのものとなる。人間は世界に直接に触れえない。世界と一体となる夢がただ自然を正確に写しだすだけでは世界に触れることができない。それを妨げているのは、私たちの日常を支えている有用性への関心が根強いからである。そのような解釈枠組みを破壊する仕掛け（メディア）が必要となる。そのような仕掛けによって有用性の関心が破壊されることで世界が出現する。狩猟はそのようなメディアのひとつである。

動物の絵本から文学作品、記録映画から写真集、動物を描いた絵画や塑像や彫刻、装飾品の数々、そしてぬいぐるみや玩具、このようなメディアとの関係のなかで、動物はその姿を現す。しかし、人間にとってその姿は振動しつづけている。動物との出会いにおける戦慄や歓喜、あるいはおぞましさや優美さは、人間を強く揺さぶり、一方で動物性を否定させ、「人間」なるものを象りつつ、他方で「人間」を恥ずかしく思わせ、優美な連続性へと誘っていくのである。

第 3 部

子どもの生命変容

第3部でも，メディア身体は引き続き重要なテーマでありつづけるのだが，語りの中心はメディアから子どもの生（生活・人生・生命）の側に移る。子どもの生の側に焦点を当て，生命に深く触れる子どもの体験を言葉によってどのようにして語ることができるのか，その体験がなぜ子どもの生に不可欠なのか，そして体験を不可欠とする子どもという生の在り方とはどのようなものかを，具体例を手がかりに探究する。

　ここに現れる子どもの姿は，従来の発達論研究でなじみの子どものそれとは大きくかけ離れている。「発達の論理」はすでに述べたように，経験の概念と親和的であり，子どもと大人との間の諸能力の差異を架橋しようと，子どもが成熟と経験とをへて段階を踏んで大人になっていくプロセスとその機構の解明をめざしてきた。ピアジェの思考の発達段階論でいえば，感覚運動期（0～2歳）・前操作期（2～7歳）・具体的操作期（7～12歳）・形式的操作期（12歳以降）といった具合に，多種多様な差異が渦巻き波打つ生を，構造概念によって分節化し秩序づけて論じることができる。発達研究の知見が，子どもの理解や教育実践において重要な知見であることはいうまでもない。しかし，この子どもの理解は，成長した大人の姿から翻って振り返り，過剰な生を抽象的概念のフィルターによって濾過し，発達＝人間化＝成熟＝成長という単一の筋に基づき再構成した物語である。当然のことながら，それは無限の縁暈をもつ子どもの生を縮減したものとなる。

　第3部での子どもの考察は，体験する子どもの過剰な生の側に立って論じることになる。子ども（幼児）の体験において中心的なものは遊びである。これまでの子ども研究が，社会的有用性に規定された狭い発達観に基づいていたために，無視し考察の対象としなかったり，あるいは市民道徳に反するために忌避してきた，過剰な生の在り方が取りあげられる。例えば，眩暈の遊びや賭けの遊びのように，社会生活に役立たないどころか，生活基盤をも破壊しかねない遊びについても論じられる。また子どもが大人に移行するときの伝統的社会での宗教的儀礼であったイニシエーション，供犠や性愛の体験さらには動物殺害といった血なまぐさい事象，そして死についても論じる。

これらは，哲学・人類学・宗教学・社会学といった領域では，人間存在を論じるときに不可欠なテーマであったが，教育学とりわけ幼児教育学において論じられることのないテーマである。このテーマ選択は，「幼児理解」という主題を，従来の幼児教育学のように，幼児教育の枠内に切りつめて考えるのではなく，ライフサイクル全体に位置づけ，さらに人類文化史の水準の課題へと架橋することで，根本から捉え直す必要があると考えるからである。

　また「幼児理解の現象学」という論点にもどるなら，第3部での考察は，これまでの「幼児理解の現象学」にたいする批判的考察となるものである。例えば，オランダの教育人間学者M.J.ランゲフェルトが現象学的考察に基づいて提唱した「子どもの人間学」は，現象学に基づく子ども理解について，もっとも深く考え抜かれた思想として，現在でも高く評価できるものである。しかし，その後の人間理解・教育理解に関する生命論的な思想転回と照らし合わせて，再吟味が必要である。生命論的転回とは，たんなる思想の変化といったものではなく，歴史的世界の自覚（自己認識）の表現であって，私たちはこの世界の自覚に耳を傾けなければならない。その意味で，「子どもの人間学」を，西欧中心主義や人間中心主義への批判的反省に立つ現代の人間学から捉え直すことは，重要な思想的課題である[1]。この批判的反省の立場から子どもを捉えることとは，他者としての子どもという臨界点において子どもを捉えることであり，「幼児理解の現象学」の外部へと向かうことを意味している。

第 7 章

生命の子どもとメディア変容

　これまで，あたかも自明のように「子ども」について語ってきたが，私たちは「子ども」についてどのように語ることができるのだろうか。この問いかけが奇妙な問いに感じるとしたら，それは「子ども」を私たちとの同質性のうちに理解（回収）してしまっているからだ。だから，子どもについて語ることに特別な困難さを感じないのだ。しかし，本当にそうだろうか。
　本書の冒頭で見た絵に，ふたたび立ち戻ってみよう[1]。力強く立つ子どもの背には，この世のものとも思えないほど巨大なザリガニがへばりついている。その姿は，とてもグロテスクでもあるが，しかし，子どもという生の在り方には，「人間」におさまりきらない得体の知れない生命的な過剰さがあり，たしかに子どもの背には，巨大なザリガニがへばりついていると思われるふしがある。それだけではない。私たち自身の背中にも，かつてはこの子どものように，ザリガニがへばりついていたにちがいないと思えてくるのだ。この感触は，私たちが，自然な姿と確信している慣習的な「子ども」のイメージを捉え直し，あらためて子どもとは何者かを問い直す上で，重要な手がかりである。まずは私たちにとって自明とも思える「子ども」の姿を括弧に入れるための準備として，歴史学の成果から出発することにしよう。

§1　子ども期の歴史学

1．「子ども（期）」は歴史的な概念である

　フランスのアナール学派は，それまでの歴史学が対象としてきた国家の編年史や，繰り返されることのないユニークな事件の歴史などではなく，長期的に変化する人口史や経済史・社会史・心性の歴史に関心を向けた研究を発展させた。アナール学派の歴史家 Ph. アリエスは，自明と見なされてきたために，それまで問われることさえなかった，「子ども（期）」への関心が西欧社会の歴史のなかでどのように変わったのか，子ども期の歴史を探究した。アリエスは，いまや古典となった『〈子供〉の誕生』（1960 年）において，今日のような，大人とは異なる教育と特別の配慮を必要とする「子ども（期）」という捉え方が，西欧近代における家族形態の変化と学校制度の広がりと共に誕生したことを明らかにした。

　アリエスによると，伝統的な古い社会においては，子ども（期）を明確に表象することなく，今日の子ども時代に相当する期間は，「小さな大人」と見なされ，それも自分では用を足すことのできない本当に短い期間だけにかぎられていたという。少し体が大きくなると，すぐに大人のなかに入れられ，仕事も遊びもともにし，ごく小さな子どもから一挙に若い大人になった。社会化も家族によって行われたのではなく，両親から引き離されて，徒弟修行によってなされた。この時期，子どもと大人とは混淆して生活しており，したがって年齢による区分は意味をなさなかった。

　しかし，17 世紀末から社会化の手段が徒弟修業から学校に代わり，大人の世界から隔離されて教育されるようになった。同時期，家族にも大きな変化が起こった。家族が，夫婦の間，そして親子の間で，感情が交換される場となり，親は子どもに愛情を注ぐようになり，子どもの勉学に関心をもつよ

うになった。子どもは、それまでにない価値あるものと見なされるようになったのである[2]。この子ども（期）が生まれる歴史プロセスを、子どもを描いた肖像画や子どもの着ていた服装の変化、あるいは子ども向けに不穏当な箇所を削除した古典的書物の発行、年齢段階に配慮し段階化されたプログラムにしたがう教育の出現、……アリエスは実にさまざまな状況証拠を取りあげて論じている。

> 最初の子供服は、一世紀前には大人たちのだれもが着ていたが、それ以後には子供だけしか着用しないことになる衣裳だったのである。子供たちのために服装を一式考案するなど、明らかに不可能であった。とはいえ服装によって一種可視的な仕方で、子供たちを分離する必要性が感じとられていた。それゆえ、子供たちのために、一部の身分の人びとに伝統的に保存されているが、もはや着用されなくなった服装が選ばれたのである。子供期に特有の服装をさせることは十六世紀末から上流階級で一般的になっていくが、それは、子供期という意識の形成史において非常に重要な時期を画している。[3]

子どもも大人も同じような服装をしているときには、社会的にも法的にも両者の間の区別はない。子どもという理由で禁じられていることがないかわりに、子どもだからという理由で、許されたり罪を軽減されることもない。しかし、子どもが大人と明らかに異なる服装をするようになるとき、子ども（期）というものが大人とは異なる特別の意味をもった人生段階として可視化されることになる。アリエスにしたがえば、子ども（期）というのは、いつの時代にもどこの地域にも見ることのできる普遍的な年齢段階などではなく、歴史的社会的に構築された制度だというのである。もちろんこれは、生物としてヒトの幼年期の存在を否定するものではなく、社会に共有されている年齢段階としての子ども観の在り方について述べているのである。この歴史学の成果は、家族の歴史学や感情の歴史学に対してだけでなく、子ども（期）

を普遍的な存在と見なし，そこから教育を論じてきた近代教育学にたいして，根本的な反省をもたらすものとなった。

ところで，この近代における子ども（期）の誕生という考え方は，見方を変えれば，子どもと大人との間に，大きなギャップが近代において生じたことを意味してもいる。それまで連続的にスムーズに移行していた子どもから大人への移行が，近代において不連続になり，その結果，子ども（期）を他の人生段階から特徴づけることになったともいえるのである。ここでも私たちは，人間が他の動物のように，生物学的に生得的な規定にとどまらず，歴史的社会的存在であることに思いいたるのである。

2．「青年（期）」もまた歴史的な概念である

子ども（期）だけが歴史的社会的存在であるわけではない。子ども（期）の誕生は，同時に子どもと大人との間の中間段階である「青年（期）」の誕生でもあった。つまり青年（期）もまた近代において生まれた[4]。青年心理学のような青年を対象とする学問が，19世紀末に西欧に生まれるのは，この青年期の発見（＝誕生）と結びついている。

日本の歴史のなかで，青年（期）の概念がいつどのように登場したのかについては諸説あるが，明治20年代において青年という人生の一時期が顕在化されたということはまちがいないようだ。「青年」という言葉は，1880（明治13）年に小崎弘道がＹＭＣＡの"Young Men"の訳語として「青年」を当てたことからはじまったといわれ，徳富蘇峰の『新日本之青年』や雑誌『国民之友』によってこの言葉が広められ，北村透谷や国木田独歩らによってその内実がかたちづけられたといわれている[5]。青年の誕生についてさまざまな研究があるが，ここでは本書の問題意識とつながる北村三子の『青年と近代—青年と青年をめぐる言説の系譜学』（1998年）から引いておこう。北村は日本における青年の誕生について，次のように述べている。

青年は昔からいたわけではない。人が，子どもから大人に移行する人生の一時期を青年として過ごすようになったのは，近代以降のことである。そして，その青年という存在様式の成立と普及は，伝統的な若者らしさの周辺への駆逐を伴って進行したのである。豊かな共感性と想像力によって，他と繋がりあっていることを本来とする生き方は，固有の内面を持つことに価値を見い出し，他と融合することはその障害であると意識させるような，個であることを本来的とする生き方に取って代わられたのである。それはまた，表象システムを媒介させた知が，それ以外の知（そうした，直接的な，人間の全体性に関わる知を，ここでは〈知〉と書くことにする）を圧殺していくことでもあった。[6]

北村は，近代以降に誕生した「青年」と近代以前の伝統的な「若者」とを区別し，その両者の差異を，固有の内面をもつ個という在り方と，他とつながりあい融合する在り方のうちに見ている。「豊かな共感性と想像力」を抑圧し，個という生き方を生みだすのは，近代の表象システムである。表象システムは，実証主義的で功利主義的な近代の精神に基づき，身体感覚から切り離された精神の働きを生みだし，このシステムが青年という在り方を生みだしていく。私たちにとって興味深いのは，北村が青年という在り方を生命的な事象から切り離されたゆえの近代の病理事象として捉えている点であり，また表象システムを媒介させた知（メディアの形態の変化）が，青年という在り方を生みだしたと考えている点である。

ところで，青年期の発見以来，今日にいたるまで青年期の性格は変化しつづけている。青年期の研究ほどすぐに時代遅れになってしまう研究はない。1970年代の「モラトリアム」論から，2000年代の「ニート」論まで，5年もすれば，時代の最先端だった青年論も，同時期の青年にはもはや当てはまらなくなる。それは青年期の位置が，学校制度と一体となった子ども（期）と，仕事に結びつけて位置づけられる大人，という二つの極（その両方の極ともまた歴史のなかで変容している）の存在様式の狭間にあることからきている。

社会の急激な変化は，このもはや子どもではなく未だ大人でもない両者の中間に位置する，青年という在り方を直撃することになる。

§2　メディアの変容と子どもの変容

1．子ども（期）の消滅？

　話を「子ども」にもどそう。この子ども期の歴史をめぐる理論は，子どもを固定的なものと捉えず，時代のなかで家族制度や教育制度などと共に変化していくことを予感させてくれるのに有効な理論である。理想化された子ども像を設定し，その子ども像から問題を論じたり，解決策を講じたりする立場や，あるいは自分の子ども時代の経験を定点にして，今日の子どもを評価し議論しようとする不毛な立場にたいして，子どもを歴史的社会的に捉える立場は，別の議論の可能性を開いていく。それというのも，子ども（期）が近代の発明品なら，近代に子どもを誕生させた条件そのものが変われば，子どもの姿も当然変わるわけだし，場合によれば，近代的な意味での子ども（期）そのものも，消滅するのだと考えることができるようになるからだ。

　事実，このアリエスの考察は，今日の子どもの問題理解にすぐに応用された。『子どもはもういない』（1982年）がそれである。この本の原題は，"*The Disappearance of Childhood*" つまり『子ども期の消滅』である。しかし，このおもいきった邦訳の命名はポイントをついている。作者のN. ポストマンは，『技術 vs 人間―ハイテク社会の危険』（1992年），『TVニュース七つの大罪―なぜ，見れば見るほど罠にはまるのか』（1992年）などの邦訳からもわかるように，メディア・テクノロジーの専門家である。メディア・テクノロジーの専門的知見をもとに，子ども期の誕生と消滅について論じた本書は，今日でもセンセーショナルといえるだろう。

この本の内容を命題風にまとめるとするなら、次のようにいうことができる。「西欧中世には子ども期はなかった、それが誕生したのは印刷術の登場とともにである。印刷術によって出現した読み書き能力習得の必要性が、子ども期という大人と区別された特別な時期を生みだした。ところが、読み書き能力を必要としないで、さまざまな情報を与えうるテレビのような映像メディアの出現によって、子ども期はいまや消滅しようとしているのだ」と。

この命題を理解するには、先行する二人の研究をみておく必要がある。まず第一の研究は、先に述べたアリエスの『〈子供〉の誕生』である。これについては繰り返す必要はないだろう。第二の研究は、ドイツの社会学者 N. エリアスの研究『文明化の過程』(1969年)である。これもまたアリエスと同様に近代化論なのだが、エリアスによると、中世の封建領主たちは、今日見られるような羞恥の感覚がなく、人前で平気で放尿したり、手づかみで食事をしたりしていたという。また彼らは自制心がなく感情の突発的な爆発などあたりまえであった。暴力を抑制する機構が弱かったのだ。エリアスの描く封建領主の姿は、不作法な子どもの姿とどれほど似ていることだろうか。

つまり、中世では子どもはなにも大人と異なった存在ではなかった。なにより今日のような大人がいなかったのだから。ところが、中央集権的な絶対王政になって、封建領主たちは自分たちの館から宮廷に移ることになり、そこで緊密な人間関係を形成するようになる。そのためにさまざまなマナーが作られ、はじめて羞恥心や自制心や細やかな感情などが誕生するようになる。この過程を、エリアスは「文明化の過程」と呼んでいる。エリアスのいう「文明化」(civilization)という用語は、明治期に福沢諭吉が「文明開化」と訳していたものである。「文明化」が進んでいない国は「野蛮」なのである。この礼儀作法の出現が、文明化された大人と未だ文明化されていない子どもとの差異を生みだす[7]。それでは、この二つの研究成果からポストマンは、どのように子ども期の消滅を語ろうというのか。

2．メディアの変容と子どもの問題

　ポストマンのオリジナルなところは，この二つの研究成果を，E.A. ハブロックや M. マクルーハン，あるいは H.A. イニスといったメディア史研究から再解釈し，メディアの変容を軸にして，子ども期の誕生とその消滅とを鮮やかに描いてみせたところにある。詳しく述べよう。
　ポストマンは，印刷術の革新によって子ども期が出現したという。西欧中世は，古代帝国の時代とは異なり，読み書きの技術は必要とされず，その技術はわずかに修道院で伝えられるにすぎなかった。国王といえども読み書きをする能力をもってはいなかった。その意味でも，子どもと大人との差異は，ほとんどなかったわけである。ところが，印刷機の発明によって，読み書きの能力が，情報をえる上でとても大切なものとなった。そこで，読み書き能力をもつ大人と，それを未だもっていない子どもとの間に大きな格差が生じるようになる。そして，読み書きを教える学校が必要となり，読み書き能力のレベルで子ども期が定義されるようになり，長期にわたり子どもを教育する必要から，アリエスのいう近代家族が生まれ，また読み書きを学習することによって，エリアスのいうように自制心や羞恥心が生まれてきたというのだ。
　この大人と子どもとの境界を，ポストマンは「秘密」という用語をキーワードにして述べている[注1]。まず印刷物自体が，子どもにとっては文化的な秘密であり，読み書き能力のレベルによってアクセスが制限されている。さらに大人の弱さや暴力や性にかかわることは，秘密として子どもから隠されている。大人になるとは，この大人の秘密を知ることである。大人は，子どもにさまざまな制限を課すことによって，子どもがこの秘密にアクセスすることを限定していくのだ。こうして，子ども期が長期にわたって保持されていく。
　ところがメディアに新しい事態が生じてくる。テレビ（インターネットの

出現は新たな段階に来たことを示している）などの映像メディアの出現は，読み書き能力とかかわりなく，子どもが秘密にアクセスすることを可能にさせる。大人と子どもとの境界を生みだした秘密が，簡単に暴かれてしまい，もはや秘密ではなくなってしまう。このことは，子どもの学びを根本的に変容させてしまう。読み書きの能力は長い年月をかけて，忍耐強く学ぶことによって身につく能力であった。しかし，読み書き能力の訓練は，子どもにとってもはや七面倒くさいものでしかない。また，秘密によって成立していた大人の権威も失われる。親も教師も子どもにとってめざすべき権威者ではない。したがって教育空間の秩序を維持すること自体が困難となる。

　暴力抑制の機構，羞恥心，自制心，概念的に順序たててものを考える能力，この読み書き能力によって支えられていた近代の価値が，すべて揺らぐことになる。子ども期を生みだした条件が崩れはじめており，ふたたび中世のように，子ども期は特別な時期ではなくなるのだ。子ども期は消滅しつつあると同時に，近代的な意味での大人も消滅しつつある。大人のような子どもと，子どものような大人の社会になりつつあるのだと。

　ところで，ポストマンは，「子ども期の必要を維持する能力をもつコミュニケーション技術は存在するか？」と問い，「この能力をもつ唯一の技術はコンピュータ。コンピュータにプログラムするには，本質的にある言語を覚えなければならない。このことは，十分に読み書きができる人に要求されるのと似た，そのための特別の訓練が必要な，複雑で分析的な技能を制しなければならないことを意味する」と答えている[8]。このポストマンの30年前の予想は，パソコンの操作が予想を超えて簡単になったためにはずれてしまった。しかし，それ以外のポストマンの予想は，大方のところ正しかったといえよう。少年による凶悪犯罪の多発も，いつまでも子どものように成熟しない大人の出現も，みなこの本の描いた通りである。

　「心の問題」として語られることの多い子どもの問題を，ポストマンはメディアの変容によってもたらされた，ポストモダン状況における子どもの経験‐体験の問題として捉え直す道を開いてくれた。また，人間を世界に開く

メディアと結びつけて理解したように，子どもという生の在り方を，メディアと結びつけて理解する方向を示している。子どもとは何者かという問いは，子どもが世界とかかわるメディアを介して理解していく必要があるのである。このように，ポストマンの考察は，本書のメディアと教育とのかかわりを考える上でも興味深い。

　しかし，私たちは，先に読書における音読と黙読とのちがいについて見たが，読み書きとは，本や新聞にかかわる技術にとどまらず，メディアとして世界とのかかわり方の通路のひとつなのである。そして，そこで生起するのは，ポストマンが考えたように，子どもに暴力抑制の機構，羞恥心，自制心，概念的に順序たててものを考える能力，といった発達としての意味にとどまらず，本書で述べてきたように，世界の外部に触れる体験でもあるはずである。その意味において，ポストマンのメディア解釈は，メディア概念が狭くて，経験‐発達の次元に偏った解釈にとどまっているといえよう。

§3　子ども‐大人の人間学と子どもについての物語

1．子どもについて語るとはどのようなことか

　たしかに子どもの在り方やその捉え方は，歴史的社会的に規定されている。しかし，冒頭にも述べたように，子どもという生の在り方は，歴史的社会的な次元とは異なるところで，何かしら大人とは異なった生の在り方をしているのではないだろうか。その違和感をどのような観念によって捉えるのか，またどのように評価するのかは，それぞれの時代や社会によって異なっている。しかし，子どもについて語ることは，あとで詳しく述べるように，たんに子どもについての単独の物語ではなく，子どもと大人とのかかわりあいについての大人の側からの表現である点では，時代や社会を超えて共通してい

る。

　子どもについての言説は，子ども／大人，動物／人間，野蛮／文明，野生／文化，自然／人工……さまざまな2項対立的な境界線をめぐり，子どもにたいする大人の態度を方向づけ，子どもへの働きかけ方を組織するだけでなく，さらにその働きかけの結果としての，子どもからの応答にたいする受け取り方も用意してきた。しかし，このことは一方向的に大人が子どもを理解し回収していく回路として反復するばかりではない。ときとして，子どもの過剰な生が，子どもについて大人が語る物語を破壊し，大人自身の生（生活・人生・生命）への反省を生みだしもする。そしてそこから翻って，新たな子どもについての言説が生まれてくるのである。このようにして，子どもを語る言葉は，子どもの生をかたちづくるだけでなく，子どもの生からの侵犯を受けることで変容し，子どもとかかわる大人の生をもかたちづくっていくのである。

　子どもについて語るときには，この人生についての物語の解釈と再創造の循環運動に巻きこまれることを逃れることはできない。子どもについて語るとは，物理現象や経済事象について語ることとは異なり，他者としての子どもについての主体的なかかわり方や価値観を語ることである。それは実際の子どもへのかかわり方を象っていきもする。しかし，さらに語る大人自身がかつては子どもであったことを考えるなら，子どもについて語るということは，自己の内なる他者としての「子どもの時間」を思いだすことであり，それはまた思いがけず「子どもの時間」に襲われる瞬間を生きることでもある。

2．遊ぶ子どもの人間学

　本書では，この循環する語りの運動を自覚しながら，子どものみならず，子どもを語る大人がともに生成するような物語を語ってみたい。
　それにしても子どもという生の在り方へアプローチするには，どのようにすればよいのだろうか。それは私たち大人の生の在り方と比較して特徴的と

思われる子どもの事象を取りあげて考察することである。その子どもの事象とは溶解体験である。これまでに述べたように，遊びに夢中になっているとき，あるいは自然の風景に溶け込むとき，自己と自己を取り囲む世界との間の境界線が消える体験をすることがある。体験とは，自己と世界とを隔てる境界が溶解してしまう，陶酔の瞬間や脱自的な恍惚の瞬間，そして眩暈の瞬間を指す。この体験を，私たちは溶解体験と呼んできた。それは「おお！」とか「ああ！」といった言葉以外では表現しがたい，子どもが生命とダイレクトに結びつく瞬間である。

　心理学者のE.G. シャハテルが明らかにしたように，子どもという生の在り方は，世界との関係において乳児のように防衛的ではなく，また大人のように有用性にとらわれてもおらず，世界にたいして純粋な関心に開かれているところに特徴がある。私たち大人の日常への関心は，役に立つかどうかという有用性の関心と結びついており，そのために世界は，企図を実現する場所であり，目的‐手段関係として断片化・部分化される。それにたいして，子どもという生の在り方を特徴づける純粋な関心は，世界そのものへの開放的で全体的なかかわりを可能にする[9]。その結果，子どもは世界のさまざまな事象にたいして驚嘆することができるのである。世界の不思議に出会うたびに，子どもが「おお！」とか「ああ！」とか言葉にならない感動の声をあげるのはそのためである。この事態をメディア身体論から捉えれば，子どもにおいては，「身体である」（木村敏の用語にしたがえば「ノエシス的身体性」）という在り方が，「身体を有つ」（同じく「ノエマ的身体」）という在り方より優位性が高いということになるだろう（本書59頁参照）。

　純粋な関心という生の在り方から捉えるとき，子どものミメーシス（模倣）の体験も，人物や何かの事象の模倣や再現といったように，まずはじめにオリジナルがあってそれをモデルにしてコピーするような体験などではない。子どもは，純粋な関心から，自己と世界との境界線が溶解し，世界と一体化する体験をえやすい。子どもは凧を揚げれば凧になる。子どものミメーシスの体験は，かたちあるものばかりではない。子どもは風が吹くと風になるこ

ともできるのだ。子どもが他のものに「なる」ことは，心理学では「模倣」と呼ばれているが，それは大人が何かの「ふり」をしているような意味での模倣などではない。

　子どもの何ものか他なるものに「なる」力は，ごっこ遊びにおいて顕著である。ごっこ遊びに興じているときでも，通常いわれているように，子どもは何か事象をモデルとしてそのモデルを模倣し，ただ再現しているのではなく，その事象を創造しているのだ。それというのも，子どもは，何でも模倣するのではなく，ある事象から特定の相を意識的に選択しそれに解釈をほどこし，創造するからである。例えば，子どもが船になるとき，それは子どもが理解し解釈した船であり，子どもによって創造された船である。そしてそのとき子どもは船のふりをしているのではなく，船と「なる」のである[10]。別の著作でも引用したが，優れた「深い記述」なので，ここでも大きく引用しておこう。マーク・トウェインの『トム・ソーヤーの冒険』（1876年）の一節である。

　　ベンの足どりは三段跳び（hop-skip-and-jump）のように軽くて——明らかに心の弾みと期待の大きさを物語っていた。ベンは林檎をかじりながら，ときどきボーという長い調子のいい声をあげ，そのあとにゴットン，ゴットン，ゴットンと底力をこめた伴奏をつけた——蒸気船の真似をしているのだ。近づいてくると彼は速力をゆるめ，通りのまんなかのコースをとり，大きく右に傾きながら，重々しく，しかも気どった大げさなポーズで船首を風上に向けてとまった。彼は吃水九フィートの蒸気船「大ミズーリ」号になったつもりだが，蒸気船であると同時に船長でもあり，号鐘でもあるので，上甲板に立って，命令を下し，それを実行しているものとみなさなければならなかった。
　　「停船！　カン，カン，カン！」船脚は，ほとんどとまって，ゆっくりと道端へ近づいてきた。
　　「後退！　カン，カン，カン！」彼は腕をまっすぐにぴんとのばして下

へおろした。
「右舷後退！　カン，カン，カン！　シュー！　シュー！　シュー！　シュー！」そのあいだ，彼の右手は，おごそかに円を描いていた。その腕は直径四十フィートの大側輪というわけだ。
「左舷後退！　カン，カン，カン！　シュー！　シュー！　シュー！　シュー！」今度は左舷が回りだした。
「右舷ストップ！　カン，カン，カン！　左舷ストップ！　右舷前進！　やめ！　外側の機械をゆっくり回せ！　カン，カン，カン！　シュー！　とめ綱を出せ！　そら，元気を出すんだ！　ひき綱をとれ！　その杭にロープをかけろ！　それでよし。流せ！　エンジンとめ！　カン，カン，カン！　シッ！　シッ！　シッ！」[11]

「ゴットン，ゴットン，ゴットン（ding-dong-dong,ding-dong-dong）」「カン，カン，カン（Ting-a-ling-ling）！」「シュー！　シュー！　シュー！　シュー！（Chow! ch-chow-wow! Chow!)」「シッ！　シッ！　シッ！（Sh't! s'h't! sh't!)」といったオノマトペは，原文でも実にリズミカルである。このリズミカルな音喩は身体を軽くする。ベンの身体はもはや蒸気船と「なり」，その身体の仕草を通してダイナミックに世界と深く結びついている。同時にベンは船長とも号鐘とも「なる」のである。ここではベンが解釈によって創造した「大ミズーリ」号が躍動しているのであって，単純に「ふり」をしているのではない。そして，この遊びの体験も溶解体験にほかならない。この世界と連続する体験は，脱自＝エクスタシーの体験であり，過剰な快楽の体験でもある。そこでは有用性の関心に基づく材料や手段としての環境にではなく，世界の全体性（生命性）に触れることになる。この遊びの体験は，見方を変えれば，通常なら有用な仕事に費やすことのできる時間とエネルギーを，惜しみなく蕩尽することであり，さらには道徳の彼岸に立つことでもあり，その結果，社会的道徳を侵犯し破壊することでもある。この遊びについては，次章で詳しく見ることになる。

3.「子どもの時間」と子どもについての物語

　この溶解を体験する子どもの生の在り方を,「子どもの時間」と呼ぶことにしよう[12]。このとき「子ども」という言葉は,実体的なヒトの幼年期を指し示す用語ではなく,人間存在の独特な生の在り方を示す用語となる。その意味でいえば,大人もまた「子どもの時間」を生きることができる。それはなにも不思議なことではない。実際,子どもと一緒に遊んでいるときに,それは実現されるのである。子どもに「遊んであげる」つもりではじめたものが,いつのまにか我を忘れて一緒に「遊んでしまう」瞬間が生起する。このとき大人は,知らず知らずのうちに,「子どもの時間」を生きているのだ。

　また「子どもの時間」は,自身の子ども時代を想起するときにも実現する。子ども時代の想起は,普通「ノスタルジー」と呼ばれているが,ここでいうノスタルジーとは,たんに甘美な過去の思い出にふけることではなく,自己のなかの他者としての子どもという生の在り方に,つまり有用な社会的生を侵犯する生命にたち還る在り方を示している。それは,私が子ども時代を懐かしむというのではなく,予期することなく突然に「子どもの時間」が出現し,私を呑み込み,私を捕まえてはなさない体験である。その意味でいえば,子どもという生の在り方は,大人が新たに生命と触れ,どのように十全に生きるかという大人の人間学の課題でもある。

　子どもについての物語は,たとえそれが子どもの発達を論じた科学研究論文であろうとも,たんに対象としての子どもの諸能力の特性の客観的な叙述といったものではなく,大人の個人的あるいは世代的な過去の経験や体験さらに未来に結びついた欲望や願いからなる子ども観を,そしてそれと緊密に関係づけられた大人自身の大人観を,つまりは人生観を表している。ライフサイクルの諸段階の意味づけは,同じ人間の内部において,相互に関連しあい緊密に結びあっている。さらにまた,ライフサイクルは,先世代のライフサイクルおよび次世代のライフサイクルとも緊密に結びあってもいる。し

がって，ある人生段階の危機は，同時に他の諸段階の危機でもある。今日，子どもという生の在り方に大人が危機感を抱くとすれば，それは子どもの危機にとどまらず，大人の子ども観の危機でもあると同時に，大人という生の在り方自体の危機でもあり，互いに世代の間で結びあったライフサイクル全体の危機の表れであるといえよう。

こうであるとすれば，大人の紡ぎだす子どもについての物語には，大人の生の在り方が大写しに映しだされているといえる。例えば，遊ぶ子どもについての物語は，大人にとって自己の生の在り方が揺さぶられる物語であり，とりわけ近代において大人の生が社会的経済的生活のなかで手段化され断片化されていくなかで，アンビバレントな物語でありつづけてきた。

自律的な「成人」を人間の理想とする啓蒙主義者たちは，遊ぶ子どもの姿を見て，啓蒙されねばならない動物的で野蛮な存在として否定的に捉えたが，反対にロマン主義者たちは，大人のような功利的な社会に汚染されていないイノセント（無垢）な存在として子どもを理想化した。子ども期のイノセンスへと回帰することによって，人間性を回復するという主題は，ロマン主義文学のメインテーマのひとつである。W. ブレイクや W. ワーズワースのようなロマン主義の代表的な詩人の詩には，繰り返し，この主題を見ることができる。そこでは，分割され歪められ損なわれた当時の大人の生への根本的な批判がなされ，その批判を根拠づけるものとして，未分化でイノセントで健全な子どもの生が大人の生と対比されたのである。『ハイジ』（1880‐81 年）や『小公子』（1886 年）や『秘密の花園』（1911 年）といったなじみ深い名作子ども童話もまた，この類型を繰り返してきた。

「幼稚園」の生みの親，そしてロマン主義を代表する教育思想家フレーベルは，次のように述べている。

　　　われわれは，死んでいる。われわれを取りまいているものは，われわれにとって死んでいる。われわれは，どれほど知識を持っていても，空虚である。われわれの子どもたちに対して，空虚である。われわれの語

ることがらは,ほとんどすべて,虚ろで,空しく,内容も生命もない。(中略)だから,さあ子どもたちの所に赴こうではないか。かれらを通して,われわれの言葉に内容を,われわれを取りまく事物に生命を与えよう。それゆえ,かれらと共に生きよう。かれらをわれわれと共に生きさせよう。そうすれば,われわれすべてにとって必要なものを,われわれは、子どもを通して手にいれるであろう。[13]

たんに大人の生への批判として子どもを取りあげるのではなく,子どもという根源的人間の生に触れともに生活することによって,大人の生が純化し若返ると考えたところにフレーベルの独自性がある。子どもとの生活(生)が,大人から悪や劣悪さを除去するというのである。そのため,幼稚園(子どもの庭)とは,子どもの生のみならず,大人の生が変容する場所でもあった[14]。私たちは,第9章でふたたびフレーベルに出会うことになるだろう。

ところで,この子ども理解は,有用性を基調とする大人の世界においては無用であるばかりか否定されるべき過剰さを生きている子どもに直面した,大人のアンビバレントな解釈のひとつと見なすことができるだろう。一方で子どもを教育されなければならない(否定されなければならない)未熟な存在と捉えつつ,しかし,他方で子どもこそが人間の真実の姿であり,十全な存在であると捉える。この両極性のなかで大人の心はゆれ動く。いずれにしても,このことは「子どもの発見」であり,子どもへの関心の高まりであることにまちがいない。

4. 子どもについての「厚い記述」

とくにこの100年の間に,子どもについての記述は,子どもという生の在り方にたいする関心が高まることによって,これまでにない「厚い記述」(thick description)を可能にしている。具体的な子どもの記述を考察する前に,この「厚い記述」について少し詳しく説明しておこう。それは本書の主題であ

る「幼児理解の現象学」にとっても重要な関連をもっているからである。この「厚い記述」のアイディアを考えたのはイギリスの哲学者 G. ライルだが，この用語を広め有名にしたのは解釈学的人類学を展開したアメリカの文化人類学者 C. ギアーツである。ギアーツは民族誌の記述はどのようなものであるべきかについて考察するさいに，この「厚い記述」を取りあげて説明している。『文化の解釈学』(1973 年) にしたがって説明しよう。

　ライルは，右目をまばたいている二人の少年のことを考えてみようという。このときひとりは無意図的なまぶたのけいれんであり，もうひとりは友人に悪だくみの合図である目くばせをしている。この二人目の少年は，社会的コードにしたがって意図的に目をまばたいている。この二人は運動としては目をまばたくということでは同じ運動であり，両者の区別はつけがたいが，この両者の差異は無意図的な生理的行為と意図的な社会的行為のちがいとなる。さらにここに三人目の少年が登場する。この三人目の少年は，二人目の少年の目くばせが下手で不器用だとして，わざと二人目の少年のまねをしたとする。この少年も社会的コードにしたがって，わざとらしく薄ら笑いを浮かべながら「目くばせ」をする。ここでのまばたきは悪だくみの合図ではなく，下手な目くばせをしている二人目の少年へのあざけりである。もしこのあざけりがうまく働かなかったら，この三人目の少年は家にもどって鏡の前で目をまばたいてみせるかもしれないが，これは「けいれん」でもなければ「目くばせ」でもなく，ただ「練習」をしていることになる。このように同じに見える行動や行為が実際には異なったものである可能性はかぎりがない。

　ギアーツはこのライルの考察を踏まえて，「ライルが『薄い記述』と呼んだもの，つまり目くばせを練習する者（まねをする者，目くばせをする者，自然にまばたく者……）が行っている（「右目をまたたく」）という記述と，彼がやっている（「秘密のたくらみがあるかのように，人をだますために友だちがまばたくのをまねる」）という『厚い記述』との間に民族誌の目的があるということが重要なのである」と述べている。さらにここからギアーツは民族誌の目的は，「無意識的なまばたき，目くばせ，にせの目くばせ，目くばせの真似，目く

ばせの真似の練習などが生まれ，知覚され，解釈される意味の構造のヒエラルキーにあり，このヒエラルキーがなければ，まばたき，目くばせなどのものは，誰かがまばたきで何を意味しても，あるいは何も意味しないとしても，事実存在しないのである」[15]と述べている。私たちが記述するものは，すでに私たちによって解釈されたものであって，その記述を研究することは，その解釈を解釈することである。

　このライルの事例自体が，少年のことを取りあげているので，あらためて幼児の記述に引きよせる必要はないのかもしれないが，例えば「幼児Aが幼児Bを叩いている」といった「薄い記述」では，ここで起こっている出来事が遊び（暴力のふり）なのか，本当の喧嘩（同じ行為が相互に交換される対称型の暴力事象）なのか，あるいは喧嘩ではなくていじめ（異なる行為が相互に交換される非対称の相補型の暴力事象）なのか，その差異を描きだしてはおらず，意味の構造のヒエラルキーをまるで捉えることができない。子どもの生の記述においても，子どもの生の理解ということでは，民族誌と同様に「厚い記述」が不可欠なのである。子ども研究において現象学的記述によって研究を進めようとする場合も，記述をめぐる同様の課題に直面することになる。先の「子どもについて語るとはどのようなことか」でも述べたように，私たちは子どもを自然対象のように客観的に見ることはできない。先入観を括弧に入れて記述しようとも，私たちの記述には必ず記述者の選択と解釈が含まれ，記述者が経験した気分や感情がつきまとう。そのような解釈をメタ的に解釈することによって事象の分析が進んでいく。本書142頁で引用した母子の遊びについての記述は，「厚い記述」のよい例である。ここには，子どもの「現実」と「ふり」とを分けることができる十分な記述がなされている。

5．「深い記述」と輝く蝶と共振する子どもの心

　しかし，本書ではこの「厚い記述」に加えて，別の次元の記述課題が問題

となる。それというのも，本書ではこれまで一貫して子どもの体験に関心を向けてきたが，このような体験を言語によって記述することの不可能性の可能性を論じてきたからである。そのなかで鉄棒の詩や宮澤賢治の詩において論じたように，詩的言語において体験は描かれているとした。優れた文学作品は，人間の生命的な次元の姿をもっとも深く描きだしていることを明らかにしてきた。このような優れた文学作品にみられるように，意味へと回収されることのない，無限の深さをもつ生命的な体験の記述を，本書では「厚い記述」に対して「深い記述」(deep description) と呼んでみよう。

「厚い記述」が意味の構造のヒエラルキーへの解釈に開かれるのにたいして，「深い記述」は意味の発生の瞬間や意味が消えゆく瞬間という言葉による表現の臨界点を表しているために，既存の意味の構造のヒエラルキーを捉える解釈には役立たない。しかし，「深い記述」は詩的言語でもって「不可能性の可能性」を実現しようとすることで，それ自体が深い生命的出来事の無限の余韻を内在させるため，その言葉を聴くもの読むものにもその描かれたものと同様の体験を生起させることになる。そして，意識するとしないとにかかわらず，私たちが体験という出来事をありのままに記述しようとするときには，その記述は必ずこの「深い記述」としての文学作品の叙述形式やレトリックやいい回しに近づいていく。

それでは子どもについての「深い記述」とはどのようなものか。ドイツの思想家W.ベンヤミンの『1900年前後のベルリンにおける幼年時代』(1962年)，あるいはロシアの作家V.ナボコフの『ナボコフ自伝―記憶よ，語れ』(1960年)，カリブ海マルチニック島のクレオール文学代表者のひとりP.シャモワゾーの『幼い頃のむかし』(1990年) など，また日本では中勘助の『銀の匙』(1935年) や北杜夫の『幽霊―或る幼年と青春の物語』(1954年) など……子どもという在り方を描くさまざまな文学作品や自伝的作品のなかに，子どもについての「深い記述」の優れたものを，豊富に見いだすことができる。まずはベルリンのブルジョワの子どもとして幼年期を過ごしたベンヤミンのテクストから，蝶や蛾を追いかける子どもの体験を描いた箇所を引用してみよう。

私にも楽々追いつけそうな︙︙︙︙︙︙︙︙︙︙︙ひおどしちょうやすずめがが，そんなふうにためらったり，ゆらゆら舞ったり，じっと停滞したりして私をからかうと，私は，気づかれずに獲物に近づき首尾よくそれを取り押さえられたら，というただその一心で，光と大気になってしまいたいと願うほどだった。この願いはいくらかは叶えられ，私の魅了されてしまった蝶の翅が激しく，あるいはゆらゆらと揺れるたびに，その揺れが私自身にそよぎ寄せ，また，私のなかに流れ込んできた。猟師の古い規約が私と蝶たちのあいだを支配しはじめた。すなわち，私自身が全身全霊をあげて獣にすり寄っていけばいくほど，つまり，私が心のなかで蝶になればなるほど，それだけますます目のまえの蝶は，その振舞いにおいて人間の意志決定の色を帯びてきた。そして最後には，私が人間としての存在を再び手にしたければ，それを叶えるための代価の支払い方法はただひとつ，この蝶を捕えることによってのみ，というかのようだった。[16]

　この蝶に魅入られ蝶を求める子どもの姿は，私たちにとってもなじみ深いものだ。私自身のことをふり返っても，同様の体験を思いだすことができる。しかし，このことが子どもが生命に触れるかけがえのない体験であることは，ベンヤミンのような体験そのものを描きだそうとする作家の文章によって，はじめて表現が可能となった。もうひとつ例をあげておこう。帝政ロシアの大貴族の子どもとして生まれたナボコフもまた，濃密な文体で子どもの体験を描いた作家だが，そのなかにベンヤミン同様，ひたすら蝶や蛾を追い求める子どもの体験を描いた章がある。

　六歳の時からずっと，私が長方形の窓の外の太陽にいろいろな気持をいだいたのは，すべてただひとつの情熱にかられてのことだった。私が朝真っ先に外を見るのが太陽のためだったとすれば，それは，太陽が出れば蝶が出てくるからだった。最初はごくありふれていた。ある日，た

またまヴェランダの近くのすいかずらに一匹のきあげはが——黒い斑点と青い円鋸歯状の模様のある，クローム色のへりのついた真っ黒な羽の先端近くにそれぞれ朱色の目が一つずつ入っている，薄黄色の輝くばかりのきあげはが——とまっているのに気がついた。蝶は，茎から下向きにたれさがった花を針でさぐりながら，大きな羽を休みなくぱたぱた動かしていた。私は無性に捕まえたくなった。そこで動きのすばしこい馬丁に頼んで，私の帽子で捕ってもらって，帽子ごと，一晩たてばナフタリンの匂いで死ぬだろう甘い期待を抱いて，衣装だんすにほおりこんだ。[17]

しかし，きあげはは，死ぬことなく衣装だんすを開けるとともに逃げだしてしまう。それ以降，ナボコフは晴れた日には毎朝のように魅惑的な鱗粉色で彩られた蝶を捕りに出かけるのだった。そして，この昆虫採集の趣味は青年期になっても持続し，さらには自ら蝶の本を出版するにいたるのである。ナボコフは，珍種の蝶に囲まれているときには，「そこにこそ恍惚境がある。そしてその恍惚感の背後には説明しがたいなにかが隠れている。それは私が愛する一切のものを吸収してしまう一瞬の真空状態のようなものである。太陽や石と溶け合ってしまったような一体感」[18]と語っている。蝶への愛だけではなく，ベンヤミンとナボコフの子ども時代の体験を描いた箇所については，このほかにもいくつもの共通する記述をあげることができる[19]。それは光や色彩についての体験であったり，ベッドの上でのひとりでの見立て遊びだったり……。

もうひとつ，これまでの記述と同じ，子どもが蝶を捕まえる場面を，今度は日本の文学作品からあげておこう。取りあげるのは，北杜夫の『幽霊—或る幼年と青春の物語』（1954年）である。これはドイツの詩人R.M.リルケの影響を強く受け，幼年期から青年期への成長の過程を「神話」のように語った作品である。それはまた記憶の海深くダイブするということが，いったいどのようなことであるかをよく示している。

……目のまえを，なにか輝かしいまばゆい物体がすばしこくよぎった。蝶だ！　なにかわからぬが珍しい蝶々だ。そう経験がぼくに教えた。それにしても，どうしてぼくの膝は，捕虫網の柄をにぎった手は，あんなにもわななないたのだろう。
　　ふたたび銀白の翅の渦が目にとびこんできたとき，ぼくは狂おしく網をふった。うまくやった！　はたはたとあえなく騒ぐちいさな四翅が寒冷紗の網をすかして見てとれた。ぼくは網のそばに膝をつき，ふるえる指先をのばして，未知の獲物をおさえた。胸ははげしく鼓動した。いま，可憐な鱗粉の天使は，死んでぼくの掌のうえに横たわっていた。僕はまじまじと目を瞠いて，それを見た。銀白色の鱗粉が翅の裏をきらきらと光らせているのを。そして，くすんだ光沢ある褪紅色の鱗粉が，あざやかな対照をなして翅の表を彩っているのを。[20]

　蝶を捕まえようとする瞬間の生命のわななき，そして捕らえてしまうことによって死に触れる不思議な感触。この作品には，繰り返し蝶について描かれており，蝶は世界を超えたものの象徴として機能している。正確には，蝶を通してこの世界の向こう側に触れているというべきだろう。この記述は，北杜夫自らの体験を下敷きにしていることはまちがいない。昆虫への関心は大人になってもつづき，北はのちに『どくとるマンボウ昆虫記』（1961 年）を発表している。
　この三人の作品は，いずれも M. プルーストや R.M. リルケといった，20 世紀になって登場した特有の時間論と結びついた文学者たちの影響を受けている。そのことで，子どもの時間に特有の濃密な体験を記述することができたのである。しかし，むしろ事態は反対で，その時間論は，ノスタルジーに促された「子どもの時間」の特異的な回想を通して発見された，といった方が正確かもしれない。いずれにしても，そのことで大人の生の秩序にはおさまりきらない子どもという生の在り方が，有用性とは無縁な新鮮な世界の輝

きや生命のわななきに，強く惹かれていることが言葉によって明らかとなったのである。

　子どもの生が，「深い記述」によって，緻密に語られれば語られるほど，大人には捉えがたい子どもの生の異質性が立ち現れてくるように思える。この大人の生と共約することのできない異質性こそが，子どもという生の在り方を，独特のものとしているのである。しかし，たんに異質なのではなく，この異質性との遭遇は，眠っているザリガニを目覚めさすかのように，私たちの生をざわつかせ，多種多様な生の渦巻きや波立ちのうちに立ちかえらせ，私たち自身の生の底の子どもという生の在り方に出会わせる。そしてこのような体験に触れるときに，「幼児理解の現象学」という本書の主題は，その臨界点に直面するのである。ベンヤミン，ナボコフ，北杜夫……この子どもたちの昆虫にたいする狂おしいまでの情熱は，いったい何に由来するのか。この子どもについての問いは，自分自身へと向けられ，自身の生命への関心の深度が，そして自身の生の深度が，問われるのである。そのとき子どもは，現象学が想定してきたような，私たちの自己の延長上で感情移入によって構成できる他我などではなく，自己の底で出会ってしまう，自己に回収できない他者なのである。

§4　子どもとシステムの外部

1．システムの外部を生きる子ども

　子どもの生について語るということは，幾何学の証明問題を解いたり，宇宙の起源や構造を探究したり，経済の法則について語ったりすることとは異なり，結局のところ，再帰的に自身の生を語ることと関係せざるをえない，ということを述べた。そして，子どもという生の在り方を，「溶解体験」と

いう用語でもって明らかにしようとしてきた。

　しかし，ここにきて私たちは，子どもを語ることの本来的な困難さに直面することになる。それというのも溶解体験とは，すでに何度か述べたように，自己と世界との境界線がなくなる体験であるから，対象との距離がなくなる体験である。というより対象化そのものができなくなることである。対象との距離のないところでは観察も反省もなく，観察も反省もないところでは言語化はできないから，この体験を概念的な言葉でもって記述することはできない。子どもが深い体験のさなかに，「ああ！」とか「おお！」と言葉ならざる言葉を発するのは，彼らが自らの体験を十分に分節化して明確な言語でもっていい表すだけの言語能力を欠いているからではなく，体験とは本来そのようにしてしかいい表すことのできないものだからである。そして，子どもという生の在り方とは，このような体験を生きることであるとするなら，それは概念的な用語でもって記述分析することはできないということになる。

　もちろん具体的な個々の子どもは，忘我的な溶解体験のうちにいつも生きているわけではなく，私たちと共通する経験の次元を生きてもいる。社会的な経験を重ねることで，子どもはさまざまな社会的諸能力を発達させ，生活に必要な技能や技術を身につけ，自律した「人間（大人）」へとなっていく。このことの重要性については，あらためていうまでもないことである。しかし，溶解体験という本来語りえない意味世界の外部を生きているからこそ，子どもという生の在り方は，大人にとってアンビバレントな存在としてありつづけてきたのである。子どもとは，一方でコントロールできない野生・野蛮な存在であるがゆえに，否定されねばならないものでありながら，しかしだからこそ，大人の疎外された生（生活）の向こう側を示すあるべき生（生命）の可能性を開く，限りなく魅力的な存在である。子ども／大人，動物／人間，野蛮／文明，野生／文化，自然／人工……この子どもをめぐる両義性は，そのまま大人自身の生（人生）の両義性でもあり，翻って，教育の両義性でもある。

2. 教育の二重の課題

　子どもという生の在り方は，私たち大人のように，手段‐目的関係の有用性に支配された世界にではなく，純粋な関心のうちに生きている。つまりは子どもとは，この社会のシステムの外部を生きることのできる存在である。しかし，システムの外部を生きる子どもを，システムの世界に定着させることが教育の課題でもある。教育の課題はこのとき二重となる。私たちは，子どもという生の在り方を論じることで，第1章で述べた教育の二つの課題を，あらためて教育学として語ることのできる地点まで，やってきたことになる。

　一方では，子どもは，この有用性を原理とする市民社会のなかで「一人前」になるべく，市民社会で評価されているさまざまな技能を学び能力を発達させなければならない存在である。そのため，溶解体験のように概念的用語では記述不能な生を根本とする子どもを，記述可能な対象へと翻訳することのできるマトリクスを作りだし，そのマトリクスの上に子どもの生を位置づけて理解し，合理的な教育の対象とする必要があった。近代の教育学のテクストの歴史は，この過剰で不定形な子どもの生を，理解可能な物語に翻訳しようとする努力と工夫の歴史であったといえよう。

　そのとき，心理学や社会学のような実証的な経験諸科学の知見は，子どもの在り方を捉える上で大きな力となった。教育学が，この経験諸科学の成果に裏打ちされた「発達」や「社会化」といった概念を重視するのは，当然のことといえよう。学校の機能が，この子どもの社会的に有用と見なされる能力を開発・発展させることにあることは，いうまでもない。ここでは，近代以降の教育学が作りだしてきた子どもについての語り方を分析することはしないが，それは「発達の論理」に収束していくことだろう[21]。

　しかし，教育の課題は，この社会的に有用な能力の開発・発展だけにあるのではない。他方で，子どもには有用性の原理に基づく世界を侵犯し破壊し，生命に深く触れる体験が必要である。ここに適正なメディアの選択と配置と

いう教育的かかわりが不可欠となる。巨大なザリガニを背負っている子どもという生の在り方は，本来的にこの方向に向いているが，それはたんにこの方向に向いているというにすぎない。子どもは，より高く発達するだけでなく，より深く人間であることを超えていかなければならない。

3．「より深く」をめぐって

　もっともこのようないい回しには少し注意が必要である。この「より高く」の「より」は，「前より高く」という意味で，変わらない尺度に基づいて時間的に異なる二つの行為や状態を比較して，あとの行為や状態が前の行為や状態よりも価値として優れた方向に変化していることを指している。練習に励めば，以前より長い距離を泳げるようになるし，問題の数を多くこなせば，計算は以前より正確で速くなる。どちらの場合も，同じ尺度の評価基準にしたがって，能力はより高くなっていると明解に判断することができる。ここでは共同体で求められる能力の高次化に焦点が当てられている。

　それにたいして，「より深く」の「より」は，このような相対的な比較に基づくものではない。それというのも，一回一回，質の異なる出来事－体験を，温度や速度のように比較できる共通尺度など，存在しないからである。それぞれの「出来事－体験」は，絶対的にユニークであって，「より深く」はその一回一回における「より深く」である。この場合には，等質な単位に分解できるような分割自体が不可能なのである。私たちが，事後に二つの「出来事－体験」を比較して（つまり同じ尺度の上に両者を位置づけること），今回の「出来事－体験」が以前の「出来事－体験」「より深い」といえるのは，すでに「出来事－体験」を言語によって強引に経験の平面に縮減しているからにすぎない。これは生成の出来事を発達の次元に回収するときに生じる事態と同じである。

　「高さ」は，可視的であり空間的であって，等質な単位に分解できるから，光の下で前回の高さと今回の高さとを互いに見比べることができる。それに

たいして,「深さ」の場合では,深淵の闇をのぞき込んで,以前の深さと今回の深さを見比べることなどはできない。深淵では,一切の境界が消え人称性は失われてしまい,光の届かぬ闇がただ際限なく底なき底にまで広がる。そこに光を導き入れれば,「深さ」はただ上下を反対方向に逆転させた「高さ」にすぎなくなる。「より深く」の「より」は,淵からの距離ではなく,深度（強度）の差異を示すための指標にすぎないのだ。深度とは,共通の尺度によって計れるようなものではない。ここでは,共同体の境界を超えた,創造的な生の進化の次元に焦点が当てられている。

　第1章で述べた西田の用語法に沿いながら,あらためてこのことを問うなら,「道具を以て物を作る」存在として,深い体験とは,「物そのものとなつて考へ,物そのものとなつて行ふ」行為的直観によって生起する。つまり深い体験とは,我を無にして,どこまでも物そのもののなかに深く入りこんでいくことによって生起する。そのときには,対象と向かい合う自己はすでに消えており,我を忘れるという脱自の体験が生起するのである[22]。

　第9章でまた詳しく述べることになるが,幼児教育は,生命に触れる体験を深めるという教育の課題に,さまざまなメディアを生みだし発展させることで応えてきた。かたちをもった遊びは,この課題をもっとも深く推進するメディアのひとつである。また絵本や遊具といったメディアも,生命世界への通路をそれぞれにふさわしい回路でもって開く。しかし,なにもこのようなものだけが溶解体験を生起させるのではない。ホイジンガが遊戯論の名著『ホモ・ルーデンス』（1938年）で明らかにしたように,文化は遊びによって生みだされ,遊びの力によって育ってきたのである。

　　祭祀は聖なる遊びのなかに発達した。詩は遊びのなかに生まれ,いつも遊びの諸形式から最高の養分を吸収してきた。音楽と舞踊は純粋な遊びであった。知識,英知は祭式的競技の言葉のなかに,その表現を見いだした。法律は社会的遊びの慣行から生じた。戦争の規定,貴族生活の慣例は,遊びの形式の上に築かれた。結論はこうなるはずである。文化は

その根源的段階においては遊ばれるものであった,と。それは生命体が母胎から生まれるように遊びから発するのではない。それは遊びのなかに,遊びとして発達するのである。[23]

　このように解するなら,遊びのなかに遊びとして発展してきたすべての文化は,原理的に子どもを溶解体験に向かわせる可能性をもっているといえるだろう。そのさい,メディアが子どもという生の不定形な過剰さにかたちを与えるとはいっても,溶解体験は善悪の彼岸にわたることであり,調和的な喜びを超えて,より深く不気味なものへ,あるいはおぞましいものへと近づくこともあり,さらにまた意図的なコントロールが原理的に不可能であるところからも,いつもつねに市民道徳の範囲を超えた領域へと逸脱してしまう危険性(臨界点)を孕んでいることに注意が必要である(この文章を「コントロールしなければならない」というメッセージに読み取ってはいけない)。この危険性について,私たちは次章で詳しく見ることになる。

4. 芸術の力と子どもの力

　先に子どもを語るということが,自然現象について語ることのように対象化することにはおさまらず,翻って,子どもを語る語り手の生へ影響を与えることになるということを明らかにした。つまり,子どもを語るということは,自らを語ることでもあり,自らを語ることは,語り手自身の生とは何かを表明し意味づけることであり,翻って,この自らの生の理解が子どもの生の新たな理解と表現を生みだしていく。結局のところ,子どもを語るということは,アルキメデスの点のような不動の観察地点から語ることができず,生を意味づける終わることのない循環運動のうちに語ることである。この循環運動のうちに生を語るという語りの構造のなかに,子どもを語ることの原理的な困難さがある。それだけではない。さらに子どもという生の在り方は,体験に特徴づけられているのだが,この体験を描きだすことは,根本的な困

難さをともなっているのである。子どもという生の在り方を語ることは、この二重の困難さのなかにある。

ところで、文学とは、このいい表しがたい体験の深みを、概念的な用語ではなく詩的な言葉によってあえて描きだそうとする試みである。私たちが子どもの体験についての「深い記述」を、ベンヤミンやナボコフらの文学作品においてみてきたのも、この理由による。このとき文学は、体験を表象として再現するのではなく、言葉によって同様の体験を生起させるものとなる。この体験を生起させる作品例として、とくに宮澤賢治の一連の作品をあげておこう[24]。私たちは、すでに第3章で賢治の優れた作品の力の所在に触れている。また文学作品以外にも芸術作品が、同様にこの体験の深さにさまざまな表現を与えようとしてきた。だからこそ本書でもそして本章でも、私たちは、子どもという生の在り方に触れる手がかりを、まず最初に子どもを描いた絵画に求めたのだった。そこで最後にふたたびあの絵画にもどろう。

私たちも、かつて子どもとしてこの過剰な生命存在＝ザリガニでもあったし、目前の子どもも、「子どもという生の在り方」を生きているときには、背中のザリガニと一体となってもいる。そのとき、この目前の子どもは、私たちと同じ場所を共有しているように見えても、この世界の住人ではないのだ。「子ども」というより、正確には子どもとザリガニとが接続した［子ども‐ザリガニ］、あるいは［幼児‐ザリガニ］というべきだろうが、このザリガニとの相互滲透は、どこまでも深く世界と連続して生きる大いなる享楽であるとともに、その連続性の深淵のうちに子どもの生すべてが呑み込まれてしまう危険性をも孕んでいる。社会生活の規則や道徳が、このザリガニによって侵犯されるのだから、当然ともいえる。ザリガニに侵犯された具体的な姿を、私たちは次の第8章「子どもの悪の体験と自己の変容」で詳しく見ることになるだろう。教育とは、先にも述べたように、ザリガニを子どもの背中から取り除くことではなく、それでいてザリガニに呑み込まれたままにならず、そしてザリガニをさらに大きく強く育てることなのである。

【註】

註1 子どもの秘密については、拙著『子どもという思想』(1995年) のなかの論文「近代の子どもの秘密体験」、また亀山佳明『子どもと悪の人間学―子どもの再発見のために』(2001年) を参照。子ども時代の秘密についての現象学的アプローチによる包括的研究としては、次を参照。van Manen, M. and Levering, B., 1996 *Childhood's Secrets : Intimacy, Privacy, and the Self Reconsidered*, Teachers College, Columbia University. このテクストの作者のひとり、M．ファン＝マーネンは、ランゲフェルトの影響を受けたカナダを代表する現象学的な立場に立つ教育学者である。van Manen,M., 1990 *Researching Lived Experience : Human Science for an action-sensitive pedagogy*, State University of New York Press. (村井尚子訳『生きられた経験の探究―人間科学がひらく感受性豊かな〈教育〉の世界』ゆみる出版, 2011) M．ヴァン＝マーネン「現象学的教育学」岡本哲雄・伊藤暢彦訳、和田修二・皇紀夫編『臨床教育学』アカデミア出版、1996年、などがある。

第 8 章

子どもの悪の体験と自己の変容

　幼児も成長し，やがては少年・少女と呼ばれる「一人前の子ども」となる。ライフサイクル論からみれば明らかなように，幼児（期）の意味や価値，あるいはその特徴は，他の年齢段階との関係のなかで決定されるわけだから，幼児の教育も，人間が成長する全プロセスの理解のなかではじめて意味づけられる。その意味でいえば，幼児教育学においても，幼児期の子どもがどのような存在なのかのみならず，大人への階段を上りつつある思春期の子どもが，さらには青年期の青年が，どのような存在なのかを知ることは重要なことである。

　とりわけ生命に触れる教育において，子どもが幼児の次の人生段階において，どのような生（生活・人生・生命）の課題と直面することになるかを知ることは，子どもの理解を考えると，きわめて大切なことである。その人生段階のちがいによる生の課題のちがいは，子どもが出会うメディアの形態の差異となって現れる。その思春期や青年期に出会うメディアが開く世界は，当然のことながら，幼児期の子どもに開く世界とは異なったものである。本章では，少年・少女と呼ばれる時期に現れる生命に触れる体験を，思春期さらには青年期にまで視野に入れながら，生に臨界点をもたらす「悪の体験」に焦点を当てて考えてみることにしよう。このことは，子どもが生命（過剰なもの）に触れる体験に直面することの意味を理解する上でも重要である。

§1　悪の体験と自己の変容

1．破壊＝死の体験による自己の変容

　スティーヴン・キングの半自伝的な作品といわれている小説『死体』（1982年）が原作のアメリカ映画，『スタンド・バイ・ミー』（1986年）は，四人の少年たちが，夏休みに，列車事故でなくなった子どもの死体を探すために旅に出るという奇妙な物語である。この旅によって，このなかの二人の少年にとても大きな自己変容が生じる。そのひとりゴーディ（13歳前）が，この物語の語り手である。旅に出る前には，自分が生まれ育った町が世界のすべてであったのに，旅からもどったときには，町はもはやちっぽけなものでしかなくなる。これは「変容」という言葉にふさわしい生の大きな変化だ。もうひとり自己変容した少年，ガキ大将のクリスは，旅に出る前は自分は大人になっても兄と同じように犯罪者になるしかないと思いこんでいた。それなのに，その旅からもどったクリスは，人が変わったように勉強をはじめ，やがて弁護士となった。なぜゴーディ少年にとって町はちっぽけなものになったのか，またクリス少年は生きる方向を変えることになったのか。

　古来より，旅はイニシエーション（通過儀礼）の側面をもっていた。旅は，狭く閉ざされた，あるいは庇護された，家や故郷の「外に出る」ことを意味している。旅をするなかで，人は予想もできないさまざまな困難と出会うことになるが，その困難を克服することで経験をつみ，また異性をはじめさまざまな人々と出会うことで成長する。J.W.v. ゲーテの『ヴィルヘルム・マイスターの修行時代』（1795年）や，トーマス・マンの『魔の山』（1924年）がそうであるように，あるいは大衆文学としてその後の成長物語に影響を与えた吉川英治の『宮本武蔵』（1936年）がそうであったように，人間の成長を描く教養小説が，同時に遍歴＝旅の小説であったのは，偶然のことではない。

言葉を換えれば，遍歴や旅を描いた物語は，多くの場合において，人間の変容を描く物語なのである。それはA.d.サン＝テグジュペリの『星の王子さま』（1943年）のような子どもの学びの旅でも，カズオ・イシグロの『日の名残り』（1989年）のような老人の人生を振り返り反省する旅でも同じである。このことはなにも小説や物語にかぎったことではない。映画のなかでも，ロードムービーが同様の構造をもっていることがわかる。自動車（『道』『パリ，テキサス』『リトル・ミス・サンシャイン』）やオートバイ（『イージー・ライダー』『モーターサイクル・ダイアリーズ』）などの移動によって出会うさまざまな人々や出来事，それは主人公の生き方を変容させずにはおかない。

　しかし，少年たちに変容が生じたのは，彼らが親元から離れ，旅で自信をつけたからではなく（彼らはみな親から見放されている），「死体」に出会ってしまったからだ。ここにこそ本章のテーマである子どもの「悪の体験」を考察する糸口がある。人間が大人になるためには，肉体的な生長や，有用な知識・生活の技術の獲得だけではなく，日常の生活とは不連続な死や性の秘密（大人が子どもに隠している秘密）に触れ，生命の次元を深く体験することが不可欠なのである。その日常生活を深く侵犯する体験が，本章でこれから語ろうとする子どもの「悪の体験」なのだが，それはやっかいなことに語ること自体に困難さがともなうような体験なのである。

2．悪は善の反対ではない

　まずこれから考えようとする悪が，どのようなものかを限定しておこう。ここで述べる悪とは，通常，悪が論じられているように善や正義の概念の反対の意味ではなく，理性による計算を破壊してしまうことそれ自体が目的であるような「至高の体験」を指す。この悪の体験という主題を人間学として深めたのは，これまでに何度も登場してきたフランスの思想家バタイユである。人間や動物を殺害し，その有用性を破壊してしまう供犠（くぎ），無意味なものに蓄財を惜しげもなく使い果たしてしまう蕩尽（とうじん），自我の孤立性を否定して，

限りなく死（連続性）に触れるエロティシズム，あるいは相手からの一切の見返りを求めることなく，惜しげもなく与える純粋贈与，といった合理主義的な思考においては捉えがたく，それゆえ従来の学問の概念的用語では語ることが困難で，さらにまた市民道徳においては否定されてしまうような出来事，これらの出来事をバタイユは「呪われたもの」と呼んでいる。この「呪われたもの」を，バタイユは悪として捉えようというのである。

　バタイユによれば，「悪の体験」とは，合理的な思考の次元においてその本質は捉えがたいものであるだけでなく，市民秩序を攪乱するものであるため，本来は忌避すべきことでもある。ところが不思議なことには，このような悪の体験は，一方で忌避すべきものでありながら，他方で私たちを強く惹きつけてやまないものなのである。そればかりではない。悪の体験は，私たちの日常生活を作りあげている原理である，目的‐手段関係に限定された有用性の原理を破壊することによって，自己と世界との境界線を失わせ，世界との連続性を生起させ，人間を生命の根幹に触れさせるのである。つまり私たちは，悪を体験することで，生きることの輝きや喜びを体験するのである。脱自＝エクスタシーの体験は自己を喪失させ，畏れを体験させる。これは死の体験でもあるのだが，いずれにしても，この悪の体験とは，人が十全に生きるために不可欠なことでもあるのだ。

　供犠を取りあげてみよう。供犠は供犠の対象が人間でなくても，他の生命を奪う行為とかわらず，それは破壊を意味する。破壊は一般に有用性を損なうことを意味しているので悪と見なされている。しかし，この生命を破壊する体験は，有用な家畜を破壊することで，家畜の有用性を破壊し，家畜を目的‐手段関係から解き放ち，なにものの手段ともなることのない目的そのものというべき「聖なるもの」を出現させる体験である。そして供犠の参加者たちは，この供犠の瞬間に，供犠に供される動物と一体化する。すなわち，その動物が殺害されるとき，その殺害を見る私たちもまた，自ら死を生々しく体験するのである。動物が殺害されることによって有用性の交換の環からはずされるように，そのとき私たち自身は何ものかのために生きることをや

め，自己の孤立性は否定され，生きること自体のうちに生きることができる。そして，私たちは，そのようにして日常の生においては体験しがたい聖なる次元を体験することになるというのである。

このように，バタイユにしたがえば，悪は善や正義の対立概念ではない。しかも悪の体験は，共同体を維持する法や掟あるいは市民道徳を超えた，生命の倫理の問題と深く関与しているのである。悪の体験とは，人間がより深く生きるための不可欠な体験なのである。しかし，この悪の体験は，大人の生の課題であっても，子どもの生活とは関係なく，むしろ子どもは注意深く安全にその体験から遠ざけられ守られるべきだと考えるかもしれない。ところがそうではない。子どもの生を特徴づけている遊びも，また上述のような意味において，悪の体験のひとつなのである。

§2　悪の体験としての遊び・性愛・生命の破壊

1．悪の体験としての遊び

ここでは子どもにとって関係の深い悪の体験として，遊び・性愛・生命の破壊の三つの事象について考えてみよう。まず遊びからはじめよう。遊びについてはすでに前章でも述べたが，ここでは悪の体験としてあらためて遊びを問うことにしよう。さて，「悪の体験としての遊び」といわれて，あなたはいったい何を思い浮かべるだろうか。例えば「賭けの遊び」だろうか。

たしかに「賭けの遊び」は，市民社会の道徳観にしたがえば悪である。西欧中世においても，「賭けの遊び」はたびたび禁止令が出されたといわれる。トランプやサイコロ賭博はその最たるものだった。「賭けの遊び」は教会から悪魔の発明品で人間を堕落させるとさえいわれた。フランス語の「遊び」を表す言葉 jeu が，同時に「賭け」を表す言葉でもあることからもわかるよ

うに，遊びには背徳的ないかがわしさがつきまとっている。

　しかし，悪と見なされる遊びは，なにも「賭けの遊び」にとどまらない。労働を生活の規範とする近代においては，その初期において遊ぶこと自体が罪悪として否定された。とりわけ，禁欲的節約を生活の基調としたピューリタンたちは，伝統的な民衆の娯楽を安息日を汚すものとして禁止しただけでなく，音楽も罪悪と見なして楽器を破壊し，ただ美しいだけで役に立たない庭園も実利のある畑に変えてしまった。そこでは労働に役立つものだけが認められていたのである。

　労働＝経験を発達のモデルとする近代の教育においても，この事情は変わらない。たしかに，子どもの自発性や自由な表現を重視する新教育運動が登場して以降は，教育関係者は，遊びを子どもの成長にとって重要なものと見なすようになった。それでも遊びは，子どもの発達と結びつくところでのみ，その意義が認められてきたにすぎない。例えば，新教育運動の代表的思想家のひとり，デューイは『学校と社会』（1899年）のなかで，次のように述べている。

　　教師は，ありとあらゆる資料から示唆を自由に得るためには，そのことは無条件に自由にされなければならないが，ただつぎの二つの質問だけは，みずからに問う必要があるだろう。第一の問いは，提唱されている遊戯の様式は，子どもにとって自分自身のものであると訴えかけるようなものであるのだろうか，というものである。それは，子ども自身の内面にその本能的な根源をもち，しかも子どもの内面において発現しようと，やっきになって芽生えている諸能力を成熟させていくようなものであるのか，ということである。そしていま一つの問いは，要請されている遊戯による活動は，もっぱら子どもを刺激するだけで，子どもが以前いた場所におし留めておいたりするだけではなくて，そのうえかなりの精神的疲労を起こさせ，またその先にもっと刺激をほしがるように仕向けるのではなくて，子どもをいちだんと高い水準の意識や活動へと導

いていくような種類の表現を，これら子どもの衝動に与えることになるようなものであるのだろうか，という問いである。[1]

フレーベルの遊戯論を批判して論じている箇所なのだが，ここでデューイが語っている二つの質問は，教育関係者には常識というべきことである。デューイは経験の美的な在り方に関心を払い，教育における経験の質を重視した思想家であるが，それでも子どもの遊びは発達・成長の相において捉えなければならないと考えている。教育においては，遊びはどこまでも発達に寄与するものなのである。そのため，バタイユの思想的盟友カイヨワが遊戯論『遊びと人間』（1958年）において指摘しているように，遊びのなかでも重要な位置を占める「賭けの遊び」と「眩暈の遊び」は，それが子どもの発達に寄与しないという理由で，さらには市民道徳と対立するという理由で，教育関係者からは批判されてきたのである[2]。

2．眩暈と賭けの遊び

「眩暈の遊び」とは，子どもの遊びでいえば，幼児の好きな身体をグルグルと急速に回転するような運動，あるいはギッコン・バッタンと反復するシーソー（seesawはよくできた名称にちがいない。木挽きのときの木を切る姿と似ているところからつけられたといわれている。ちなみにこれは英国の表現で，米語ではteeter-totterと呼ばれている），回転すべり台やブランコの遊びを思い浮かべればよいだろう。もっとも強烈な眩暈の体験をあげるなら，ジェット・コースターのような「絶叫マシーン」の体験である。急速な落下や急激な回転運動で，人は知覚と平衡感覚が揺らぎ，明晰な意識に一時的なパニックを引き起こし，トランス状態，麻痺状態を体験する。考えてみるととても奇妙なことだが，人はわざわざ金銭を支払ってまで，こうしたパニックを体験することを望むのである。

しかし，この遊びは，教育関係者が子どもに望む発達や学習とは無関係な

遊びである。何度眩暈の体験を繰り返したところで，眩暈は決して経験として蓄積されないからだ。繰り返されるシーソーやブランコの喜びは，刹那的な喜びしかもたらさない遊びの特徴と見なされている。またこうした遊びは，眩暈の危険を顧みない過度な追求において，アルコールや薬物の中毒へと変質する危険性を孕んでもいる。

「賭けの遊び」については説明は不要だろう。賭けの遊びも眩暈の遊びと同様，強烈な眩暈の体験を引き起こす。元金が幸運の力添えによって瞬く間に，数十倍，数百倍，そして数千倍にも膨れあがり，運から見放されたときにはそのすべてが失われてしまう。金貨が増殖しテーブルの上に積み重なったかと思うと，次の瞬間にはどこかに消えてしまうまるで魔法のような体験。観察者として他人の賭博をとなりで見ているときには冷静で理性的な判断力をもつ誇り高きロシアの老伯爵夫人が，自ら賭けに加わるや否や賭博の虜になってしまい，勝って勝って我を忘れ，負けて負けて我を見失い，最後にそのすべての財産を失い故郷へと帰る姿を，小説『賭博者』（1866年）は透徹した描写力で描いている。作者のF.M.ドストエフスキーは，自身が賭博者として賭けの高揚感や緊張感そして死にいたる恍惚感に魅入られた人物だが，その賭で拵(こしら)えた多大な借金を返済するために，この小説を短時間で書きあげたのだ（正確には，契約の期限に間に合わせるべく，口述筆記によって完成させた）。

生死をかけた伸(の)るか反(そ)るかのゲームの前では，賭博者は観察者のような冷静さを失い，状況を支配する異様な熱気のうちに我を忘れてしまう。近代的な市民や国民を形成することを目的とする近代学校が，サイコロ賭博やルーレットやトランプゲームのように，合理主義に基づいた計画や地道な努力による成功ではなく，勘や運や偶然に賭ける生き方を肯定できるわけがないのは当然といえる。しかし，賭が大人にはもとより子どもにとっても魅惑的な遊びであることはまちがいない。その掛け金が大人から見ればささやかなものであろうと（例えばお気に入りのビー玉），子どもにとってもやはりいちかばちかの大勝負であり，幸運の力を呼び込もうとするのだ。サイコロの一擲(いってき)

は，運と偶然に任せる人間という在り方に，深く結びついた遊びにはちがいない。

　市民社会のエージェントである教師は，現状をよく観察し調べ，合理的に損得を計算して将来の生活を設計し，目的実現に向けて細心の計画を立て，その計画にしたがって勤勉に努力すべき近代的な価値観と生活スタイルとを，子どもに教えるのである。このような教育においては，子どもの遊びの大切さが語られることがあっても，ただ社会的に有用な能力の発達に役に立つ遊びだけが認められてきたのである。「遊びの教育的機能とは何か」といった教育学的あるいは発達心理学的な問い方が，このことをよく示している。

　しかし，「賭けの遊び」のような一部の遊びだけが「悪」なのではない。バタイユの論にしたがえば，遊びはすべからく「悪」なのである。それというのも，遊びは，労働（子どもの場合は勉強）に振り向ければ有用な生産を実現するはずのエネルギーと時間とを，惜しげもなく，有用性とは正反対の無駄なことに蕩尽するからである。つまり遊びは，有用性の原理で動いているこの功利主義の世界を，侵犯し破壊するから，悪なのである。

　実際，遊びにおいて，祝祭における際限ない蕩尽と同様，本来なら有用な用途をもちえた事物を惜しげもなく破壊したりもする。子どもが積み木を注意深く積み重ねるのは，空間を独力で構築することの喜びにあるのはいうまでもないことだが，それだけではなく，高く積みあげた構築物を壊したときの一瞬に生じる知覚の変容がもたらす快感が大きいからでもある。一心不乱に作りあげることがそうであるのと同じように，破壊や蕩尽もまた人間の本来的な喜びなのである。この合理的な計画と我慢強い忍耐によって構築された秩序を，一瞬に崩壊させるときの眩暈の喜びや解放感は，蕩尽の喜びそのものである。その意味でいえば，遊びは先に述べた「呪われたもの」のひとつとしてあげた蕩尽といってもさしつかえないだろう。あなたは，遊びに没入して我を忘れ狂喜乱舞する幼児に，なにか恐ろしさに似たものを感じたことはなかったろうか。遊びは節度を超えた過剰で底抜けの出来事なのである。遊びは，幼児教育学の中心的主題であり，本書でもこれから何度も登場する

ことになる。遊びが底抜けの過剰な生の出来事であり，悪であるというここでの遊び理解は重要である。

3．悪と性愛の体験

　性にかかわる事象は，大人のみならず子どもにとっても秘密と悪とにかかわる重要なエレメントである。思春期になると子どもは，性にたいして強い関心をもつが，その関心をあからさまに親に告げるようなことはない。性教育が学校で授業としてなされ，パッケージ化された性の知識（情報）が白日のもとで伝達されようとも，性の体験自体は親や大人と自由に語り合うことを禁じられた秘密の体験である。性の目覚めは，何か恐ろしい知ってはいけないことを知ってしまう体験でもある。
　性愛は，それまでの家族愛や兄弟愛あるいは友情とは異なる他者への愛のかたちである。しかし，相手が異性か同性かであるにかかわらず，性愛の体験は他者と真剣に向かい合う体験であり，これまで体験したことのない強度でもって，他者を求めることになる。そのため，憧れたり，苦悩したり，嫉妬したり，憎んだり，歓喜したりと，深い感情の起伏が内的世界を分節化することになり，驚くほど深く自己を変容させることになる。
　ここでも第5章で述べた欲望模倣の原理が有効である。性愛の体験では，特定の相手の選択（他者の排除），相手からの選択（他者からの排除）があり，あるいは他者の思いに応ずることのできない自分を見つめることがあり，さらには親しい友人を裏切るような事態が生じることがある。とりわけ恋愛における三角関係は，人生のモデルとなる他者の欲望を模倣する「欲望模倣」を生きる今日の人間にとって避けがたい事態のひとつである。私たちは人生のモデルとなる他者の欲望を模倣するがゆえに，モデルが欲望する異性を自らの恋愛対象にしてしまい，そのモデルとのライバル心をかきたてられ，果てのない羨望と嫉妬に苦しめられることになる。欲望模倣のモデルとなるもっとも尊敬していたり，信頼していたりしている友人や先輩の愛する人こ

そ，欲望模倣ゆえに自分にとってもっとも魅力的で価値ある人となるのである[3]。『白痴』(1868‐69年)といったドストエフスキーの作品群から（またドストエフスキーである），近いところでは村上春樹の『ノルウェイの森』(1987年）まで，欲望模倣による男女の三角関係を描いた作品は数多いが，夏目漱石もまたその作品のなかで繰り返し三角関係を描いている。なかでも『こころ』(1914年）は，性愛がほとんど不可避的に引き起こしてしまいながら，しかしそれでも有責性を否定することのできない人間の罪を，深く描いた秀作のひとつである。

「君，恋は罪悪ですよ。解っていますか」という「先生」の言葉の意味を，若い「私」には，理解することができない。この助言は「先生」が遭遇した取り返しのつかない過去の出来事から来る言葉である。「私」が「先生」として慕い敬愛し人生のモデルと見なすこの「先生」こそ，同居していたモデルとしての親友Kの欲望を模倣し，親友Kが「先生」に「僕は彼女（下宿の娘の静）が好きだ」と告白されたそのあとで，親友Kを出し抜いてその彼女（静）の母親に結婚を申し入れた人物である。そして親友Kはそのあとに自死してしまう。自死の本当の理由はわからないが，「先生」の言葉はこの出来事に由来していることはまちがいない[4]。性愛は，他者とのかかわりにおいて，心に襞を作り暗い影を生みだす。思春期の子どもや青年は，好もうと好むまいと，こうした事態に直面することになる。

4．エロティシズムと禁止の侵犯

しかし，性愛の体験はこのような三角関係を生みだそうと生みだすまいと関係なく，それ自体が悪なのである。それというのも，性愛の体験は合理的な思考を失効させ，理性的な判断力を攪乱(かくらん)する。さらに性の体験は大きな享楽をもたらすだけでなく，強度の陶酔感や脱自の体験をもたらし，自己と世界との境界線を溶かし，相手との心身の融合をもたらす。この世界との連続性の体験は，自我の孤立性を否定することであり，原理的にいえば死の体験

なのである。

　ふたたびバタイユの言葉を聞こう。バタイユは，エロティシズムについて，「エロティシズムとは，死におけるまで生を称えること」と述べている[5]。人間の性を特徴づけるエロティシズムは，たんに動物的な次元における性活動の延長上に位置するものではなない。エロティシズムは，人間的恥じらいをへること，つまり動物的次元の性活動が否定され，動物であることから人間へと移行したことによって可能となった死の体験である。この否定は禁止として現れる。つまり動物的性活動が禁止され制限されるところに，エロティシズムが現れる。

　　禁止の制裁があれほど強力に，そしていたるところで幅をきかすようになったのは，この制裁が，何よりも生殖行為への衝動のような克服しがたい衝動に対置されていたからではなかったか。逆にまた，禁止の対象は，禁止されているという事実それ自体によって渇望の的になったのではなかったか。少なくとも最初はそうだったのでなかったか。禁止が性的な本性を持っていたから，禁止は，禁止の対象の性的な価値を強調するようになったのだと思われる。いやむしろ，禁止は禁止している対象に・エ・ロ・テ・ィ・ッ・ク・な価値を与えたということなのだ。そしてまさにこのことによって，人間と動物のあいだの相違は生じているのである。[6]

　近親相姦の禁止といった禁止が性の次元に成立していることが，人間と動物とを画する重要なポイントになるが，この禁止事項の存在が，反対に禁止された事項の魅力を高める。そして禁止の侵犯が，動物にはない新たな性の次元，エロティシズムの次元を開くことになる。これが性愛の体験が悪の体験である理由である。

5. 動物殺害とイノセンスの喪失

　第6章でも述べたように，古代より，動物は人間にとって自分の存在の意味を明らかにする手がかりだった。子どももまた動物と出会うことによって，人間と動物との境界線を認識するようになる。しかし，動物は人間の鏡以上の存在である。動物性は，一方で忌避すべきものであると同時に，心を惹きつけてやまない魅力に満ちたものでもある。動物性がもたらす戦慄や驚異や畏れは，日常的な世界を超えた驚嘆を生みだす。自ら巨大なザリガニを背負う子どもは，野生の存在と出会うことによって，自分と動物との境界線を超えでて，あたかも動物のように世界との連続的な瞬間を生きることができる。子どもは，イヌに会えばイヌとなり，蝶を追いかければ蝶となる。そのとき世界に溶けるミメーシスの体験によって，躍動する生命に十全に触れることができるのである。

　言葉をもたない動物との交流は，言葉（メディア）によって作りだされる自己と世界との距離を破壊する。動物は人間のように言葉をもっていないので，より直接的に子どもの生を，人間世界の外の生命世界へと開くのだ。ここでは，動物とは，子どもに有用な経験をもたらす「他者」としてだけではなく，有用性の世界を破壊して社会的生を超える導き手としての「他者」でもある。

　「何の役に立つのか」は，私たちの日常生活のもっとも基本的な関心の在り方のひとつだ。しかし，この「何の役に立つのか」という有用性への関心は，前に述べたように，世界を目的-手段関係に分節化して限定してしまい，生命を対象として「モノ」と見なし，生き生きとした世界全体にかかわることから遠ざかることになる。それにたいして動物は言葉をもたず無為であるがゆえに，動物とのかかわりは有用性の関心を超えて世界そのものと出会うことを可能にしてくれる。子どもにとって動物との出会いが大きな意味をもつのはこのようなときだ。映画『スタンド・バイ・ミー』のなかで，キャン

プ地で見張りに立っていたゴーディが，明け方に鹿と出会う美しい場面はその映像のみずみずしさもあってとても印象深い。その場面を小説『死体』から引いておこう。

> わたしが見ているものは，ある種の天からの贈り物，おそろしいほど無造作に与えられた・な・に・か・だった。／わたしと鹿は長いこと，じっとみつめあっていた……長い時間だったと思う。(中略) 雌鹿のことをみんなに話そうと喉まで出かかったが，結局，わたしは話さなかった。あれはわたしひとりの胸におさめておくべきことなのだ。(中略) とはいえ，雌鹿との出会いは，わたしにとってあのときの小旅行での最高の部分であり，いちばんすがすがしい部分なのだ。ふと気づくと，人生のトラブルに出会ったとき，ほとんどなすすべもなく，あのひとときに帰っている。[7]

キングは，この箇所につづけて，なぜ自分はこの鹿との出会いを友人に話さなかったのか，そしてこうした体験を言葉にしてしまうと損なわれるのはなぜなのか，といった人間と生命とにかかわる重要なテーマについて語っている。本当にかけがえのない体験とは，このように自分だけの秘密として抱きつづけ，そして人生のなかで何度も立ちもどるようなものなのだろう。

しかし，子どもと動物との出会いは，このような美しい出会いだけにおさまらない。その意味で，子どもと動物とのかかわりを描いた作品で，動物の殺害を幼年期の終わりを示すものとして描いたものが少なくないのは興味深いことである。例えば，アメリカの開拓農民家族の生活をリアルに描いた名作，M.K. ローリングズの『子鹿物語』(1938年) では，少年ジョディ (13歳？) が大切に育てていたフラッグという名の子鹿を，家族の生活のために自ら殺害する姿が描かれている。この作品は映画化されたためによく知られている。原作は全編にわたって生と死のテーマが語られたきわめて質の高い優れた作品であり，そのなかで動物殺害がもたらす帰結も描かれている。それという

のも，動物殺害はたんに動物の殺害に留まるものではなく，同時に子どもという生の在り方である内なる動物性の殺害でもあり，イノセントな「子どもの時間」からの切断を意味するからである。子鹿を殺害したあとの最後の場面を引用してみよう。

> 彼（ジョディ）は，なにかの音に一心に耳をすませている自分に気がついた。彼が期待したのは，家のまわりをかけまわったり，彼の寝室のすみのコケの寝床の上で身動きするフラッグの音だった。しかし，もう二度とそのような音をきくことはないのだ。フラッグの死体に母親は土をかけてくれただろうか？　それともハゲタカがきれいにかたづけてしまっただろうか？　フラッグ——彼は，これからさき二度と，男にしても女にしても，自分の子どもでさえ，あの子鹿を愛したようには愛せないだろうと思った。彼は一生さびしいだろう。だが人間はそれを征服して生きていかなければならないのだ。／彼は，うとうととまどろみながら「フラッグ！」とさけんだ。[8]

この殺害は供犠のような聖なる次元を開くこともなく，そして，この少年は成熟するというより，無理矢理に大人へと変身させられる。この動物性からの切断は，喪失として深く彼の人生に影を落とすことになるだろう。『死体』も『子鹿物語』も，両方ともアメリカの少年と鹿とのかかわりを描いたものだった。どちらの少年にとっても，燦めく命との出会いは，自然からの純粋な贈与としかいいようのないものだが，だからこそその無償の贈り物を失ったときの喪失感は大きい。子どもは，序章そして前章でも述べたように，巨大なザリガニを背にしており，動物と同様，生命との連続性に近いところで生きている。よるべない子どもにとって，動物との友愛は大人にとってのそれ以上に重要な意味をもっている。だからこそ動物の殺害は，取り返しのつかないことの経験 - 体験であり，子どもの生に深い変容をもたらし，「子どもの時間」との切断をもたらす臨界点となる[註1]。

§3 悪の体験と教育の限界点

1. 悪の体験を手段とする危険性

　これら以外にも，悪の体験はいろいろとあるだろうが，子どもの生の変容にとって大きな意味をもつと思われる悪の体験をいくつか取りあげてみた。悪の体験は，デリケートな体験であり，深く生命に触れる契機ともなれば，人の道を踏み外し，生命を破壊すること自体に喜びを見いだすようなダークサイドへの入り口ともなりうる[註2]。これまで述べてきたような子どもの悪の体験にたいして，親や教育関係者はどのようにかかわればよいのだろうか。例えば，「人が成長するには悪の体験も不可欠である」といえばよいのだろうか。たしかにこれまでの考察からも，そういえそうである。また，悪から子どもを何が何でも遠ざけねばならない，という硬直した道徳主義的教育観に職業上立ってしまいがちな教師が，子どもが大人へと成長するときには，悪の体験をくぐり抜ける必要があることをあらためて知り，そこから子どもの生全体への視野を広げ，寛容に子どもを受け入れるようになることは，無意味なことではないだろう。

　しかし，それにもかかわらず，悪の体験と教育との関係をこのように命題化してしまうことにたいして，私たちは慎重でなければならない。それというのも，悪の体験を，「教育的意義」といった視点から捉えてしまうと，悪の体験は，あたかも子どもが成長するための手段のように見なされ，そのあげく，子どもの成長のためには悪の体験を周到に用意しなければならないと考え，さらには，悪の体験自体を教材化するといった転倒した教育学的思考に向かう危険性すらあるからである。悪の体験は，多くの場合，事後的な解釈において，その「教育的」な評価が見いだされるものである。あらかじめ悪の体験が子どもを成長させるといった「教育的」なレベルに留まる保証は

どこにもなく，むしろ体験によっては，子どもの生を丸ごとすっぽりと呑み込んでしまうかもしれない。予期できない危険性があるからこそ，その体験は「悪の体験」と呼ばれるのである。

　重要なことは，悪の体験は，その性格上，体験の引き起こす結果をあらかじめ予想することができないため，計画することができないということである。また計画をすることで，その体験自体を損なってしまう可能性があるということである。先にあげた動物を例に取りあげて考えてみよう。学校などで動物を飼うとき，その教育的意義の説明のなかに，動物を飼うことで子どもの同情心や責任感を養うこととならんで，動物の死を体験することで死の準備教育になるという「教育的」な主張がある。たしかに結果として，動物の死が予定した通りに「教育的成果」を運良く子どもにもたらすこともあるだろう（それはどのような成果なのか私にはわからないが……）。しかし，この動物の生命を手段化しようとする構え自体は，死に直面するという悪の体験を作為的なものにしてしまい，その結果，体験そのものの深さを根本的に損なってしまうことにもなる。手段化された動物の生命に触れることは，反転して，子どもにたいして生命の手段化を学習させることになる。動物の死を子どもに体験させるという意図をもって，動物などを飼ってはいけないのだ。それは奇怪な教育学的思考というべきものである。

2．死を受けとめるメディア

　近代以前においては，悪の体験，とりわけ死にかかわる事柄については，さまざまな伝統的な宗教的儀礼や儀式といったメディアが，経験と体験とをかたちづくってきた。もともと近代以前では死は，共同体による意味づけを剥奪された「個人の死」などではなく，共同体や家族は，死にかかわる伝統的な宗教的儀礼や儀式によって意味づけられ，根底的な喪失感から守られてきた。

　例えば，沖縄や奄美では，洗骨といって，改葬のとき子孫の人が先祖の骨

を，洗う慣習があった。それは生と死がなんであるかを，大人だけではなく子どもにも実感させ，自分を超えた時間とのつながりを経験 - 体験させる機会でもあった。小説家島尾敏雄の妻であり，1919 年に生まれ奄美群島の加計呂麻島で幼少期を過ごした島尾ミホは，『海辺の生と死』(1987 年) のなかで，洗骨について次のような感慨を語っている。

> 小川の中に着物の裾をからげてつかり，白くふくよかなふくらはぎをみせてうつむきながら骨を洗っていたひとりの若い娘が，「おばさんが生きていた頃私はまだ小さくてよくおぼえていないけど，ずいぶん背の高い人だったらしいのね」と言いつつ足の骨を自分の脛にあててくらべてみせました。私はそのお骨の人もかつてはこのようにして先祖の骨を洗ったことでしょうと思うと，「ユヤティギティギ (世は次ぎ次ぎ)」という言葉が実感となって胸にひびき，私もまたいつかはこのようにしてこの小川の水で骨を洗って貰うことになるのだと，子供心にもしみじみと思いました。[9]

ここには，私たちにとっては理解のおよびがたいほど濃密な死者との交流の経験 - 体験が生起しているといったよい。そして，「ユヤティギティギ (世は次ぎ次ぎ)」という言葉に表れているような，個人の生の限界にとどまらない生命の連続性と結びついた死生観を継承していることを，うらやましくも思う。しかし，この記述によって，私たちは，過去から伝承された宗教的儀礼や儀式がみな優れたものであったといって美化することはできない。この骨についている腐肉を洗う洗骨にしても，女性にのみ課せられた辛い仕事であったからだ。ただ伝統的な宗教的儀礼や儀式といったメディアが力をもたなくなった時代に，私たちは他者の死ばかりか自己の死と直に向かい合っているという事実を認識することは，重要なことである。伝統的な社会とは，長い年月をかけて，宗教的儀礼や儀式といったさまざまなメディアを構築しそれを守ることによって，悪の体験に呑み込まれないように，構成員の生と

死に明確なかたちを与えて枠づけていた社会のことである。

　しかし，学校教育が伝統的な社会において守られ継承されてきたメディアの代わりを提供できないとすれば，私たちはどのようにすればよいのだろうか。実際のところ悪の体験は，意図せずとも，あるいは反対にどれほど避けようと努力したところで，あちら側からやってくるものでもある。子どもも大人も，人は生きているかぎり悪の体験に触れつづけている。私たちは，悪の体験に触れてしまった子どもにたいして，あるときは，知らぬふりをして遠くから見守り，ときには正面から向かい合って話しあい，またダークサイドに落ち込む瞬間に間髪を入れず叱責したりする。あるいは，芸術作品や文学作品のような，深い体験を生起させる優れたメディアに触れる機会を用意したりする。しかし，この子どもの直面する悪への対応は，対処方法として一般化したりマニュアル化したりできるようなものではない。正しいときに，正しいやり方で，それをなすのは決して易しいことではない。悪の体験が生起するとき，子どもにとって生命に深く触れる危険な瞬間（critical moment ＝臨界）であるが，同時に大人にとってもそうなのである。

　幼児教育における生命に触れる体験は，このような思春期や青年期の「悪の体験」の準備となるのだろうか。おそらくそうはならないだろう。少なくとも悪の体験の「免疫」になるといった意味では，準備とはならないだろう。それでも，子どもは幼児期から優れたメディアとのかかわり方を学ぶことで，そのあとの生（生活・人生・生命）の課題にたいするかかわり方を変えていく，ということはいえるだろう。あるいは，優れたメディアとのかかわりは，悪の体験を生きた言葉へと変えることができる力となるだろう。遊びの表出者は，生命を発現する優れた芸術作品との出会いによって，暴力や差別によって他者を犠牲にすることなく，芸術的表現という通路によって悪の体験を深めていくことができるだろう。また詩的言語に触れたものは，自ら書き手となって逃れることのできない悪の体験に言葉を与えることができるかもしれない。そして，その生きた言葉を支えにして，さらに反省的言語に変換し，この体験を論理の力によって捉え直すこともできるようになるかもしれな

い。優れたメディアの体験は，彼ら／彼女らをメディアの受動的な使用者から，メディアの能動的な創造者へと変えていくだろう。私たちは，このような生命に触れる深い体験を生みだす優れたメディアの力を，第2部ですでに見てきた。

3．スタンド・バイ・ミーの力

さて私たちは，映画『スタンド・バイ・ミー』の謎から出発した。ふたたびこの映画にもどることでこの章を終えることにしよう。そもそもなぜ子どもたちは，死体を発見しようなどという奇妙な旅に出ることになったのか，そしてなぜその旅で，二人の少年はそのあとの生き方を変えるほどに深く変容したのか。理由は，これまでの考察から推測されるように，その旅が死に触れようとする悪の体験だったからである。

かつてのイニシエーション（通過儀礼）は，子どもに悪の体験を与える出来事であった。イニシエーションにおいて，子どもは家族から引き離され，象徴的な死の体験をへることによって変容し，そして生まれ変わった大人として共同体へともどっていった。死体を探すというこの旅の構造は，それ自体この古代からのイニシエーションの体験の構造と変わらないものである。この行ってもどるというシンプルな生の構造は，遊びの構造，あるいは絵本の構造と同型である（本書89頁参照）。

しかし，それにしても，この四人の少年たちのうち，肝心の場面でとどまることができず逃げてしまった二人の少年（テディとバーン）は，いったいどうなったのだろうか。彼らは，乾坤一擲の肝心のときに生を賭する勇気をもつことができず，最後までこの旅の課題を遂行することができなかった。同じ行程を旅しても，そこで何を体験し何を経験するのかは，それ以前の人生への構えが作用するとともに，いつも偶然の力が作用する。二人の少年はその意味で勇気をもてなかっただけでなく，運にも見放されていた。このように考えていくと，この映画には，旅の課題を最後まで遂行できなかったも

うひとりの少年がいたことに思いいたるのである。それはあの列車に不運にもはねられて死んでしまった少年（ゴーディと同年）である。彼もまた家を遠く離れ，夜の線路を「死体」を求めるためにひとりで歩いていたのではなかったか。彼はブルーベリーを摘みに森に出かけて道に迷ったことになっているが，彼もまた四人の少年たちと同じように，親には秘密に「死体」を探しに森に入ったとどうしていえないだろうか。映画からは伺えないが，原作はこの解釈の可能性を支持してくれるだろう。しかし，この少年は無念なことに旅からもどることはできなかった。悪を十分に体験しこの世界にもどることは，簡単なことではない。

　ゴーディとクリスには，さまざまな幸運が味方したが，この困難な旅を最後まで耐えることができたのは，いつも傍らに真の友人がいたことだ。子どもにとって「遊びの共同体」の力がとても大きいことは，すでに第5章で見た通りである。とくに悪の体験の現場においてはそうだ。『スタンド・バイ・ミー』とは，そのかけがえのない友情の力を表すタイトルでもある。

　本書は，巨大なザリガニを背負った幼児の絵から，生命論的転回に向けた思考が開始された。それは習慣化してしまった発達的観点から捉える子どもの見方を，一度まるごと括弧に入れてしまうためであり，子どもという生の在り方を，最初から考え直すための大事な出発点であった。そして，生成変容する思考の森を探索するなかで，私たちはさまざまな子どもたちと出会ってきた。そしてここにいたって，死体を求める旅に出た一人前の子どもたちに，出会ったわけである。

　「幼児理解の現象学」のタイトルの下で，探究された子どもの姿は，従来の幼児教育学や発達心理学のテクストのなかで語られてきた，大人へと回収される経験‐発達の次元に閉じられた物語とは，遥かにかけ離れた姿となった。私たちが描いてきた子どもの姿は，むしろ過剰な生命というべきザリガニを背負った幼児の絵に沿ったものといえるだろう。近代の遠近法によって合理的数学的に秩序づけられた風景画が，私たちの生きられた風景の姿とは

異なるように，知の遠近法ともいうべき科学的観察や実験によって客観的に捉えられた子どもの姿は，私たちの眼前で遊ぶ子どもの生の躍動からは遥かに遠い。「深い記述」ならぬ「深い描写」ともいうべき手法で描かれた，ザリガニを背負った幼児の絵は，子どもという生の在り方を正確に捉えているように思われる。しかし，この子どもの生の考察が，どのような幼児教育学の思想とつながるのか。

【註】

註1　H. メルヴィルの『白鯨』(1851年)，E.M. ヘミングウェーの『老人と海』(1952年)，あるいは少年が主人公の作品に目を向けるならW.H. フォークナーの『熊』(1942年)といったように，アメリカ文学のなかには，動物との闘争とその殺害をテーマにした優れた作品が，数多く存在する。狩猟の文化は，アメリカの自然と歴史，それにつながるアメリカ人のアイデンティティ形成の在り方と，強く結びついているように思える。
　　ところで，この『熊』という作品は，フォークナー自身の経験をもとに書かれたものだといわれている。この小説は，猟師を翻弄する頭のよさと体軀の大きさで伝説的存在ともなった大熊を捕らえようとする狩猟家の集団への参加を通して，ひとりの少年が，狩りを学ぶだけでなく，一人前の大人になっていく姿を描いたものだ。そこに少年の狩りの先生として，アメリカ先住民の男が登場する。彼は少年に狩りの仕方だけでなく，動物たちとのかかわり方や，なにより森の正しい歩き方を教えてくれる。少年ははじめは彼の導きを通して森の歩き方を学び，やがて森のすみずみまで知るようになり，ひとりで歩けるようになり，そして最後には自身が子どもの導き手となる。この小説に，『白鯨』や『老人と海』などを重ねていくと，狩りを描いた作品が単純に狩猟を描いたものなどではなく，むしろ人間が偉大なもの・畏怖すべきもの・聖なるものをどこまでも追い求めることの比喩と見ることもできるだろう。私たちにとって重要なのは，この導き手としての先住民の存在なしには，彼は一人前の狩人になることはできなかったという事実である。私たちは，偉大なもの・畏怖すべきもの・聖なるものを求めるために，誰かから森の歩き方を学ばなければならないだけでなく，自分で歩き方に工夫を加え，いつか誰かに伝えていく存在とならねばならないことを，この小説は教えてくれる。とてもシンプルだが深い真理だ。

註2　先に「生命を破壊すること自体に喜びを見いだすようなダークサイドへの入り口」と書いたが，このダークサイドへと向かう生命破壊と，生成を生みだす「供犠」と，どこが異なるのかはそれほど自明ではない。むしろ何者かの手段とならない目的そのものであるような行為が，聖なる次元を開くとするなら，社会の有用性を原理とする道徳とは異なり，生命の倫理は道徳的な善悪の彼岸に立っているのだから，生命破壊を自己目的とする行為を否定する原理はないことになる。この問題については拙著『贈与と交換の教育学』(2008年)を参照。

第 4 部

生命の幼児教育

第1部では，西田幾多郎の行為的直観の原理に基づく人間存在論を考察し，それを手がかりに［技術‐身体‐道具］のメディア身体論の概念へと組みかえ，このメディア身体がどのように人間の経験と体験とを生起させるのか，その機構について考察した。
　そして第2部では，西田を手がかりに構成した人間存在論‐メディア身体論‐学習理論を基にして，鉄棒運動や物語，絵本や芸術作品などを取りあげて，身体運動や言葉活動そして遊びや表現活動といったメディアを介した活動が，どのような生命に深く触れる体験を，そして社会的有能性を形成する経験をもたらすのか，またどのようにしてもたらすのかについて，具体的に明らかにした。さらに，子どもが既存のメディアにおいてどのように新たな世界を経験‐体験するかだけでなく，子ども自身が子ども集団を通して自分たちのメディアをどのように創造するかを明らかにした。それは同時に，子どもの自己と世界とを開く5領域における経験‐体験の具体的事象の探究から，「幼児理解」という主題を論じ直すことでもあった。
　さらに第3部では，幼年期にとどまらず思春期・青年期にまで拡張し，子どもの生（生活・人生・生命）に焦点を当てることで，子ども（期）という生の在り方が他の年齢段階と比較してどのようなものなのか，また子どもにとって生命に触れるという体験がどのようなものかを，具体的な体験の事象を手がかりに明らかにした。それはまた同時に，子どもという生の在り方の探究から，「幼児理解」の文脈自体の変更を促し，子どもについての語りを歴史的に相対化することで，「幼児理解」という主題をメタ論的に論じ直すことでもあった。そして，これまでの考察はすべて，これから述べる幼児教育の原理を論じるための不可欠なステップだったといえる。
　最初にも述べたように，発達をもたらす経験を中心とした従来の生活主義教育の概念にたいして，本書では，生成を生起させる体験という語りえぬ次元を組み入れることで，生（生活・人生・生命）概念を生命論的な奥行きをもったものとしてデザインし直し，生命論的転回に立った幼児教育学を立ちあげようと試みた。子どもの生は，歴史的社会的に形成されているだけでなく，

いつも比類ない輝きをもった生命の次元において侵犯されてもいるのだ。そのとき，子どもはかけがえのない幸福感に包まれている。あるいは，「在ることの不思議」を生きている。遊びをはじめとするさまざまなメディアが，子どもが生命の次元のもつ奥行きを「より深く」体験することを実現してきたのである。

　このような生命論的転回の立場から，第4部では，できるだけ太い線でもって幼児教育学の全景を描きだしてみる。そして，これまでの章で詳しく論じてきた主題群が，幼児教育学においてもつ位置と，それぞれの主題が相互にどのような関係にあるかを明らかにする。そのためこれまでに論じてきた主題があらためて登場することになる。

第9章

メディアが開く生命の幼児教育

　深い生命の体験を通して，この世界にあることに不思議を感じること，比類のない新鮮な歓喜を覚えること，健やかな心からの笑いを発すること，……人間の有用な能力の発達を，直接にもたらすわけではないが，これらのことは，幼児の生にとって水や空気のように生存にかかわる事柄である。それを生起させるのは，子どもと世界とをつなぐさまざまなメディアの力である。メディアと結びつけた生成と発達の考察は，幼児教育学にどのような生命論への思考転回をもたらすのだろうか。これまでの考察を基にして，メディアが開く生命の幼児教育について探究していくことにしよう。

§1　遊ぶ子どもの力

1．発達のための遊び？

　幼児教育は学校教育といったいどこがちがうのだろうか。幼児教育の独自性は，いったいどこにあるのだろうか。このことについては，これまでにも多くの論者たちが論じてきた。その意味では，このテーマは決して新しいテーマではない。しかし，少子化が進み，子どもの生（生活・人生・生命）が，これまで以上に大人の強いまなざしによって囲われはじめているなかで，幼

小連携の名のもとで，幼児教育が学校教育に回収されてしまわないためにも，幼児教育の特質が何であるのかを，明らかにする必要がある。そのため，本書でのこれまでの考察を整理しつつ，遊びや遊具や絵本や動物といった身近なメディアを取りあげて，このテーマについて考えることにしたい。まず幼児教育において重視され学校教育にないものとして，遊びを取りあげることにしよう。本書でも，これまで何度か遊びについて述べてきたが，ここでは幼児教育に焦点化して考察することにしよう。

「幼稚園教育要領」でも，幼児における遊びの重要性は明記されており，また従来の幼児教育学のテクストでも，多くの人たちが繰り返し幼児期における遊びの大切さについて述べている。いまさら遊びの大切さについて，新たに何をつけくわえることがあるのだろうかと思うだろう。しかし，あらためて子どもにとって本当に遊びは大切なのだろうかと問われるとどうだろうか。なぜ遊びは大切なのだろうか。この問いを前にしたとき，保育者の頭にすぐに浮かぶイメージは，あの高音の歓喜の笑い声や，楽しそうに飽きることなく繰り返し遊ぶ子どもたちの姿ではないだろうか。その姿を思い浮かべつつ，保育者はこの問いにたいして，「なぜ子どもに遊びが大切かというと，つまり遊びは子どもの発達にとって不可欠だからです」というように答えるのが，オーソドックスな答え方だろう。「幼稚園教育要領」の「幼稚園教育の基本」に書かれてある，「幼児の自発的な活動としての遊びは，心身の調和のとれた発達の基礎を培う重要な学習である」といった理解も，同様のものである。

その通りである。子どもは，遊びを通して，実にさまざまな能力を発達させる。どの保育者も，保育原理の授業でえた知識としてだけではなく，保育の経験を通してこのことの意味をよく知っている。走ることやジャンプすること，またボールを投げることや蹴ることのように，四肢や眼などとの身体全体の協応的関係を形成することから，クレヨンやハサミを使っての手先の細かな使い方まで，遊びを通して，子どもは身体の使い方（身体の道具的使用）を学ぶことができる。また言葉の適切な使い方や，仲間と共通の目的を見つ

け協力するコミュニケーションの仕方,さまざまな社会的あるいは科学的な認識の仕方と,子どもは短い期間に,メディアとしてのかたちをもった遊びを通して,実に多くの事柄ができるようになっていく。

しかし,この遊びの捉え方は,遊びを本当には大切にしない遊び観ではないだろうか。私にはこの答えより,遊びが問われたときに,まず最初に頭に浮かぶ子どもたちの楽しそうな姿のイメージの方が大切なことのように思われる。子どもは楽しいから遊ぶ,遊びたいから遊ぶ,だから遊びは大切だといってみよう。このようにいうと,なるほどそうだ,子どもは遊びによって情緒の安定をえているのだからと考えるかもしれない。しかし,この納得の仕方も,最初の答えである「遊びは発達にとって大切だから」という納得の仕方と,実のところかわりはしない。この新たな納得の仕方も,遊びそれ自身は二次的な意味しかもつことができず,最初の答えと同様,遊びを子どもの発達の手段と見なしているのである。

もとより子どもは発達するために遊んでいるのではないし,ましてや情緒の安定をえるために遊んでいるのでもない。ただ子どもは遊びたいから遊んでいるのだ。それが結果として発達を促すことになるかもしれないし,情緒の安定をえることもあるかもしれないだけだ。しかし,それは結果として偶然にえられることであって,遊ぶときに子ども自身に目的とされることではない。

この遊びの見方のちがいは,決して小さいものではない。もし遊びが子どもの発達を促すから重要であると考えるのなら,遊び以上により効率よく子どもの発達を促す方法があれば,遊びは幼児教育になくてもかまわないという結論となるだろう。例えば,この遊びの見方にしたがえば,より組織だったルールをもち,体系だった発達を促すスポーツやゲームが,遊びに取ってかわることが可能となる。あるいは,偶然の遊びに任せず,遊びの要素を取り入れた組織だった練習や訓練によって,さまざまな認識能力や身体能力や社会的コミュニケーション能力を高めることも可能だ。事実こうした実践を中心に保育をしている幼稚園・保育所も数多い。「発達のための遊び」とい

う原理だけでは、学校教育にたいして、遊びが子どもに不可欠であることを弁護することはできないのだ。もしそうだとするなら、幼小連携はとりもなおさず幼稚園が学校化していくということになるだろう。

2. 目的そのものとしての遊び

　私たちの日常の行為の多くは、何か目的を実現しようとするものだ。だからその目的実現にとって、目的を実現するまでの行為は手段となる。このことは仕事を例にとるのがいちばんわかりやすいだろう。仕事には仕事の目的があり、仕事のプロセスはその目的を実現するための手段である。計画を立て、計画に必要な材料や道具をそろえ、予期せず生じるさまざまな障害を克服し、目的を実現していく。さらに仕事は目的を実現するにとどまらず、仕事をした人にとってそのプロセスは経験となり、次の仕事に役立つ能力となる。発達はこの有用な経験の蓄積によって実現されていくのである。

　ところが遊びには、遊ぶこと以外にはどのような外部の目的もない。つまり遊ぶことそのことが目的であり喜びなのだ。だから、行為がそれ自体のためになされるときには、行為の遂行のプロセス自体が面白くて、何でも遊びになってしまう。罰として与えられた庭掃除でさえ、葉っぱをみんなで競って集め始めれば掃除ゲームとなり、それ自体が楽しい遊びとなる。このことは、遊びの研究書には必ず書かれていることだ。しかし、保育者や教育学者や心理学者の頭のなかには、発達や教育の方が遊びそのものより大切だという大前提があるので、遊びをそのための手段として捉えてしまうのである。

　保育者も心理学者も教育学者も、遊びには遊びを超えた目的がないという遊びの本質を、もっと真剣に受けとめるべきだ。近代の人間観は、労働する人間を人間の基本的モデルとして捉えているため、遊びは日常の生活を彩るだけの労働の補完物のように考えられているが、遊びは普段の有用性を求める生活とは別の原理を示している。何かのためにするのではない遊び！　有用な生産活動とは無縁の遊び！　むしろ、その有用で生産的な活動を侵犯し

破壊するのが遊びの本質なのだ。もっと有効に有用なことのために使えたかもしれないエネルギーや時間や財を，惜しげもなく役に立たないことに蕩尽(とうじん)することが遊びの醍醐味なのだ。

　その瞬間，子どもは世界のうちに深く溶け込み世界と一体化する。遊びにおいては，もはや主体としての子どもが遊んでいるのではなく，子どもは遊びという名の自己組織的な運動のひとつの項にすぎない。遊び自体が主人公となり，遊び手である個々の子どものコントロールを超えて，遊びが自律的に進行していく。遊びのなかで新たな遊びがつぎつぎと生まれていく。新たなルールが，遊びによって，遊びを通して，創造されていくのである。このなかで，子どもは遊んでいることを意識しないまま，それでも現実と遊びとを混乱させることなく，自在に世界のうちに生きることになる。子どもは，泥で作った団子をあたかも本当の団子のように食べるふりをするが，実際に口のなかに入れたりしない。それでも，それは泥の塊ではなく，おいしそうな団子なのだ。団子だけど団子ではない。団子ではないが団子である。「AだけどAではない」，「AではないがAである」，この論理学上のパラドックスを遊びはやすやすと乗り超えていく。

　あるいは，子どもはよく積み木遊びをするが，そのとき，せっかく苦労して高く積みあげた積み木の塔を，惜しげもなく破壊することがある。保育者や親たちは，積み木をつむ行為は，仕事のような生産性を感じさせるので肯定的に評価するが，積みあがった積み木の塔を壊してしまうことには暴力性を感じ否定的である。しかし，この惜しげもなく破壊する否定の力に遊びのダイナミックスがある。そもそも遊びは，仕事のもつ有用性や生産性を否定するものであり，有用性の世界を破壊し突破するものだ。したがって，作りだしたものを惜しみなく壊すことは，遊びの原理にかなっていることでもある。こうして遊びにおいて，子どもは秩序だった形態を作りだし表現することの楽しさとともに，それを一瞬のうちに消し去り無にすることのこの上ない喜びを体験するのである。

　子どもは，遊びの世界の住人だといえるだろう。この遊びの世界の住人に，

有用な仕事を教えることが教育の目的だと考えられてきたことには十分な理由がある。本書でも繰り返し述べきたように，なにより子どもは大人にならねばならず，一人前の大人とは仕事をする人でなければならないのだから。ところで仕事は物や人を目的達成のための手段とするところから，物や人と目的達成のために役に立てるという一点でかかわることを要請する。そのために仕事では，物や人との全体的なかかわりを実現することができない。

　しかし，不思議なことに遊びでは，有用性の世界を破壊することで，物や人との全体的なかかわりを取りもどすことができる。子どもは仕事を学ぶとともに，遊ぶことが不可欠であり，より深く遊びの体験が深められる必要がある。生きている喜びの源泉は，この深い体験にある。そして，この体験を生きることで，子どもは世界にたいする根源的な信頼感や安心感をもつことができる。このとおりだとするならば，発達はこの体験を苗床にしているのだといってもよいだろう。

　ここに出てくる有用な生産活動の破壊から生まれる喜びの体験は，遊び以外にも見ることができる。すでに見てきたように，物語を聞くことや絵本を読むことのなかにも，同様の体験を見ることができる。また動物との出会いのなかにも，一切の見返りを求めない贈与（純粋贈与）のなかにも，同様の有用な交換の環の破壊から生まれる喜びの体験を見ることができる。もちろん子どもは発達しなければならない。子どもの遊びをただ見て愛でているだけでは幼児教育にはならない。ここでも私たちは，一方で人間になることと，もう一方で生命とつながりをもち深めることの二重の課題に直面する。これは本書の最初から繰り返してきた中心テーマである。しかも，この教育の二重性の理解はいまにはじまったことではない。幼稚園が誕生したときからそうだ。幼稚園の創始者フレーベルの教育思想は，この二重の課題の統一をめざしていたということができる。いまフレーベルの著作が読まれることはあまりないが，彼の思想は生命論的転回による幼児教育の革新を考える上でとても優れたところをもっている。節をあらためて，フレーベルの思想を手がかりに，教育のこの二重の課題について考えてみよう。

§2　生命のフレーベルとメディアの思想

1．溶解体験としての生の合一

　すでに本書においても何回か登場したが，フレーベルの名前は幼稚園の創始者としてよく知られている。しかし，フレーベルの著作はロマン主義思想に特有の難しい用語で語られており，そう読みやすいものではない。フレーベルの思想上の主著とされている『人間の教育』（1826 年）の冒頭の箇所から引いてみよう。

　　　すべてのものの使命および職分は，そのものの本質，したがってそのもののなかにある神的なもの，ひいては神的なものそれ自体を，発展させながら，表現すること，神を，外なるものにおいて，過ぎゆくものを通して，告げ，顕わすことである。認識する存在，理性を持つ存在としての人間の特殊な使命，特殊な職分は，人間の本質を，人間のなかにある神的なものを，したがって神を，さらに人間の使命や職分そのものを，充分に意識し，生き生きと認識し，明確に洞察すること，さらにそれを，自己の決定と自由とをもって，自己の生命のなかで，実現し，活動させ，顕現することである。
　　　意識し，思惟し，認識する存在としての人間を刺戟し，指導して，その内的な法則を，その神的なものを，意識的に，また自己の決定をもって，純粋かつ完全に表現させるようにすること，およびそのための方法や手段を提示すること，これが，人間の教育である。[1]

　抽象的で難解な表現だが，語られていることは，保育や幼児教育が日々実現していることである。ここで「神的なもの」と呼ばれているのは，生き生

きと自己創造する自然＝生命のことだ。その自然＝生命は，植物や動物そして人間といったさまざまのかたちをとって世界に表現される。そのなかで，ただ人間だけが，この自然＝生命を発展させ表現するという使命を，認識することができる。だから，人間は内部のうちに生きつづけている自然＝生命を，自覚的に発展させて表現することができるのである。人間の教育とは，子どものうちにも働いているこの自然＝生命を，子ども自身がより豊かに発展させ表現するように手助けすることである。

　フレーベルの教育思想には，子どもの成長のみならず，それを人類の成長とさらには生命の発展とに結びつけて捉えようとする深い生命観がある。それはモンテッソーリやシュタイナーらの教育思想とも共通している生命観である。この三者に共通しているのは，生命論的な神秘主義的思想に基づく宇宙進化についての確信である。このフレーベルの自然観＝生命観は，彼の中心思想を表す「生の合一」という言葉に集約されている。「生の合一」についての彼の説明は，煩雑な理論でなされているため，理解するのがやっかいなのだが，「生の合一」とは，結局のところ，世界と自分との境界線が溶けてしまい，我を忘れて世界と一体となっているような体験を意味する。少し乱暴な整理をすると，「生の合一」というのは，これまで本書で何度も述べたきた溶解の体験として捉えることができる。私たちが，作田啓一の言葉をかりて，「溶解体験」と呼んできたものである。その意味でいえば，本章の第1節で述べた遊びも「生の合一」であり溶解体験のひとつなのである。

　フレーベルは，「生の合一」をもたらすために，さまざまな遊び方を工夫した。またさまざまな遊具（メディア）を自分で考案したりもした。折り紙も積み木もフレーベル考案の代表的な遊具のひとつである。このフレーベル考案の遊具は，日本では「恩物」と呼ばれている。普段聞き慣れない言葉だがGabeというドイツ語の訳語で「贈り物」という意味である。フレーベルは，この遊具の使用法について，子どもの自由な使用を認めず，厳密な使用規則を定めていた。だからフレーベルの恩物は，「遊具」という言葉で連想するものではなく，むしろ「教具」といった方がよいかもしれない。

2．メタファーの思考法と生命を開くメディア

　フレーベルの生みだした幼児教育のシステムは，母国のドイツ（プロシア）では政府によって禁止されたが，そのために英米を中心に世界中に広がった。しかし，後に遊具の形式主義的な運用について，強い批判がなされるようになった。日本では，倉橋惣三がフレーベル主義の形式主義的な教育を批判して，恩物をバラバラにして積み木として子どもの自由な遊びにゆだねたことは，よく知られている。
　なぜフレーベルは恩物の遊び方を細かく決めていたのだろうか。それは子どもが恩物によって，自然＝生命の法則と類似したパターンの形状を作りだすことで，自然＝生命の法則を体験し，予感することができると考えたからだ。それぞれの恩物の使用法において，恩物によって作りだされる小さな世界と，それに対応する大きな宇宙との関係づけが，ひとつひとつ注意深くなされていた。例えば，第一遊具であるひもで吊された球体を使った遊びでは，子どもはその球体をつかんだりはなしたりすることで，合一と分離と再合一という世界の秩序・宇宙の生成の法則を予感するのだという。このことは，日常の経験に根をもつ解釈であるということはできよう。たしかに，ボールをつかむこと，またそのボールをはなすことは，合一と分離を示しているといえる。
　それにしても，なんと不思議な思想だろうか。どうしてフレーベルはこのように考えたのだろうか。それはフレーベルの「象徴主義」という言葉で理解されてきた。今日では，この思考法は，宗教のようにみえるかもしれない。事実，宗教にはさまざまな象徴が使われており，大きな役割をはたしてきた。例えば，古代より球体は完全な宇宙の象徴と見なされてきた。この象徴という思考法は，今日の科学的な思考法から見れば非合理きわまりないものにみえるかもしれない。しかし，象徴もまた有効なメディアのひとつなのである。私たちは，本書においてどれほどメディアが経験と体験を開いているかを見

てきた（ボールの例でいえば序章を参照）。第1章で述べたように，身体は人間が世界と出会い，世界の深部にダイブするメディア（通路）であるとともに，世界が世界として出現するためのメディアである。世界は身体を通して，その真実の姿を現すのだ。身体は人間が世界と出会う通路であるとともに，世界が人間と出会う通路でもある。こう考えるなら，フレーベルの恩物論は，フレーベルが当時のロマン主義哲学の用語群を駆使した説明原理とは別に，［自己‐メディア（技術‐身体‐道具）‐世界］の3項図式にしたがって，理解することが十分に可能である。

　科学的思考法が唯一の優れた思考法であるのなら，象徴という思考法への批判は正しいといえるかもしれない。しかし，科学は世界を理解する方法として，唯一の正しい方法ではないし，またいつでもどこでも，もっとも優れた思考法というわけでもない。科学は，世界を因果論的に理解したりコントロールすることでは役に立つが，それは私たちの世界とのかかわり方のひとつをなすものでしかない。私たちは，他者や自然を道具や素材や材料としてではなく，かけがえのない友人や聖なるものとして生きている。たしかに自然＝生命は，目的を実現するための手段となるときもあるが，私たち自身が自然＝生命の一部をなしているから，全体としての自然＝生命とたえず一体となることを必要ともしている。フレーベルの思考法は，他者や自然＝生命との生きたつながりを作るメディアの思考として，いまなお優れているのだ。

　私たちは，自然＝生命とどのようにかかわっていくのか，そのかかわり方を幼児のときにどのように培っていくのか，このように考えてみると，埃をかぶり古びてみえるフレーベルの思想は俄然(がぜん)輝きをましてくる。この思想には，自然＝生命を日々ダイナミックに創造的進化をつづける生きたネットワークと捉える，エコロジカルな思考が宿っている。フレーベルの思考の特徴は，パターン（かたち）とパターン（かたち）との間をつなぐ共通するパターン（かたち）を見つけて，世界を類似したパターン（かたち）でつないでいくことだった。そのためにフレーベルの文体には，メタファー（隠喩）が多く用いられ，フレーベルの生きた思想を表現する上で，重要な役目をはたす

ようになっていた。

　メタファーというのは，異なった事物や出来事の間に共通するパターンを発見し，それによってこれまで見いだすことのなかった新しい関係を表現する文学上の技法である。例えば，「人は狼だ」という文はメタファーである。このとき人と狼との間に，恐ろしい野獣的な特性を見いだし，その共通するパターンを通して，両者がつなぎ合わされるのである。このとき，「人は暴力的だ」というより，人のなかにある暴力的な側面が，狼にまつわる残酷なイメージ群によって活性化され，生き生きとして伝わることになる。詩や物語は，無数のメタファーが精妙に組み合わされることによって作られている。

　このメタファーの思考法は，保育所や幼稚園でもなじみの何かに似てはいないだろうか。これは子どもの好きな「なぞなぞ」の思考法と同じ構造なのだ。中川李枝子さく・山脇百合子え『なぞなぞえほん　1のまき』（1988年）から，なぞなぞをひとつ取りあげてみよう。

　　おなかが　へると
　　しぼんで　しょんぼり
　　おなかが　ふくらむと
　　かるくなり
　　うきうき　うかれて　そらのたび[2]

　ここでは，風船の空気が入ったり抜けたりする姿と，人が食事をしておなかがふくれたり減ったりする姿とが，結びあわされている。風船は，まるで生き物のように捉えられている。この表現方法は擬人法と呼ばれたりする。子どもはこの思考法が大好きだが，この思考法が，「子どもの哲学」を世界のすみずみにまで伸びやかに押しひろげていく論理の力となる。大人があたりまえと思いこんでいる世界の区切り方を，子どもの哲学は軽々と越境していく。生きているものと生きていないもの，鉱物・植物・動物と人間，世界のさまざまな事物や出来事の境界線を自在に横断し，メタファーの思考法は

思いもつかなかった視点から，思いもつかなかったもの同士を結びあわせ，世界の新たなつながりを作りだしていく（発見していく）のである。子どもの遊びが，このメタファーの思考法によって動かされているのはいうまでもない。それを可能にしているのは，世界がツリー構造ではなく，セミ・ラティスの構造をもっているからである（本書17頁参照）。しかも，どこまでもメディアを介して無限に開かれる自己と世界によって，このセミ・ラティスの在り方自体も，無限にその姿を生成変容していくのである。

　無関係にみえる事物（もの）や出来事（こと）の間に，共通するパターン（かたち）を見いだす（厳密には「創造する」）ことで結びあわせる思考法は，とても高度なものだ。この「なぞなぞ」思考法は，詩を生みだすだけでなく，高度な哲学へと展開していく。有名なスフィンクスのなぞなぞもそうだが，J.R.R. トールキンの名作ファンタジー『指輪物語』（1954-55年）の発端となった『ホビットの冒険』（1937年）のなかで，指輪の所持者のゴクリがホビット族のビルボに出したなぞなぞはそのひとつである。

　　どんなものでも　食べつくす，
　　鳥も，獣も，木も草も。
　　鉄も，巌（いわお）も，かみくだき，
　　勇士を殺し，町をほろぼし，
　　高い山さえ，ちりとなす。[3]

　答えはもちろん「時間」だ。ビルボはゴクリから魔法の指輪を奪い，これが後の大きな物語へとつづくことになる。時間という手で触れることも目で見ることもできないものは，時計の発明（時間を可視化＝空間化するメディアの発明）によって，人間の支配下におさまったようにみえる。いまでは原子時計を使えば，1000億分の1秒まで正確に時を計ることができるようになっている。しかし，どれほど精度をあげて時間を正確に計測することができても，時間は人間のコントロールのおよばないものだ。そして，時間の力は，

このなぞなぞによって直感的に理解されているように，すべてを食べつくし呑みつくしてしまうところにある。どのように抵抗しようとも，私たちもまた日々，年をとり，最後には時間に食べつくされ呑みつくされるのだ。

3．「子どもは植物である」というメディア

　ふたたびフレーベルにもどるなら，フレーベルは「子どもは植物だ」という。子どもを植物に喩え，保育者はその植物を育てる園丁（庭師）に喩える。そうすることで保育を植物の栽培に喩える。そして子どもが育つ空間を「子どもの庭（幼稚園）」と名づける。このような文章は修辞上のたんなる喩えにとどまらない。植物と同様に，内発的に発芽し花を咲かせる力を，子どものなかに見てとる教育思想の表明だった。そして，内発する力を育て守るものとして保育者を捉える教育思想の表明だった。この教育思想は，外から働きかけて保育者の思いにかなったように人間を作りだそうとする，それまでの教育思想の対極にあるものだった。

　この保育を栽培に喩える保育の思想は，反対に栽培や園芸の智恵を保育の智恵に変えてしまう。例えば，子イヌの愛らしい姿を描いた『ダーシェンカ』（1933年）の作者にしてチェコの国民的作家，K. チャペックが園芸家の楽しみを描いた『園芸家12カ月』（1929年）と，フレーベルの教育思想のテクストとは，不思議な共鳴現象を引き起こす。園芸家とは何者であるかを語った最後の箇所を引用しよう。

　　われわれ園芸家は未来に生きているのだ。バラが咲くと，来年はもっときれいに咲くだろうと考える。一〇年たったら，この小さな唐檜が一本の木になるだろう，と。早くこの一〇年がたってくれたら！　五〇年後にはこのシラカンバがどんなになるか，見たい。本物，いちばん肝心のものは，わたしたちの未来にある。新しい年を迎えるごとに高さとうつくしさがましていく。ありがたいことに，わたしたちはまた一年齢を

とる。[4]

　園芸家のかわりに保育者を，バラや唐檜のかわりに子どもの名前を置き換えていくと，園芸家の1年を描いたこのすてきな書籍のすべての文章が，保育者と子どもたちとの交流を描いた物語として読むことができるだろう。園芸家の植物への配慮や努力の在り方，あるいは開花の喜びや未来への希望には，保育者のそれと共通するところが少なくない。もちろん，保育を園芸にではなく工場の生産活動に喩えることもできるだろう。近代教育学の偉大な父のひとりJ.A.コメニウスは学校を工場に喩えた。マニュファクチュアの興隆期のことである。保育とは標準や基準どおりの優れた生産物を生みだすことになる。このとき保育者とは工場労働者だ。あるいは，また保育を陶工のように捉えることもできるだろう。子どもを理想的なかたちへと塑形していく保育。このとき保育者は陶芸家・制作者だ。それぞれの喩えには一理あるところだろうが，幼児の教育において栽培のメタファーは，子どものうちにある伸びようとする力を信じること，子どもの成長の力を読み取って保育をすること，未来を信じることなど，保育にとって大切なことを教えてくれる。栽培のメタファーは，現在でも幼児教育にとっては優れたメタファーのひとつだと思われる。私たちは，「子どもは植物である」というメディアによって，子どもとの関係を捉え直すことができるのである。
　さて，フレーベルの思想の特徴を，メタファーの思考法として捉えることで，フレーベルの教育思想はとてもわかりやすくなる。フレーベルのテクストからの引用でも見たように，フレーベルは，すべてのもののなかに，同一の自然＝生命の法則がつらぬいていると考えた。だから人間も植物と同じ法則でもって理解できると考えたのである。フレーベルの関心は，不変で永遠に変わることのない秩序や法則にではなく，時間のなかでかたちを変え，成長していくものの秩序や法則の認識に向けられていた。このことは，生命でないにもかかわらず，同じ物質の結集によって，長い年月（時間）をつらぬいて，厳密な幾何学的なかたち（空間）へと成長する結晶の法則に，フレー

ベルが強い関心を抱いていたことともつながっている。
　フレーベルの自然観は，一種の宗教的信条といえなくもないが，現代の自然科学においても，さまざまな事物や出来事のうちに同じ力の法則がつらぬいていることが知られている。例えば，一律のスピードで回転しながら成長する巻き貝の巻き方と，ひまわりの種子の配列とは，時間をつらぬいて法則がかたちとなって表れる螺旋形であるだけでなく，渦巻き銀河にいたるまで，フィボナッチ数列という同じ数学的法則にしたがっているのだ[註1]。このような事例は，草花や虫や動物の形態から，そして人工物の建築物にいたるまで，多様なものにおよんでおり，G. ドーチの『デザインの自然学』（1981年）のなかに数多くの事例を見ることができる。また近代のデザイン史において画期的な転換点をもたらしたバウハウスの教育が，フレーベルの思想に負っていることを知るとき[5]，今日，私たちはフレーベルの思考法の可能性をあらためて問うことが無意味でないことを知るのである。

4．生命のフレーベルのメディア身体

　前節で，子どもが球体をつかんだりはなしたりすることで，世界の秩序や宇宙の法則を予感するという教育思想は，不思議な思想だと述べた。しかし，それは本当は不思議なことではない。子どもが球をつかみはなすことと，宇宙をつらぬく合一・分離・再合一の運動との間には，律動的な運動に共通するパターン（かたち）が存在する。このミクロなパターン（かたち）とマクロなパターン（かたち）の間に共通するパターン（かたち）があるとするなら，子どもはミクロな世界を作りだすことでマクロな世界との共鳴を体験し，マクロな世界の秩序や法則を予感することができると考えるのは，不思議でもなんでもないことである。そして，このリズミカルな共鳴の体験は，歌（音楽）をともなって，溶解体験へと導かれるのである。
　このような共鳴は，恩物のようなメディアによってのみならず，身体の振舞いによっても生じる。例えば，子どもたちが輪（かたち）になって保育者

のまわりを取り囲んでいるのはそうだ。幼稚園や保育所では，どこにでも見られるごくありふれた風景である。しかしフレーベルは子どもたちが互いに手を結んで輪を作ることに深い意味があると考えた。輪を作ることで，子どもは全体と個という関係を学ぶのだという。たしかに，輪になることで世界のなかに小さいながらも調和したひとつの完全な宇宙が出現する。そこではすべてのメンバーが平等な位置に立つことができる。絵本作家たちも，調和的な世界の姿をしばしば人間と動物たちとが輪舞する姿で描いているが，それはフレーベルの思想を知らなくても合点がいくことだろう。このように子どもは身体を使ったメタファーの思考法を生きているのだ。

　ここでもフレーベルは「生の合一」が，つまり溶解体験が生じるという。子どもたちはみなで手をつなぎ，輪を作ることで，集団全体と解け合う瞬間を体験し，それとともに全体のなかの個という認識も生じるという。子どもは，この体験を言葉でもって適切に表現することはできないし，またその必要性もない。もちろん，この体験はささやかな体験であって，輪になることでそのまま平等な社会が制度として現実に実現できるわけではない。しかし，民族や宗教のちがい，階級差や階層差，そして性差といったさまざまな差異が，差別として人と人との関係を切断している世界のなかで，実際に手を結びあって輪を作ることで出現する世界は，世界の変わりうる可能性を表現してもいる。また身体としての私が，他の身体と手をつなぎあい，人間の鎖が世界を円のかたちに切り取るとき，個的な身体というのはひとつの思想，ひとつの制度にすぎず，身体を結びあわせる系はどこまでも延びて，網のように無限に広がりうることを身をもって知る。そして，かつてサリヴァンがヘレンの手をつなぐことによって生じた世界の奇跡は，いつでも新たに生起することを知る。この身体を通したメタファー体験は，子どもの身体を通して「子どもの哲学」となり，「子どもの政治学」となり，さらに世界を動的なさまざまなつながりとみるエコロジカルな世界観へと発展することになるだろう。

　もとよりここで同じ事態が，国家的儀式として団結や統一の象徴として回

収される危険性もあり，その差異は外的にはそれほど大きなものではない。しかし，体験の質には決定的なちがいがある。たんに民族や国家へと自己の境界線を拡大するだけの「拡大体験」（作田啓一）にとどまるのか，あるいは境界線が溶解する「溶解体験」へと深まるのかには，決定的に大きなちがいがある。この国家や民族に回収された事態をさらに反転させ，拡大体験をめざしたはずの国家的儀式を，溶解体験に変容させ，国家や民族という擬制の境界線を溶解させ，無限の宇宙に滲透させることもまた可能である。オリンピックやワールドカップといった国際的なスポーツゲームなどで，私たちがときに競技の勝敗ではなく，競技そのものに深く感動することがある。このときには拡大体験を超えた溶解体験が生起しているのである。このことを思い出せれば，拡大体験と溶解体験の区別がたんなる言葉の遊びではなく，具体的な事実であることがわかるだろう。そうであるならば，フレーベルの「生の合一」の思想が，国民国家の根幹をも揺るがす可能性を孕んだ，ラディカルな思想であることも理解できるだろう。

　フレーベルの思想は，彼の身体に宿った自然＝生命を捉える生の技法と，密接につながっていた。だから，彼の書いたテクストを読んだだけでは，実際に教育することはできない。フレーベルに直接教えを受けた世代ではなく，そのあとの世代になると，フレーベルの生きた思考を受け継ぐことができなくなり，フレーベルの方法だけが機械的形式的に墨守(ぼくしゅ)されることになった。そのため，フレーベルの幼児教育のシステムは，子どもの生きた現実から乖離してしまい，その結果，石のように凝り固まり，しなやかな生命の伸びやかさを失うことになった。しかし，フレーベルの「生の合一」を中心とした教育思想には，発達することと生成することが同一であるような，いいかえれば，人間になることと，人間を脱することとが同一であるような原理をみることができる。フレーベルの考案した教育システムが，そのままで現代に通用するとは思われないが，彼がめざしていた自然＝生命との溶解体験としての「生の合一」の思想は，幼児教育において，輝きと重要性をいまでも失ってはいない。

§3 生命論的転回と幼児教育学の革新

1. 発達の重要性と教育の一元化の問題

　これまでの考察のなかで，子どもが生命的な体験をすることの重要さを強調してきたが，それは子どもが生活習慣を身につけることの大切さや，社会的有能性を高めることの重要性を否定するものでないことはいうまでもない。ここでは，これまでの話からもう一歩踏み込んで，幼児教育において生命論を強調する理由を考えてみたい。そしてそこから，この論考の主題であった幼児教育の独自性とは何かについて明らかにしたい。
　教育には，仕事・訓練・練習に代表されるように，さまざまな経験をして，認識の能力や道徳性や社会性の能力を高め，一人前の人間になることと，遊びに代表されるように，有用な在り方を破壊することで生命に触れることとの両方が必要である。このことを高く人間をめざすことと深く動物になること（生命に触れること），この振幅をよりダイナミックに高く深く実現することが，教育のなすべきことだと述べた。前者については，あらためて説明の必要もないと思われるが，後者については教育関係者においても十分に理解されているわけではない。後者の例として，遊びを取りあげたことを思いだしていただきたい。そこでは,遊びは自分と世界との境界線が溶けてしまい，子どもが全体的に世界とかかわり生命に触れる溶解体験だと述べた。この自由で喜びに満ちた体験は，誰もが遊びのなかで体験しておきながら，このことの大切さをいざ言葉でもって説明しようとすると，なかなか簡単なことではない。
　フレーベルも，一人前の人間となることと，人間を超えて生命に触れることの二つの方向を，恩物と遊びによって同時に実現しようとした。しかし，幼児教育においても，この後者の生命論の側面は，子どもにもそして保育者

にも実感されているにもかかわらず，言葉にいい表すことが困難なことから，現在では理論的にも実践的にも力をもっていない。先に述べたように，フレーベルは，そのことを「生の合一」という言葉でいい表したが，その言葉の真の意味が実感できるフレーベル・サークルの参加者以外にはわけのわからないものだった。そのためフレーベルの教育思想は，まだ人間の発達についての科学的研究が今日のように十分に発展していなかった時代の過去の思想とみなされることになったのである。

　幼児教育で，生命論的な見方が力を失ったのには，いくつかの理由を考えることができる。ひとつは，幼児の教育にたいして発言してきた教育学や発達心理学といった学問が，生命的事象への関心と生命論を欠いていたことだ。戦前・戦中の国家主義的で非合理な教育学への反省から出発した戦後の教育学や発達心理学は，科学的に実証可能な経験を重視したため，外側から観察し評価することのできる子どものさまざまな能力や技能の発達に関心を向けることになった。この方向を指導してきたのは教育科学運動だが，戦前の城戸幡太郎・山下徳治・海後勝雄の技術論にみられるように，教育科学運動の初期の教育思想には三木清のロゴスとパトスの弁証法に基づいた技術論（それは第1章でみた西田幾多郎の行為的直観の原理に影響を受けたものであった）に内包された生命への関心があったにもかかわらず，後の世代には継承されなかった[6]。そして，本書でこれまで述べてきた用語でいいかえるなら，経験と体験とをあわせもってるはずの生活概念が切りつめられてしまい，経験‐発達の次元のみに一次元的に回収されていった。

　また，社会全体の世俗化が急速に進み，さらに経済のグローバリゼーションによって，有用性を中心にした価値観である功利主義が，さまざまな領域に広がっていったことから，教育のなかでも有用な能力や技能の発達に，親のみならず保育者や教育研究者の関心が，向けられるようになっていったことである。そして今日では，家庭でのしつけの「弱体化」が問題になっている。このことは，子どもと日々接している保育者にとって焦眉の問題である。さらに，個々の子どもにはそれぞれ個別の課題があり，その課題を見つけて

発達に向けて積極的にかかわっていくことは，保育者にとって重要なことだ。その課題に向けての働きかけの結果は，子どもの具体的な変化というかたちをとって現れる。このことで保育者は自分のかかわりの有用性と有効性を実感することができる。そのことは，保育者に自分の仕事への喜びと誇りとを与えることだろう。しかし，具体的な「効果」が，目に見えにくい生命に触れる保育は，保育者にとっても，自らの保育の「成果」が実感しがたいものだろう。

　以上のような理由から，遊びに代表されるような生命に触れる体験もまた，何の役に立つのか，どのような意味があるのかという発達の観点からのみ，理解され評価され実践も方向づけられてきた。保育者も親も，そして教育学者も心理学者も，みな同じように口をそろえて，「遊びは発達にとってどのような意味があるのか」と問う。こう問われるとき，この問いはすでに答え方を方向づけている。そして，その答えによって，翻って遊びは最初から発達のための手段のように見なされるのである。さらにこの問い方が子どもにかかわるあらゆる事柄に当てはめられている。教育関係者は，いつでも，そして何にたいしても，「それは子どもの発達にとってどのような意味があるのか」と問うのである。

　例えば，「動物を飼うことは，子どもの発達にとってどのような意味があるのか」と問う。そうして動物を飼うことも教育の手段になる。保育者も親も，子どもの責任感を養うため，感情を豊かにする情操教育のため，死の体験に触れされるために，といった理由をつけて動物を飼い始めるのだ。しかし，この生命とのかかわり方は，子どもと動物との出会いを損なう危険性をもっている（その理由については第6章ですでに詳しく検討した）。遊びもまた同じである。これまで幾度か述べてきたように，発達にのみ限定された見方は，子どもの遊びの価値を損なう危険性がある。

2．よみがえる生命のフレーベル

　幼児教育における生活すること経験することの重要性，そして社会的有能性に向けての発達の重要性を否定しているわけではない。倉橋惣三が，フレーベルの生命的な思考法を忘れ，形式化し硬直してしまったフレーベル主義を批判し，子どもの生活をそして発達を重視したのには，十分な理由があった。またそれ以降の保育や幼児教育が，そのことをさらに深めていったことには十分な理由があった。しかし，このことから直ちに生活や発達の観点のみが，幼児教育の全体を支配するようになるとき，別の問題が生じてくる。保育者が，子どもと生命とのつながりを理解できないようになると，工場の製造のように子どもを素材や対象として捉えることになるだろう。工場がそうであるように，タイムスケジュールにしたがって，つまり時間割にしたがって，段階づけられた教材を子どもに提示し，有用な能力の発達を促すことになる。

　目に見える成果や数量化できる結果に，保育者の関心が集まることで，目に見ることのできない出来事，また10年後20年後にならないと現れてこないようなこと，さらには教育を受けた本人も気づかぬまま深く持続し，人生全体に通底する幸福感を作りだすようなこと，このようなことの重要性に保育者は次第に鈍感になり，ついには無視するようになる。簡単に短期間で成果の現れることのない生命にかかわる教育も，幼児教育の重要な課題であり，そのことがまた学校教育への本当の準備としての役割でもある。なにより，この生命に触れる教育は，子どもの人生全体を基底で支える教育である。子どもに生命と連なる幸福で根本的な存在の感覚を与えることは，幼児教育においてもっとも大切なことのひとつだ。本書で，「在ることの不思議」と呼んできたものだ。

　日々の保育では，保育者の関心が個々の子どもあるいは集団としての子どもの具体的な生活課題に集中することは当然である。しかし，その個々の子どもの行為あるいは集団としての子どもの生活を生みだしているのは，さま

ざまなメディアが相互に結びついて作られたシステムとしての教育である。だからこそ，教育システムの中心に，「生命のフレーベル」が必要となる。このとき，今日の「生命のフレーベル」の生命論とは，シェリングの生命論の影響を受けつつフレーベルが論じたロマン主義的な調和へと展開する同一性の思想ではない。それは，これまで本書で何度も述べてきたように，過剰な生命の出来事に触れる生命論でなければならない。私たちが，第1章において西田の行為的直観の原理から人間存在論‐メディア身体論‐学習理論として提示したものである。このような今日的な生命論的転回をへることで，日々の実践を作りだしているメディアのシステムのなかに，子どもが生き生きとした体験を深める教育が組み込まれていることが，いかに重要であるかをこれまで論じてきたのだった。教育におけるメディアのシステムを変えると，子どもの経験や体験が変わるから，子どもの具体的な生の課題も変わる。個々の子どもの個別的な問題行動に対応するのではなく，園内の幼児教育全体を，メディアの精選と再配置を中心に，子どもがより深く体験するためのシステムとして，捉え直す必要がある。

　一般に教育施設の教育的使命は，それぞれの時代状況に生きる子どもの経験と体験の総体のなかで変わってくる。学校の外が十分に遊戯で満ちた空間であったときには，学校は教育の課題として経験‐発達の次元の教育に専念することができた。生成としての教育は，学校の外で自然に実現できるものに任せておけばよかったのだ。すでに述べたように，ある時期まで，学校の教育課題は，経験‐発達の次元に集中することができた。もととも教科のなかにも，体育・音楽・図画工作がそうであるように，体験を生起させるメディアがある。また生活科や家庭科や総合的な学習の時間なども同様である。さらには国語には詩や物語があり，社会科には「いま」と「ここ」を超える多様な世界の実在があり，算数には経験世界にはない完璧な法則が支配する永遠秩序の美があり，さらには理科には生物の不思議や宇宙誕生の秘密があるといったように，どの教科もこの世界にかかわるかぎり生命世界の実相を分有しており，学校に生成としての教育が生起しなかったことはない。それで

も,とりたてて生成としての教育について反省する必要もなかったのだ。
　しかし,今日のように学校の外の生活でも,テレビゲームやインターネットといったデジタルな電子メディアによるバーチャルな経験が,大きな比重を占めるようになり,身体を使って集団で遊んだりする体験をもちにくくなっているときには,学校のなかで直接的な身体を介した経験と体験が,さらに集団で何事かをなす経験と体験とが不可欠となる。総合学習の時間の特設は,子どもの生命に触れる体験の不足を,学校のような教育施設で補う意味があるための措置といえるだろう。このような子どもの生から考えるとき,学校教育のはじまる以前の幼児教育における今日的な独自の課題とは,深い生命とのかかわりの体験の場を,さまざまなメディアの結節点として,どのように作りだすかにあるように思われる。生命とのかかわりの体験をもたらす教育のメディア・システムの構築を通して,子どもの生活や経験‐発達の次元の立て直しもはじまる。しかし,このシステムを動かすのは保育者であり,そのひとりひとりの保育者自身が,まず生命の体験に深く開かれている必要がある。保育者には,発達のたしかな概念的理解とともに,生命の生き生きした身体イメージが不可欠なのだ。さらに,保育者には,より深い遊びへの導き手として,あるいはそのための優れたメディアを精選し適切に配置した環境を作りだす者として,積極的な役割がある。

3．経験と体験という二つの生の在り方

　ここであらためて,これまで本書で論じてきた基本概念を再定義し,教育理論の構図をシンプルに整理することにしよう。これまで述べてきたことと重なることもあるが,まとめの意味も込めて論じたい。まず本書冒頭で区分した「経験」と「体験」の用語からはじめよう。
　私たちは,「よい経験をした」といういい方でもって,自分のかかわった出来事をまとめることがある。そのときには,それまで自己には疎遠だったものが,自己のなかに取りこまれ,その結果,自己を作りかえるようになっ

た事態を指している。いいかえれば，発達をもたらす経験では，経験に含まれるさまざまな矛盾や葛藤を，自己が努力によって克服していき，自己のうちに取りこむことによって，自己の意味をますます豊かにする。問題解決はこの経験の典型である。問題解決によって以前の自己より高次の自己へと発達したわけである。

　それにたいして，体験は経験のように自己のなかに取りこんでいけるようなものではない。これまでさまざまな事例を通して明らかにしてきたように，私たちは没頭して遊んでいるとき，優れた芸術作品に接したとき，あるいは自然のもつ美しさに打たれたときなどに，いつのまにか私と私を取り囲む世界との間の境界が消えていくことがある。優れた体験は自己と世界とを隔てる境界が溶解してしまう瞬間を生みだす。そして，この自己の境界の溶解が起きるとき，世界はこれまでにない深い奥行きを表すことになる。それというのも，溶解体験では，労働のように，有用な関心によって目的‐手段関係によって切り取られる部分とかかわるのではなく，私たちは世界そのものへと全身的にかかわり，世界に住みこむようなことになり，世界との連続性を味わうからだ。このときの世界は，日常生活における世界以上にリアルな，そして比類なき輝きをもったものとして，生き生きとした現在として，私たちの前にたち現れる。

　ところで，この自己の溶解という体験は，「私の経験」のように知性によって捉えられることを拒否する。深い感動は言葉にはならない。驚嘆しているときには言葉を失ってしまう。溶解体験を捉えようとしたときの，表現の困難さは相対的なものではない。労働が意識の発達をもたらすように，意識と労働とは同形だから，意識にとって労働の経験は言葉によって明晰に表現することができる。したがって，すでに述べたように「発達の論理」も同様に明確に定義することができる。ところが，溶解体験では主体が溶解するわけだから，既成の言葉によってはいい表すことのできない体験となる。

　しかし，言語化することが困難なところにこそ体験の優れた価値はある。つまり意味として定着できないところに，生成としての体験の価値がある。

私たちはこうして，深く体験することによって，自分を遥かに超えた生命と出会い，有用性の原理に基づく人間関係とは別のところで，自己自身を価値あるものと感じることができるようになる。未来のためではなく，この現在に生きていることがどのようなことであるかを，深く感じるようになる。私たちは，この経験と体験という二重性において生活を立体的に捉えることを，本書の出発点にしたのだった。
　さて，この体験の次元，すなわち垂直（超越）の次元を，教育を捉える視点として設定するとき，人間関係に収斂するように見える教育という事象には，別の次元が現象していることに気づくことになる。

4．「発達としての教育」を侵犯する「生成としての教育」

　誤解をおそれずにシンプルに図式的にいえば，教育という事象は，原理的に二つの次元に分けることができる。このことについては，これまでにも何度か論じてきたが，いまあらためて整理してみよう。
　第一の教育の次元は，「社会化」とか「発達」と呼ばれているものである。ここでいう教育とは，未熟な者を共同体の一人前の構成員となるように，意識的無意識的に形成することを意味する。この次元を捉える理論である「発達の論理」は，近代の労働という人間の経験の在り方をモデルとして作られている。労働は世界と連続し生きるという動物性を否定し，いまここに生きるのではなく，目的をたて，未来の目的の実現のために現在を従属させる。また労働では，すべての実践が企てとして目的-手段関係へと組織だてられることになることから，この労働の世界を特徴づける原理は，目的のために役に立つかどうかという有用性の原理となる。したがって，労働をモデルとする第一の教育の次元では，さまざまな問題（否定）を克服して自己を再構築していく経験が，発達のための手段として理解されるのである。「幼稚園教育要領」の「遊びを通しての指導を中心として……ねらいが総合的に達成されるようにすること」といった文章は，この第一の教育の次元をよく示し

ている。私たちはこれを「経験 - 発達の次元」と呼んできた。

　それにたいして，もうひとつ別の教育の次元を考えることができる。社会化や発達として実現される人間の形成は，世界を目的 - 手段関係によって切り取るために，いまや対象となった世界との間に距離を生みだす。そのことは，世界を断片化させ，世界との十全な交流が妨げられることによって，生きる力を失わせる危険性がある。私たちが，世界と十全に交流し，生きる力を回復するためには，世界を断片化する労働という在り方を破壊する必要がある。これにはさまざまな技法があるのだが，有用なものを生みださせることなく，ただエネルギーを濫費する遊びの体験は，その典型的なものである。私たちは，遊びにおいて，自己と世界との境界が溶解し，世界との十全な交流に生きることができる。遊びについては，これまでにも詳しく述べたので，これ以上繰り返す必要はないだろう。この自己と世界との境界が溶解する体験によって引き起こされる変容を「生成」と名づけた。この二番目の次元を，本書では「体験 - 生成の次元」と呼んできた。

　最初の教育の次元（経験 - 発達の次元）がめざしているのは，動物性を否定することによる人間化であり，二番目の教育の次元（体験 - 生成の次元）が引き起こすのは，この人間化を侵犯することによる脱人間化である。しかし，この二つの次元は，それぞれが別々に存在しているわけではない。教育という事象における異なった次元なのである。学校の授業は，基本的に発達に力点がおかれているだろうが，ときとして生成の瞬間が訪れるかもしれないし，遊びは生成を引き起こすものだが，結果として発達が促されることもある。発達に力点のある教育を「発達としての教育」，それにたいして生成に力点のある教育を「生成としての教育」と呼んできた[7]。

5．教育の二つの次元に現れる他者のかたち

　教育が，「発達としての教育」と「生成としての教育」という二つの異なる次元から，成り立っていると捉えるとき，他者とのかかわりも，この二つ

の次元を基に分けて考えてみることができる。まず「発達としての教育」上に現れる他者からはじめよう。

　「発達としての教育」では，他者は自分とはちがいはあってもお互いに共通性をもった同じ存在として他者を位置づけ，その同じ尺度上における差異として他者の差異を捉える。ここでの他者は，たしかに私を否定するものとして登場しはするが，その否定を契機にして，私はこれまで私のうちになかった，より高次の段階へと発達するという，「私の経験」として弁証法的に回収される他者である。このプロセスはこうだ。目の前の他者は，私たちと価値観や世界観が異なるために，いろいろと軋轢を生みだす。しかし，この他者は本来仲間であり，私たちがお互いにそのちがいを相互に認めあうことができれば，この軋轢は回避することができるようになる。例えば，外国人への差別を克服する教室での取り組みにおいて，相手を自分の方に同化するのではなく，己の狭隘さを自覚し，互いのちがいを尊重し，ちがいが並び立つようなメタレベルへと変革していくことが課題となる。このとき他者との共生とは，教育の場において教育を通して実現されるべき教育の目的であるといえよう。そしてこのときの他者は，同化させるべき対象ではないにしても，自己同一性に基づく自己の発達のうちに回収されてしまう他者である。実践共同体のなかでの「十全的参加者」(一人前)がその典型的な例だろう。媒介者として二重メディア身体におけるモデルとなるような他者である。

　それにたいして，「生成としての教育」では，他者と私とは根源的に同じだからその表面上の差異を超えて認めあうといったような他者のことではない。ここでいう他者とは，私とは言語ゲームを異にする不透過な存在でありながら，言葉によっては名状しがたい力によって，その場を離れることができない磁場を作りだす他者である。この他者と私とは，共約可能な同じ平面に生きてはいないため，他者は私が「私の経験」として語るようなかたちで，自分の発達の契機として回収することができず，反対に私の世界観や自己観といった解釈図式を打ち砕いてしまい，この私を共同体の外部へと連れだしてしまうのだ。これは自己と世界との境界が溶解し，世界との連続性を取り

もどすことを意味する。

　そのさい、この溶解体験は真性のコミュニケーションを開くが、それは遊びの体験のように調和と歓喜の幸福感に満ちたエロス的体験ばかりではなく、解体によって無に呑み込まれるようなタナトス的体験となる場合もある。いずれにしても、このときの他者は自己に回収されるのではなく、反対に自己の方が世界へと開かれるのである。

6．「最初の先生」という他者

　私は、この共同体の外部へと開く他者のことを、「最初の先生」と呼んでいる。ニーチェが造形した人物、山を下りて市場で「教え」を見返りなしに贈与しようとする「ツァラトゥストラ」や、あるいは広場に立って青年を誘惑する「ソクラテス」的な人物が、この「最初の先生」の典型例である。この第二の他者は、一見すると第一の場合の他者とちがって「強者」であると考えられるかもしれないが、市場で聴衆から嘲笑される「ツァラトゥストラ」や、対話のなかで絶体絶命に追い込まれた相手から突然拳骨を浴びせられた「ソクラテス」がそうであるように、制度のうちに相対的な地位を占め権威をもつソフィスト（通常の教師）などとは異なり、制度的な地位も権威もなく、しばしば暴力の対象となるバルネラビリティをもつ「弱者」なのである[8]。

　どちらの他者の場合もそうだが、大切なことは、ここでいう「他者」とは、「ツァラトゥストラ」や「ソクラテス」の名が括弧で括られているように、誰か実体的にある特定の人物を指しているわけではないということである。「ソクラテス」とは、歴史上の人物の名前でなく、ソクラテスに実現された「最初の先生」が生起した瞬間のすべての人物に与えられる名であり、「ソクラテス」とは複数形なのである。このように、自明であり理解可能だと思われた人物が、あるときには第一の他者になったり、別のときには第二の他者（「ソクラテス」）になったりもするのである。そのため原理的にはすべてのものが第二の他者となりうる。子ども（第7章参照）も、保育者も、父親も、母

親も，動物（第6章参照）や植物も，太陽や月も，虹や風（第3章参照）も，そして死者たちも，第一の他者にも第二の他者にも，どちらの他者ともなりうるのである。

　私たちは，たえず子どもの発達に関心を向けていることから，この第二の他者の在り方に注意を払うことは少ない。したがって，他者をめぐる教育の議論も，多くの場合において，「発達としての教育」にかかわる他者として語られることになる。しかし，私たちの生を振り返ったときには，むしろ生の転換点が後者のような第二の他者との出会いにあることに気づかされる。自己のうちに統合したり回収したりできず，反対に，私の自己同一性が破れてしまうような他者との比類ない出会いにである。そして，子どももこの二重の意味で他者である。そう考えると，「子育て体験」とは，いったいどのようなものであると考えなければならないのだろうか。最後にそのことを論じることにしよう。

§4　子どもという他者と子育て体験

1．子どもとの関係の変容は何が問題なのか

　「発達としての教育」と「生成としての教育」という教育における二つの次元の考察，そしてこの二つの次元上で出会う他者との関係の在り方の考察は，子どもの教育と親の教育という二つの異なるそしてそれぞれが相互に関連する「子育て体験」への知見を，開くものである。（「子育て体験」という言葉で使用されている「体験」という言葉には，私が本書で述べてきた経験と体験の両方の意味が混在している。以下では，「子育て体験」として両方の意味が込められているときには，鍵括弧を使用し，鍵括弧が使用されていない場合には，すべて上述の本書での使用法にしたがっている。）

まず，親子関係における「対としての関係」を論じるための前段階として，今日の子どもの危機としての子どもの世界と他者との関係を論じておこう。この関係の貧困化は，すでに30年ほど前から進行しており，現在の子どもの問題であると共に，現在の大人あるいは親となりつつある世代の問題でもあるからである。

前述したことからも明らかなように，子どもの関係の変容を，社会的な人間関係の変容からのみ捉え，人間関係の再構築として問題解決を設定することは一面的である。教育における関係性の危機を捉えるときにも，水平と垂直という教育における二つの次元を考慮し，二重に考える必要がある。二つの次元から，教育における関係性を見直せばどのようになるのか。戦後の学校教育が「発達の論理」だけでうまく機能していたのは，学校とは別の場所で，子どもが世界との関係を生きていたからである。だから学校は発達の場であることで十分であった。いったん家や地域にもどれば，子ども同士で遊び自然に触れる，学校と異なる世界体験があった。すでに第5章でも詳しくみた，子ども仲間の間で創造され，何代にもわたって工夫を重ね伝達されてきた子ども文化には，このような豊穣な関係を生きるさまざまな「生の技法」が含まれていた。この子どもの世界の豊かさは，教育者や教育学者においても暗黙的に理解されていた。そして，戦後の社会変化にともなって，子どもの生活環境は劇的に変化していくが，この変化と結びついて変容したのは，子ども同士の関係や親子・地域の人たちとの関係，そして自然との関係だけではない。学校生活と学校の外での生活とのバランス，生成と発達とのバランスが変容したのであり，このことが関係にかかわる変容を深刻化しているのである。

この関係の変容への焦点化は，関係を人間関係に限定するという関係概念自体の貧困化を引き起こしている。教育学は心理学や社会学といった経験諸科学の成果を組み込みながら，発達や社会化や経験を説明する用語群を発展させてきたが，それにたいして，教育における垂直の次元をいい表す生成や体験についての用語群については，十分に深めてはこなかった。したがって

「教育問題」は，すべて発達や社会化の用語群の表現手法によって回収されることになる。つまり，関係性の危機は，人間関係の問題として把握され，人間の心理的社会的関係に限定されることによって，暗黙的に理解されていた体験とかかわる関係概念は，やせ細ることになる。

　この思想のプロセスを実行のプロセスと結びつけると，次のようになる。水平の次元の再構築として人間関係を強化しようとする働きかけは，人間関係以外の他の諸関係を圧迫し，子どもと世界とのかかわりの部分化や断片化を推し進めるようになる。そのことがさらに子どもの関係全体をいびつなものに変えてしまい，その結果，人間関係に新たな歪みが引き起こされる。この人間関係の歪みは，転じて，関係概念の貧困化を推し進め，人間関係へのまなざしをより強化するように働く。人間関係の変容と関係概念の貧困化との悪循環が問題を引き起こしているとき，その問題を克服するために，一方的に人間関係の目を細かくしようとすることは，関係全体をさらに悪化させることになる。

　教育における関係性を考える上で重要なことは，関係を人間関係に限定しないこと，さらに関係を捉えるときには，経験‐発達とかかわる水平の次元だけでなく体験‐生成とかかわる垂直の次元も同時に考慮に入れ，その二つの次元のバランスから考察する必要があることである。この反省に基づき，私たちは，あらためて教育における関係性の危機とは何かについて，考察することができるのである。

2．子育て体験の課題

　これまでにも述べてきたように，私たちは，労働をモデルとして実践を捉える思考法に日々さらされているために，子育てもまた労働と同じように生産や制作として捉えがちである。さらに「発達としての教育」の人間観は，労働をモデルとしていることから，下手をすると子どもを制作の対象として捉えかねないところがある。もちろん，子育てにも制作の面があることは否

定できないにしても，子育てには制作には還元できないものがある。制作が対象物を改変することであるのにたいして，子育ての相手は対象物ではなく，それ自体が目的である尊厳をもった人格である。このちがいは重大である。

　例えば，子どもに絵本を読むというひとつの実践を取りあげても，発達にのみ関心を向けて，子どもに読み方や文字を教えることも，あるいは，絵本世界に子どもとともに入りこみ，溶解体験を生きることも可能である。絵本は子どもが自分で購入するわけではない。絵本は，プレゼントとして大人から子どもに与えられるものである。この絵本というメディアの性格は，まずもって大人と子どもとが贈与によって結びあうという点にある。そして贈られる絵本が例えば動物絵本の場合，その動物絵本の世界自体が，大人がかつて子ども時代に体験した溶解体験への憧れと，その世界に生きる子どもへの祝福，そして，その世界との関係を維持しながらも，いつかは子どもにこの大人の世界へと参入してほしいという願いとを表している。つまり絵本自体が，子どものメディアにとどまらず，大人と子どもとが新たな関係を見いだすメディアでもある。絵本を贈り贈られて共に読むという体験は,大人にとっても子どもにとっても，芸術体験や宗教体験のような深さはないにしても，穏やかで安心できる日常の生のうちに花開く生成の体験なのである[9]。

　このように，子どもが「健康」に生きていくためには，溶解体験が不可欠であることを知ることによって，親もまた制作とは異なる子どもとのかかわりの必要性を感じることができる。子どもと共に生きるなかに，溶解体験が刹那的な快楽などではなく，真に大切なものとして理解できるようになる。本書はこのことに向けて，さまざまな主題を取りあげて論じてきたのである。

　現在，子育てをはじめている世代は，ちょうど団塊の世代の子どもたちである。先の考察でも示したように，学校と学校外の生活とのバランス，生成と発達とのバランスが変容したあとの世代である。団塊の世代の子ども時代は，物質的・情報的な豊かさでは貧しい世代だが，学校の外部での生成の体験というレベルでいえば，とても豊かな世代ということができる。それと対照的に，団塊ジュニアの子ども時代は，物質的・情報的にはそれまでの世代

では想像もできなかったほど豊かな時代を過ごしているが、異年齢の子ども集団の解体したあとの世代で、遊びの技法をはじめとした子ども文化ということでは相対的に貧しい世代でもある。彼ら自身が屋外で時のすぎるのも忘れて自然のなかで深く遊び込んだり、あるいは他者と溶解するところまで遊び込んだ体験を欠いている。

　ところで、先にも述べたように、子どもは遊びの技法をまず家庭のなかで、家族を通して学ぶ。「ごっこ」や「見立て」といった遊びの高度な技法は、親とのコミュニケーションによって学ばれるものである。親がそうした遊びの技法をもたないときに、子どもは遊びの技法を学ぶことができない。親が絵本の世界に深く入りこむことができずに楽しめないときに、どうして親は子どもの絵本体験のよい導き手になれるだろうか。

3．生命に触れる子育て体験とその支援

　そのように考えれば、「子育て体験」とは、親が子どもと共に喜びともに驚き生きるためのさまざまな「生の技法」を、学ぶ機会といえるだろう。ここでふたたび第7章で引用したフレーベルの言葉を思いだしてみよう。フレーベルは次のように呼びかけていた。

> 　われわれは、死んでいる。(中略) だから、さあ子どもたちの所に赴こうではないか。かれらを通して、われわれの言葉に内容を、われわれを取りまく事物に生命を与えよう。それゆえ、かれらと共に生きよう。かれらをわれわれと共に生きさせよう。そうすれば、われわれすべてにとって必要なものを、われわれは、子どもを通して手にいれるであろう。[10]

　いささか大げさな文章ともいえるが、子どもと向かい合うことは、子どもをより深く生命に触れさせる体験であるとともに、同時に、子どもという生

を通して，私たち自身が「子どもの時間」を生き生命に触れる体験であることが腑に落ちれば，フレーベルの文章は現実離れしたことを語っているわけではないことがわかる。このとき大切なのは，この生命に触れる体験を実現するメディアにかかわる「生の技法」である。

　子どもの発達が重要な課題であるのはいうまでもないことだが，発達に向けての実践は，制作的行為と同化しやすく，制作的行為は合理化・効率化をめざすためにマニュアル化を引き起こしやすい。つまりテクノロジーによるコントロールを受けやすい。しかし，このマニュアルによる対応自体が，子どもとの生きた関係の表層化を促してきたという反省に立てば，子育ての危機に直面している私たちに必要なのは，子育ての「対処」のためによいマニュアル書を見つけることなどではなく，「生の技法」を身につけることであるように思われる。「子育て体験」が，たんに経験‐発達の次元だけでなく，体験‐生成の次元をも必要としているのは，以上のような理由によるのである。「対としての関係」の再構築は，このような遠回りをすることによって，はじめて実現されるのである。

　そして，この関係の再構築が，子どもが少年・少女に成長したときの「悪の体験」と大人が十分に向かい合うための基盤であることを考えるとき，子どものみならず私たちもまた，どこまでも「人間になること（人間化）」と「人間を超えること（脱人間化）」という二つの課題のダイナミズムを生きる旅人であることを，あらためて知るのである。「子どもとともに生きようではないか」とは，フレーベルの教育思想の核心を伝えるモットーであったが，「子どもとともに生きる」ということは，人生のすべての課題が集約される事柄でもあるのだ。

　そうであるとすれば，教育を語る物語の多くが，子どもの成長の物語であるにとどまらず，その子どもの成長にかかわった大人の自己変容の物語であることに気づくだろう。ふたたび第1章でみたヘレン・ケラーとアン・サリヴァンの物語について考えるなら，それはヘレンがサリヴァンをメディアとして歴史的世界と出会った，［ヘレン‐サリヴァン‐世界］＝［自己‐メディ

ア（技術 - 身体 - 道具）- 世界］であると同時に，［サリヴァン - ヘレン - 世界］＝［自己 - メディア（技術 - 身体 - 道具）- 世界］でもあったことに気がつく。「二重メディア身体」は逆方向にも働いているのである。ヘレンがサリヴァンによって新たな世界へと開かれたと同時に，サリヴァンもまたヘレンを介して新たな世界と出会っているのである。はじめてヘレンが「水」という言葉の世界に開かれたとき，サリヴァンもまた言葉がもたらす世界への開けに開かれる体験をした。同時に，ヘレンによる生命にわなないている生命世界の発見の驚きと喜びは，サリヴァンにも伝染する。「子どもとともに生きる」とは，子どもの体験にたいして，子どもと共に驚き，子どもと共に世界の無限の深さを知ることでもある。私たちは子どもを介して，住み慣れ見慣れた歴史的世界をこれまでとは異なる新たな生命世界として，生き直してもいるのである。

　保育所では保育者の仕事のなかに，親への子育て支援が新たに加えられた。しかし，子育てを支援するのは，なにも保育所だけでなく幼稚園もまたそうである。そのとき，子育ての支援は，親に子育てについての知識や技術を伝授したり，あるいは不安を抱える親にたいして助言や心理的なケアを与えるにとどまらず，子どもと親とがともに生命に触れる体験を生みだすようなメディアにかかわる「生の技法」を，伝達することが不可欠なのである。本書のこれまでの考察からいえば，「子どもの理解」をそれだけで単独でめざすような子どもとのかかわりは，抽象的に考えられたかかわりにすぎない。子どもが理解できないのは，子どもと共有するような経験や体験に開かれるためのメディアがわからないからである。子どもと共に遊ぶ遊び方を教える，ボール投げを勧める，……子どもとのメディアを介しての経験と体験が子どもとの関係を深め，そのなかに「理解」をめぐる不安は溶解していくことになる。

　こうして，生命論的転回に立った幼児教育において，よき保育者とは何者かがみえてくるのである。よき保育者とは，生命に触れる体験を開くメディアの導き手として「生の技法」を使えるだけでなく，その「生の技法」を親

に伝達することのできる者のことである。家庭において，子どもを遊びという名のメディアへと人生の最初に誘うのが親であるのなら，その親をより優れたメディアへと誘うのは保育者の努めである。保育者は，子どもの誘惑者の誘惑者であり，子どもを優れたメディアへと導く導き手の導き手である。しかし，ここでも本章の文頭で述べた言葉は意味をもつ。導く者が導かれ，そして導かれる者が導くという真理は，この保育者の在り方にも当てはまる。保育者は，子どものみならず，子どもとかかわる親と接することで，生命に触れる体験とは何かという保育・教育の反省を深めることができるのである。

　ところで『ホビットの冒険』のなかで，ビルボが解いたなぞなぞの答えは「時間」だった。それは，人間が努力を重ねこの世界に打ち立てたすべての偉大なものを，破壊し呑み込んでしまう虚無の時間だ。しかし，保育者が生きる時間は，このすべての存在を呑み込む虚無の時間ではない。チャペックが生命のイメージで描いた，植物が花を咲かせ，木が大きく成長する命を育む時間だ。保育者の仕事は，子どもの人生のほんの短い時間にかかわるだけである。その子どもが，それからのちに一人前の少年・少女となった姿も，また性愛を生きる青年になった姿も，そして親となり大人となって子どもに遊びという人生を生きる上での大切な贈り物をする姿も，保育者は見ることはない。しかも人生の初期の時間であるために，子どもの側も成長したときには断片的にしか思いだすこともできないような時間である。自分に遊戯世界の深さを贈与してくれた保育者の名前を，思いだすことはないだろう。しかし，人生のはじめのこの短い期間は，子どもにとってもっとも大切な未来につながる一瞬一瞬からなる経験と体験の時間でもある。だからこそ，この短い間のかかわりは，何ものにも代えがたいほど貴重なのだ。幼児教育の独自性とは，この人生のもっともはじめの時間への，生命性と有能性に向けたメディアを介してのかかわりのうちにあるといえる。

【註】

註1 フィボナッチ数というのは，800年ほど前のイタリアの数学者ピサのレオナルドのあだ名にちなんでつけられた，特定の数列の数のことである。フィボナッチの名を有名にしたのは，次のような「ウサギの問題」（生命の増殖についての問題というべきか）だった。「1つがいのウサギは，1年間にいったい何つがいのウサギに増えるのか？ ただし，1カ月たつと1つがいのウサギは1つがいのウサギを産み，産まれたウサギもまた2カ月目には子どもを産むものとする」。紙と鉛筆で実際に計算してみるとよい。そうすると，このときウサギのつがいの増え方は，次のような規則にしたがっていることがわかる。nカ月後のウサギのつがいの数を $F_{(n)}$ とすると，$F_{(n)}$ ＝｛(n-2)カ月後のつがい数｝＋｛(n-1)カ月後のつがい数｝＝$F_{(n-2)}$＋$F_{(n-1)}$，すなわち $F_{(n)}$＝$F_{(n-2)}$＋$F_{(n-1)}$ となる。そこで月末の個数だけに注目すると，次のような数列をえることができるだろう。2, 3, 5, 8, 13, 21, 34, 55, 89, 144, 233, 377, ……したがって，「ウサギの問題」の答えは，12番目の項の数である377つがいということになる。$F_{(n)}$＝$F_{(n-2)}$＋$F_{(n-1)}$ が示す通り，どの項もその前の2項の和となる。a_1＝1, a_2＝1, a_n＝a_{n-1}＋a_{n-2}（n＝3, 4, …）で定まる数列をフィボナッチ数列といい，この数列の各項をフィボナッチ数という。私たちにとって興味深いことに，自然界にはこの数列にしたがう事象が数多く存在する。ひまわりの花のなかの種子の配列も，巻き貝の殻の成長も，自然界の多くの成長現象はフィボナッチ数列の規則にしたがっている。またハヤブサが獲物を追うときの螺旋軌道もこの原理にしたがっている。さらに興味深いことに，この数列では，先行数を後続数で割るとほぼ0.618…となり，反対に後続数を先行数で割るとほぼ1.618…となる。これは黄金数の大きい部分と小さい部分との比例関係にあたるのである[11]。これは一つの例にすぎないが，私たちが自然のなかに，そして私たちが生みだす人工物のなかに，同じ構造を繰り返し見いだすのは，十分に理由のあることなのだ。

あとがき

　本書は，メディアと身体を媒介にして，幼児が生命性へと開かれることの重要性を論じた，幼児教育学の本です。身体論に基礎づけられたメディアの理論をもとに，「他者としての子ども」と「出来事としての教育事象」とを論じることで，従来の現象学的な子ども理解を問い直し，幼児教育学を刷新する幼児教育の根本原理とは何かを，明らかにしようとしました。

　体験を深め経験を高めるメディアの特性を人間存在論から論じた第1章は，西田幾多郎の身体論が中心に論じられているため，少し難しいものになっていますが，第2章以降では，具体的な子どもの事象の考察が主となっていますので，とても読みやすくなっています。幼児教育について理論的関心がある人のみならず，保育・教育の現場にすでに出た人たちで，自分の保育・教育をあらためて捉え直したいと思っている人にも，思考や反省の助けとなる本です。なによりこの本には，日々の保育実践のなかで気づいていながら，それを正確にいい当てることのできなかった，子どもの経験と体験を思考し語るための言葉を，見いだすことができるはずです。

　保育の現場では，試合中のサッカー選手のように立ち止まって考えるゆとりなどなく，状況は刻々と変化していくものですし，教科書どおりのことなど起こりはしません。しかも，それぞれの子どもは，それぞれに固有の顔と名前をもち，それぞれの家庭や地域に固有の事情による生活の課題を背負っています。したがって子どもには固有のニーズがあり，そのために場にかなった保育・教育が求められています。

　しかし，ここでとどまってしまってはいけません。他方で，子どもは社会的な生活条件に還元されることのない，無数の可能的次元の生を生きています。遊んでいる子どもには，社会的に有用な能力の発達とともに，躍動する生の無限の深さをみることができます。現場に立つ保育者は，子どもとともに生きる日々の経験と体験から，このことをよく知っているはずです。たし

かに発達や成長を語るときのような概念的な言葉にはなりにくいかもしれません が，遊びを中心とする子どもの体験の深さそのものを無条件に肯定する教育思想と，それを語る生きた思想の言葉が必要です。本書のなかで，概念的な言葉では捉えがたいものでありながら，しかしそれでいてきわめて大切な，子どもの生命のかかわりを語るための言葉が必ず見つかります。子どもの理解とは，このような子どもという生の在り方によりそって，ともに生きることではないでしょうか。

　本書を構成する論考は，もともと教育雑誌などさまざまな場所で求めに応じて書いたものをもとにしています。しかし，生命に触れる体験を生起させるメディアと，そのメディアを介して変容する子どもとを統一的に捉え，幼児教育を「生命論的転回」の立場から論究する本に仕上げるために，論考は発表時の原形を残さないほど徹底的に書きあらためました。

　それでも，本書では，読みやすさを優先させて，理論的な問題については簡潔にしか論じていません。詳しく知りたい方は，私の教育理論の入門書ともいうべき『自己変容という物語―生成・贈与・教育』（金子書房）を，まず読んでいただければと思います。また子ども論については『子どもという思想』（玉川大学出版部），絵本論・動物論については『動物絵本をめぐる冒険―動物‐人間学のレッスン』（勁草書房），遊び論・生命論については『意味が躍動する生とは何か―遊ぶ子どもの人間学』（世織書房）を，それぞれ参照していただければと思います。さらに，このような生命に触れる教育が，「個人」を生みだす教育であり，新たな社会の創造と結びついていることについては，『贈与と交換の教育学―漱石，賢治と純粋贈与のレッスン』（東京大学出版会）で詳しく述べていますので，それを参照いただければと思います。

　本書の作成については，さまざまな幼稚園の先生方と子どもたちに感謝しなければなりません。とりわけ九州大谷短期大学附属幼稚園，香川大学教育学部附属幼稚園高松園舎，そして佐賀大学文化教育学部附属幼稚園の先生方に心より感謝したいと思います。高松園舎では，3年間にわたり毎週園舎に

入れていただき，子どもと保育の観察をさせていただきました。子どもたちが帰ったあとで，宮武由紀子先生にはその日の保育の在り方をめぐって詳しく話をしていただきました。先生から幼児教育の考え方を教えていただきました。本書のなかに保育者の知恵になるような箇所があるなら，それは宮武先生から学んだものです。貴重な時間とエネルギーを，私のような新米教員のためにとっていただき感謝のしようもありません。

　最後になりましたが，本書執筆の機会を与えて下さったシリーズ編集者の磯部裕子先生と青木久子先生，また私の幼児教育についての論考をかたちあるものへと導いて下さった萌文書林の服部直人氏に，深甚の感謝をしたいと思います。

　これまでの本と同様に本書もまた家族の協力によって完成することができました。子どもと動物との関係について，深いイメージを与えてくれた娘の杏奈と柴犬のチャチャ丸，そして最初の読者でありよき批評者である妻の典子に，心より感謝したいと思います。

矢野智司

【引用・参考文献】

〈序章　子ども理解の臨界点と生命論的転回:「幼児理解の現象学」の外へ〉
（1）片山健『いる子ども』PARCO 出版局，1986
（2）Burman,E., 2008 *Deconstructing Developmental Psychology*, Routledge. ＝青野篤子・村本邦子監訳『発達心理学の脱構築』ミネルヴァ書房，2012
（3）Wittgenstein,L., 1984(1953-1958) *Philosophishe Untersuchungen*, Band 1, Suhrkamp Taschenbuch, S.287. ＝藤本隆志訳『哲学探究』『ウィトゲンシュタイン全集』第8巻，大修館書店，1976，pp.83-84
（4）藤田省三「或る喪失の経験―隠れん坊の精神史」『精神史的考察―いくつかの断面に即して』所収，平凡社，1982，pp.11-12
（5）図1と図2は，Alexander,C., 1965 "A City is not a Tree," *DESIGN*, 206, pp.46-55. ＝押野見邦英訳「都市はツリーではない」上下『デザイン』7・8月号，1967。またこの図の説明は，矢野智司『ソクラテスのダブル・バインド―意味生成の教育人間学』世織書房，1996，pp.270-271，を基にしている。
（6）Alexander,C., 1965 "A City is not a Tree," *DESIGN*, 206, pp.46-55. ＝押野見邦英訳「都市はツリーではない」上下『デザイン』7・8月号，1967
（7）床呂郁哉・河合香吏編『ものの人類学』京都大学学術出版会，2011，p.16
（8）Illich,I., 1993 *In the vineyard of the text : a commentary to Hugh's didascalicon*, University of Chicago Press. ＝岡部佳世訳『テクストのぶどう畑で』法政大学出版局，1995

〈第1章　生命論とメディア身体の教育学〉
（1）Uexküll,J.v. & Kriszat,G., 1970(1934) *Streifzüge durch die Umwelten von Tieren und Menschen : Bedeutungslehre*, S.Fischer Verlag. ＝日高敏隆・野田保之訳『生物から見た世界』思索社，1973
（2）三木清『構想力の論理』『三木清全集』第8巻，岩波書店，1967(1937-)，p.227
（3）今井康雄『メディアの教育学―「教育」の再定義のために』東京大学出版会，2004
（4）檜垣立哉『ヴィータ・テクニカ―生命と技術の哲学』青土社，2012，p.34
（5）鈴木貞美『「生命」で読む日本近代―大正生命主義の誕生と展開』日本放送出版協会，1996，pp.19-22

（6）矢野智司『ソクラテスのダブル・バインド―意味生成の教育人間学』世織書房，1996
　　　矢野智司『贈与と交換の教育学―漱石、賢治と純粋贈与のレッスン』東京大学出版会，2008
（7）矢野智司『動物絵本をめぐる冒険―動物‐人間学のレッスン』勁草書房，2002
　　　矢野智司『意味が躍動する生とは何か―遊ぶ子どもの人間学』世織書房，2006
（8）坂部恵『モデルニテ・バロック―現代精神史序説』哲学書房，2005, p.52
（9）檜垣立哉『西田幾多郎の生命哲学』講談社，2011（2005），p.300
（10）西田幾多郎「論理と生命」『西田幾多郎全集』第8巻, 岩波書店, 1948(1936), p.269
（11）西田幾多郎「論理と生命」『西田幾多郎全集』第8巻, 岩波書店, 1948(1936), pp.319-320
（12）西田幾多郎「論理と生命」『西田幾多郎全集』第8巻, 岩波書店, 1948(1936), p.292
（13）西田幾多郎「論理と生命」『西田幾多郎全集』第8巻, 岩波書店, 1948(1936), p.303
（14）西田幾多郎「論理と生命」『西田幾多郎全集』第8巻, 岩波書店, 1948(1936), p.309
（15）西田幾多郎「論理と生命」『西田幾多郎全集』第8巻, 岩波書店, 1948(1936), pp.324-325
（16）西田幾多郎「論理と生命」『西田幾多郎全集』第8巻, 岩波書店, 1948(1936), p.309
（17）西田幾多郎「論理と生命」『西田幾多郎全集』第8巻, 岩波書店, 1948(1936), p.297
（18）西田幾多郎「論理と生命」『西田幾多郎全集』第8巻, 岩波書店, 1948(1936), p.325
（19）檜垣立哉『西田幾多郎の生命哲学』講談社，2011(2005), p.201
（20）西田幾多郎「弁証法的一般者としての世界」『西田幾多郎全集』第7巻, 岩波書店, 1948(1934), pp.305-428
（21）矢野智司『ソクラテスのダブル・バインド―意味生成の教育人間学』世織書房，1996, pp.61-92
（22）Lave,J. and Wenger,E., 1991 *Situated learning : legitimate peripheral participation*, Cambridge University Press. ＝佐伯胖訳『状況に埋め込まれた学習―正統的周辺参加』産業図書，1993
（23）Erikson,E.H., 1959 *Identity and the life cycle*, Norton. ＝西平直・中島由恵訳『アイデンティティとライフサイクル』誠信書房，2011
（24）加藤秀俊『メディアの発生―聖と俗をむすぶもの』中央公論新社，2009
（25）西田幾多郎「教育学について」『西田幾多郎全集』第12巻, 岩波書店, 1948(1933), p.92
（26）西田幾多郎「弁証法的一般者としての世界」『西田幾多郎全集』第7巻, 岩波書店,

1948(1934), p.349
(27) 西田幾多郎「私と汝」『西田幾多郎全集』第6巻, 岩波書店, 1948(1932), p.408
(28) 西田幾多郎「経験科学」『西田幾多郎全集』第9巻, 岩波書店, 1948(1939), p.241
(29) 野家啓一「歴史の中の身体―西田哲学と現象学」上田閑照編『西田哲学―没後50年記念論文集』創文社, 1994, p.76
(30) 木村敏『新編 分裂病の現象学』筑摩書房, 2012, pp.349-351
(31) 田邊元「人間学の立場」『田邊元全集』第4巻, 筑摩書房, 1931, p.370
(32) 西田幾多郎「私と汝」『西田幾多郎全集』第6巻, 岩波書店, 1948(1932), p.356
西田幾多郎「論理と生命」『西田幾多郎全集』第8巻, 岩波書店, 1948(1936), pp.378-380
(33) 檜垣立哉『西田幾多郎の生命哲学』講談社, 2011(2005)

〈□その日ヘレン・ケラーに起こったこと〉
(1) Keller,H., 1954(1902) *The Story of My Life：with her letters (1887-1901), A supplementary account of her education, including passages from the reports and letters of her teacher, Anne Mansfield Sullivan*/by John Albert Macy, Doubleday & Company. ＝川西進訳『ヘレン・ケラー自伝』ぶどう社, 1982, pp.33-34
(2) Sullivan,A.M., 1954(1902) Keller,H., *The Story of My Life：with her letters (1887-1901), A supplementary account of her education, including passages from the reports and letters of her teacher, Anne Mansfield Sullivan*/by John Albert Macy, Doubleday & Company. ＝槙恭子訳『ヘレン・ケラーはどう教育されたか―サリバン先生の記録』明治図書, 1973, p.35

〈第2章　健康領域論：運動体験がもたらす世界の転回〉
(1) 矢野智司『子どもという思想』玉川大学出版部, 1995, p.69
矢野智司『贈与と交換の教育学―漱石、賢治と純粋贈与のレッスン』東京大学出版会, 2008, pp.226-228
(2) 川崎洋・高階杞一・藤富保男編『スポーツ詩集』花神社, 1997, p.94
(3) 川崎洋・高階杞一・藤富保男編『スポーツ詩集』花神社, 1997, p.95
(4) 長田弘『深呼吸の必要』晶文社, 1984, p.110
(5) 上田閑照『禅仏教―根源的人間』筑摩書房, 1973, p.70
(6) 小林敏明『西田幾多郎の憂鬱』岩波書店, 2011, p.200

（7）上田閑照『西田幾多郎を読む』岩波書店，1991，p.98

〈第3章　言葉領域論：子どもに世界を開く言葉の力〉
（1）前田愛『近代読者の成立』岩波書店，1993(1973)，pp.167-210
（2）野家啓一『物語の哲学―柳田國男と歴史の発見』岩波書店，1996，p.48
（3）Cohen,M.N., 1995 *Lewis Carroll：a biography*, A.A.Knopf. ＝高橋康也監訳『ルイス・キャロル伝』上巻，河出書房新社，1999，pp.162-169
（4）宮澤賢治『注文の多い料理店』宮沢清六ほか編『【新】校本　宮澤賢治全集』筑摩書房，第12巻，1995(1924)，p.7
（5）宮澤賢治「雪渡り」宮沢清六ほか編『【新】校本　宮澤賢治全集』筑摩書房，第12巻，1995(1921)，p.124
（6）別役実『イーハトーボゆき軽便鉄道』リブロポート，1990，p.169
（7）矢野智司『動物絵本をめぐる冒険―動物・人間学のレッスン』勁草書房，2002，pp.80-92
（8）宮澤賢治「雪渡り」宮沢清六ほか編『【新】校本　宮澤賢治全集』筑摩書房，第12巻，1995(1921)，p.119
（9）Kohlberg,L. and Higgins,A., *Moral Stages and Moral Education*. ＝岩佐信道訳『道徳性の発達と道徳教育―コールバーグ理論の展開と実践』広池学園出版部，1987，p.181（訳文を一部変更している）
（10）石原千秋『秘伝　中学入試国語読解法』新潮社，1999，p.9/p.174/p.179
（11）石原千秋『秘伝　中学入試国語読解法』新潮社，1999，p.175
（12）宮澤賢治「雪渡り」宮沢清六ほか編『【新】校本　宮澤賢治全集』筑摩書房，第12巻，1995(1921)，pp.113-114
（13）宮澤賢治「雪渡り」宮沢清六ほか編『【新】校本　宮澤賢治全集』筑摩書房，第12巻，1995(1921)，p.113
（14）宮澤賢治「雪渡り」宮沢清六ほか編『【新】校本　宮澤賢治全集』筑摩書房，第12巻，1995(1921)，pp.116-117
（15）小林敏明『西田幾多郎の憂鬱』岩波書店，2011，p.200
（16）西田幾多郎「弁証法的一般者としての世界」『西田幾多郎全集』第7巻,岩波書店，1948(1934)，pp.328-329
（17）西田幾多郎「歴史的身体」『西田幾多郎全集』第14巻,岩波書店,1948(1937),p.280

〈□シュタイナーへの道―宮澤賢治の心象スケッチという通路〉
（1） 今井重孝『"シュタイナー"『自由の哲学』入門』イザラ書房，2012

〈第4章　表現領域論：メディアが開く子どもの表現世界〉
（1） 松宮秀治『芸術崇拝の思想―政教分離とヨーロッパの新しい神』白水社，2008
（2） Clark,K., 1979(c1976) *Landscape into Art*, J.Murray. ＝佐々木英也訳『風景画論』筑摩書房，2007
（3） Cobb,E., 1977 *The Ecology of Imagination in Childhood*, Columbia University Press. ＝黒坂三和子・滝川秀子訳『イマジネーションの生態学―子供時代における自然との詩的共感』思索社，1986
（4） Bergson,H., 1932 *Les deux sources de la morale et de la religion*, PUF. ＝森口美都男訳『道徳と宗教の二つの源泉』ⅠⅡ，中央公論社，2003
（5） 岡本太郎『呪術誕生』みすず書房，1998，p.202
（6） Smith,N.R., 1993 *Experience and Art : teaching children to paint*, Teachers College, Columbia University. ＝上野浩道訳『子どもの絵の美学』勁草書房，1996
（7） 上野浩道『日本の美術教育思想』風間書房，2007，pp.92-93
（8） 暮沢剛巳『現代美術のキーワード100』筑摩書房，2009，pp.148-149
（9） 土方定一『日本の近代美術』岩波書店，2010，pp.17-18
（10） 古東哲明『他界からのまなざし―臨生の思想』講談社，2005，p.121

〈第5章　人間関係領域論：子どもが集団遊びのなかで作るメディア〉
（1） 藤本浩之輔「子どもの文化としてのヤンマ釣り」谷川健一編『日本民俗文化資料集成 動植物のフォークロアⅡ』第12巻，三一書房，1993，pp.454-455
（2） Lave,J. and Wenger,E., 1991 *Situated learning : legitimate peripheral participation*, Cambridge University Press. ＝佐伯胖訳『状況に埋め込まれた学習―正統的周辺参加』産業図書，1993
（3） Lave,J. and Wenger,E., 1991 *Situated learning : legitimate peripheral participation*, Cambridge University Press. ＝佐伯胖訳『状況に埋め込まれた学習―正統的周辺参加』産業図書，1993，p.26
（4） Girard,R., 1961 *Mensonge romantique et vérité romanesque*, Éditions Bernard Grasset. ＝古田幸男訳『欲望の現象学―ロマンティークの虚偽とロマネスクの真実』法政大学出版局，1971
（5） Lave,J. and Wenger,E., 1991 *Situated learning : legitimate peripheral participation*,

　　　　Cambridge University Press. =佐伯胖訳『状況に埋め込まれた学習―正統的周辺参加』産業図書, 1993, p.69
（6）松下良平「学ぶことの二つの系譜」佐伯胖監修『「学び」の認知科学事典』大修館書店, 2010
（7）麻生武『ファンタジーと現実』金子書房, 1996, p.115
（8）麻生武「遊び」岡本夏木・高橋恵子・藤永保編集『講座 幼児の生活と教育』第2巻, 岩波書店, 1994, p.81
（9）Opie,I. and Opie,P., 1959 *The Lore and Language of Schoolchildren*, Oxford University Press.
　　Opie,I. and Opie,P., 1969 *Children's Games in Street and Playground*, Oxford University Press.
　　Opie,I. and Opie,P., 1985 *The Singing Games*, Oxford University Press.
（10）Schwartzman,H.B., 1978 *Transformation : The Anthropology of Children's Play*, Plenum Press.
　　Sutton＝Smith,B.A., 1981 *History of Children's Play : New Zealand, 1840-1950*, University of Pennsylvania Press.
（11）Uexküll,J.v., 1921 *Umwelt und Innenwelt der Tiere*, Julius Springer. =前野佳彦訳『動物の環境と内的世界』みすず書房, 2012, pp.330-331（訳文を一部変更している）
（12）Cassirer,E., 1944 *An Essay on Man*, Yale University Press. =宮城音弥訳『人間―シンボルを操るもの』岩波書店, 1997, p.68
（13）Cassirer,E., 1923 *Die Philosophie der Symbolischen Formen*, Bd.Ⅰ. Die Sprache, Bruno Cassirer Verlag. =生松敬三・木田元訳『シンボル形式の哲学』第1巻, 岩波書店, 1989, pp.28-29
（14）三木清『構想力の論理』『三木清全集』第8巻, 岩波書店, 1967（1939-1946）, p.43
（15）田島信元『共同行為としての学習・発達―社会文化的アプローチの視座』金子書房, 2003, p.27
（16）Vygotsky,L.S., 1972 *Voprosy psikhologii*. =柴田義松監訳『心理学の危機』明治図書, 1987, p.52
（17）Vygotsky,L.S., 1972 *Voprosy psikhologii*. =柴田義松監訳『心理学の危機』明治図書, 1987, p.57
（18）Dewey,J., 1916 *Essays in Experimental Logic*, Dover Publications, p.30

〈□遊戯と自由の古典的理解―ホイジンガとカイヨワ〉
（1）Huizinga,J., 1958(1938) *Homo Ludens : Proeve eener bepaling van het spel-element der cultuur*, Tjeenk Willink & Zooon. ＝高橋英夫訳『ホモ・ルーデンス』中央公論社，1973，p.42
（2）Caillois,R., 1958 *Les jeux et les hommes*, Éditions Gallimard. ＝多田道太郎・塚崎幹夫訳『遊びと人間 増補改訂版』講談社，1973，pp.39-40

〈第6章　環境領域論：子どもが動物と出会うことの畏れと喜び〉
（1）Leach,E., 1970 *Lévi-Strauss, Fontana Modern Masters*, Fontana/Collins. ＝吉田禎吾訳『レヴィ＝ストロース』筑摩書房，2000，pp.65-66
（2）Rockwell,D., 1991 *Giving voice to bear : American Indian Myths, Rituals and Images of the Bear*, Roberts Rinehart Publishers. ＝小林正佳訳『クマとアメリカ・インディアンの暮らし』どうぶつ社，2001，pp.104-122
（3）Van del Post,L., 1969(1958) *The Lost World of the Kalahari*, New York：Morrow. ＝佐藤佐智子訳『カラハリの失われた世界』筑摩書房，1993，pp.354-355
（4）Van del Post,L., 1969(1958) *The Lost World of the Kalahari*, New York：Morrow. ＝佐藤佐智子訳『カラハリの失われた世界』筑摩書房，1993，p.374
（5）鎌田東二『宮沢賢治「銀河鉄道の夜」精読』岩波書店，2001
矢野智司『贈与と交換の教育学―漱石、賢治と純粋贈与のレッスン』東京大学出版会，2008
（6）宮澤賢治「やまなし」宮沢清六ほか編『【新】校本 宮澤賢治全集』筑摩書房，第12巻，1995(1923)，p.127
（7）中西悟堂『愛鳥自伝』下巻，平凡社，1993，p.458
（8）矢野智司『動物絵本をめぐる冒険―動物・人間学のレッスン』勁草書房，2002
（9）松尾芭蕉『おくのほそ道』久富哲雄編，講談社，1980(1702)，p.22
（10）矢野智司『自己変容という物語―生成・贈与・教育』金子書房，2000，pp.181-184
（11）矢野智司『動物絵本をめぐる冒険―動物・人間学のレッスン』勁草書房，2002，p.34
（12）矢野智司『贈与と交換の教育学―漱石、賢治と純粋贈与のレッスン』東京大学出版会，2008，pp.120-150
（13）Steiner,R., 1924 *Die Kunst des Erziehens aus dem Erfassen der Menschenwesenheit*, Rudolf Steiner Verlag. ＝西川隆範訳『人間理解からの教育』筑摩書房，2013，pp.79-101

〈□狩猟の享楽と供犠の恍惚〉
（1）Wilson,E.O., 1984, *Biophilia*, Harvard University Press. = 『バイオフィリア―人間と生物の絆』平凡社，1994，p.7
（2）Ortéga y Gassét,J., 1942 *Sobre la caza*. = 西澤龍生訳『狩猟の哲学』吉夏社，2001
（3）柳田國男「後狩詞記」『柳田國男全集』第5巻，筑摩書房，1989(1909)，p.11

〈第3部　子どもの生命変容〉
（1）矢野智司「『子どもの人間学』の新たな転回に向けて―ランゲフェルト・和田の教えへのオマージュ」和田修二・皇紀夫・矢野智司共編著『ランゲフェルト教育学との対話―「子どもの人間学」への応答』玉川大学出版部，2011，
また和田修二『子どもの人間学』第一法規，1982，Langeveld,M.J., 1964 *Studien zur Anthropologie des Kindes*, 2.erweiterte Auflage, Max Niemeyer Verlag. を参照。

〈第7章　生命の子どもとメディア変容〉
（1）片山健『いる子ども』PARCO 出版局，1986
（2）Ariès,Ph., 1960 *L'enfant et la vie familiale sous l'Ancien Régime*, Plon. = 杉山光信・杉山恵美子訳『〈子供〉の誕生―アンシァン・レジーム期の子供と家族生活』みすず書房，1980，pp.1-4
（3）Ariès,Ph., 1960 *L'enfant et la vie familiale sous l'Ancien Régime*, Plon. = 杉山光信・杉山恵美子訳『〈子供〉の誕生―アンシァン・レジーム期の子供と家族生活』みすず書房，1980，pp.56-57
（4）Ariès,Ph., 1960 *L'enfant et la vie familiale sous l'Ancien Régime*, Plon. = 杉山光信・杉山恵美子訳『〈子供〉の誕生―アンシァン・レジーム期の子供と家族生活』みすず書房，1980，p.31
（5）北村三子『青年と近代―青年と青年をめぐる言説の系譜学』世織書房，1998
木村直恵『〈青年〉の誕生』新曜社，1998
三浦雅士『青春の終焉』講談社，2001
矢野智司『贈与と交換の教育学―漱石、賢治と純粋贈与のレッスン』東京大学出版会，2008，pp.303-306，参照。
（6）北村三子『青年と近代―青年と青年をめぐる言説の系譜学』世織書房，1998，p.275
（7）矢野智司『贈与と交換の教育学―漱石、賢治と純粋贈与のレッスン』東京大学出版会，2008，pp.239-243

（8） Postman,N., 1982 *The Disappearence of Childhood*, Dell Publishing Company. ＝小柴一訳『子どもはもういない―教育と文化への警告』新樹社，1985
（9） Schachtel,E.G., 1959 *Metamorphosis：On the Development of Affect, Perception, and Memory*, Basic Books.
（10） 矢野智司『意味が躍動する生とは何か―遊ぶ子どもの人間学』世織書房，2006，pp.32-34
（11） Twain,M., 1993（1876）*The Adventures of Tom Sawyer*, Oxford University Press. ＝大久保康雄訳『トム・ソーヤーの冒険』新潮社，1987，pp.22-23
（12） 矢野智司『子どもという思想』玉川大学出版部，1995，pp.12-31 参照
（13） Fröbel,F., 1826, 1951, *Die Menschenerziehung*, Ausgewählte Schriften, Hrsg. v.E.Hoffmann, Bd.2, Verlag Helmut Küpper vormals Georg Bondi, Godesberg. ＝荒井武訳『人間の教育』上巻，岩波書店，1964，p.117
（14） 矢野智司『子どもという思想』玉川大学出版部，1995，p.88
（15） Geertz,C., 1973 *The Interpretation of Culture*, Basic Books. ＝吉田禎吾ほか訳『文化の解釈学』I，岩波書店，1987，p.10
（16） Benjamin,W., 1962 *Berliner Kindheit um Neunzehnhundert*, Bd.2, der Bibliothek Suhrkamp, Frankfurt：Suhrkamp. ＝久保哲司訳『ベンヤミン・コレクション』第3巻，筑摩書房，1997，p.490
（17） Nabokov,V., 1966 *Speak Memory：A Memoir*, Putnam. ＝大津栄一郎訳『ナボコフ自伝―記憶よ、語れ』晶文社，1979，p.94
（18） Nabokov,V., 1966 *Speak Memory：A Memoir*, Putnam. ＝大津栄一郎訳『ナボコフ自伝―記憶よ、語れ』晶文社，1979，p.107
（19） 矢野智司『意味が躍動する生とは何か―遊ぶ子どもの人間学』世織書房，2006，pp.75-96
（20） 北杜夫『幽霊―或る幼年と青春の物語』新潮社，1965（1954），pp.68-69
（21） 矢野智司「教育人間学が自己変容する『限界への教育学』という運動―語ることの不可能性と可能性」平野正久編『教育人間学の展開』北樹出版，2009
（22） 西田幾多郎「経験科学」『西田幾多郎全集』第9巻，岩波書店，1948（1939），p.300，また前田英樹「ベルクソン哲学の喜び」『思想』第4号，2011，p.159，を参照。
（23） Huizinga,J., 1958（1938）*Homo Ludens：Proeve eener bepaling van het spel-element der cultuur*, Tjeenk Willink & Zooon. ＝高橋英夫訳『ホモ・ルーデンス』中央公論社，1973，p.355，傍点はホイジンガ。
（24） 矢野智司『贈与と交換の教育学―漱石、賢治と純粋贈与のレッスン』東京大学出

版会, 2008, pp.98-193

〈第8章 子どもの悪の体験と自己の変容〉
（1） Dewey,J., 1990(1899) *The School and Society*, The University of Chicago. ＝市村尚久訳『学校と社会・子どもとカリキュラム』講談社, 1998, pp.188-189
（2） Caillois,R., 1958 *Les jeux et les hommes*, Éditions Gallimard. ＝多田道太郎・塚崎幹夫訳『遊びと人間 増補改訂版』講談社, 1973, pp.257-271
（3） Girard,R., 1961 *Mensonge romantique et vérité romanesque*, Éditions Bernard Grasset. ＝古田幸男訳『欲望の現象学――ロマンティークの虚偽とロマネスクの真実』法政大学出版局, 1971
（4） 矢野智司『贈与と交換の教育学――漱石、賢治と純粋贈与のレッスン』東京大学出版会, 2008, pp.51-68
（5） Bataille,G., 1957b *L'erotisme*, Éditions de Minuit. ＝酒井健訳『エロティシズム』筑摩書房, 2004, p.16
（6） Bataille,G., 1957b *L'erotisme*, Éditions de Minuit. ＝酒井健訳『エロティシズム』筑摩書房, 2004, p.360
（7） King,S., 1982 "*The Body,*" *Different Seasons*, vol.1, Kirby McCauley Ltd. ＝山田順子訳『スタンド・バイ・ミー』新潮社, 1987, pp.223-224
（8） Rawlings,M.K., 1938 *The Yearling*. ＝大久保康雄訳『子鹿物語』下巻, 偕成社, 1983, p.288, 括弧内は矢野。
（9） 島尾ミホ『海辺の生と死』中央公論社, 1987, pp.57-58

〈第9章 メディアが開く生命の幼児教育〉
（1） Fröbel,F., 1826, 1951 *Die Menschenerziehung*, Ausgewählte Schriften, Hrsg. v.E.Hoffmann, Bd.2, Verlag Helmut Küpper vormals Georg Bondi, Godesberg. ＝荒井武訳『人間の教育』上巻, 岩波書店, 1964, pp.12-13
（2） 中川李枝子さく・山脇百合子え『なぞなぞえほん 1のまき』福音館, 1988, p.32
（3） Tolkien,J.R.R., 1937 *The Hobbit : or, There and back again*, George Allen & Unwin Ltd. ＝瀬田貞二訳『ホビットの冒険』上巻, 岩波書店, 1979, p.156
（4） Čapek,K., 1929 *Zajradinikův rok*. ＝小松太郎訳『園芸家12カ月』中央公論社, 1975, p.189
（5） 向井周太郎『生とデザイン――かたちの詩学』Ｉ, 中央公論社, 2008, p.132
（6） 矢野智司「人間学――京都学派人間学と日本の教育学との失われた環を求めて」森

田尚人・森田伸子編『教育思想史で読む現代教育』勁草書房，2013，
また教育科学と三木の技術論との関係については，
川津貴司「戦時下における海後勝雄『教育技術論』の対抗的位置」『教育科学研究』
第 24 号，2009，
「モダニズムとしての教育技術論」『教育科学研究』第 25 号，2011，
また服部健二「『歴史的人間学』とその技術論―三木哲学の再検討」木岡伸夫・鈴木貞美編『技術と身体―日本「近代化」の思想』ミネルヴァ書房，2006
(7) 矢野智司『自己変容という物語―生成・贈与・教育』金子書房，2000，pp.40-45
(8) 矢野智司『贈与と交換の教育学―漱石，賢治と純粋贈与のレッスン』東京大学出版会，2008，pp.30-50
(9) 矢野智司『動物絵本をめぐる冒険―動物‐人間学のレッスン』勁草書房，2002
(10) Fröbel,F., 1826, 1951 *Die Menschenerziehung*, Ausgewählte Schriften, Hrsg. v.E.Hoffmann, Bd.2, Verlag Helmut Küpper vormals Georg Bondi, Godesberg. ＝ 荒井武訳『人間の教育』上巻，岩波書店，1964，p.117
(11) 中村滋『フィボナッチ数の小宇宙／フィボナッチ数，リュカ数，黄金分割』日本評論社，2002
Mario,L., 2002, *The Golden Ratio*, Broadway Books. ＝斉藤隆央訳『黄金比はすべてを美しくするか？』早川書房，2005，pp.118-154，
また Doczi,G., 1981, *The Power of Limits* : *Proportional Harmonies in Nature, Art & Architecture*, Shambhala Publications. ＝多木浩二訳『デザインの自然学―自然・芸術・建築におけるプロポーション』青土社，1999，p.11，を参照。

【引用・参考文献 (50音順)】

(本文中の書籍の出版年の表記はいずれも初出時のもので，翻訳の場合も原著の出版年にあわせている)

麻生武「遊び」岡本夏木・高橋恵子・藤永保編集『講座 幼児の生活と教育』第2巻，岩波書店，1994
麻生武『ファンタジーと現実』金子書房，1996
池上俊一『賭博・暴力・社交―遊びからみる中世ヨーロッパ』講談社，1994
石原千秋『秘伝 中学入試国語読解法』新潮社，1999
市川浩『〈身〉の構造―身体論を超えて』青土社，1984
今井重孝『"シュタイナー"『自由の哲学』入門』イザラ書房，2012
今井康雄『メディアの教育学―「教育」の再定義のために』東京大学出版会，2004
今井康雄・田中智志編『キーワード 現代の教育学』東京大学出版会，2009
今井康雄「言語はなぜ教育の問題になるのか」『教育哲学研究』100号記念特別号，2009
今村仁司『仕事』弘文堂，1988
上田閑照『禅仏教―根源的人間』筑摩書房，1973
上田閑照『西田幾多郎を読む』岩波書店，1991
上田閑照『ことばの実存―禅と文学』筑摩書房，1997
上野浩道『日本の美術教育思想』風間書房，2007
鵜野祐介『伝承児童文学と子どものコスモロジー―〈あわい〉との出会いと別れ』昭和堂，2009
岡田温司「美学的カテゴリー論再考」飯田隆ほか編『芸術／創造性の哲学』岩波書店，2008
岡本太郎『呪術誕生』みすず書房，1998
長田弘『深呼吸の必要』晶文社，1984
片山健『いる子ども』PARCO出版局，1986
加藤理編『叢書 児童文化の歴史』全3巻，港の人，2011-2012
加藤秀俊『メディアの発生―聖と俗をむすぶもの』中央公論新社，2009
鎌田東二『宮沢賢治「銀河鉄道の夜」精読』岩波書店，2001
亀山佳明『子どもと悪の人間学―子どもの再発見のために』以文社，2001
河合隼雄『子どもと悪』岩波書店，1997
川崎洋・高階杞一・藤富保男編『スポーツ詩集』花神社，1997
川津貴司「戦時下における海後勝雄『教育技術論』の対抗的位置」『教育科学研究』第

24号，2009
川津貴司「モダニズムとしての教育技術論」『教育科学研究』第25号，2011
北村三子『青年と近代―青年と青年をめぐる言説の系譜学』世織書房，1998
北杜夫『幽霊―或る幼年と青春の物語』新潮社，1965（1954）
木村直恵『〈青年〉の誕生』新曜社，1998
木村敏『新編 分裂病の現象学』筑摩書房，2012
暮沢剛巳『現代美術のキーワード100』筑摩書房，2009
小泉義之『生と病の哲学―生存のポリティカルエコノミー』青土社，2012
高坂正顕『象徴的人間』弘文堂書房，1941
古東哲明『他界からのまなざし―臨生の思想』講談社，2005
小林敏明『西田幾多郎の憂鬱』岩波書店，2011
小松佳代子編『周辺教科の逆襲』叢文社，2012
齋藤孝『声に出して読みたい日本語』草思社，2001
佐伯胖監修・渡部信一編『「学び」の認知科学事典』大修館書店，2010
坂部恵『モデルニテ・バロック―現代精神史序説』哲学書房，2005
作田啓一『生成の社会学をめざして―価値観と性格』有斐閣，1993
佐藤公治『保育の中の発達の姿』萌文書林，2008
佐藤秀夫『ノートや鉛筆が学校を変えた』平凡社，1988
佐藤学・今井康雄編『子どもたちの想像力を育む―アート教育の思想と実践』東京大学出版会，2003
島尾ミホ『海辺の生と死』中央公論社，1987
末木文美士『日本仏教史―思想史としてのアプローチ』新潮社，1996
菅原和孝編『身体化の人類学』世界思想社，2013
鈴木貞美『「生命」で読む日本近代―大正生命主義の誕生と展開』日本放送出版協会，1996
田島信元『共同行為としての学習・発達―社会文化的アプローチの視座』金子書房，2003
田中智志『臨床教育学〈生きる〉を学ぶ』高陵社書店，2012
田中毎実編『教育人間学―臨床と超越』東京大学出版会，2012
田邊元「人間学の立場」『田邊元全集』第4巻，筑摩書房，1931
田守育啓『オノマトペ 擬音語・擬態語を楽しむ』岩波書店，2002
東京都図画工作研究会編『子ども主義宣言―子どもたちのリアルと図工の時間』三晃書房，2007

津守真『子どもの世界をどうみるか―行為とその意味』日本放送出版協会, 1987
床呂郁哉・河合香吏編『ものの人類学』京都大学学術出版会, 2011
鳥山敏子『いのちに触れる―生と性と死の授業』太郎次郎社, 1985
中川素子『スクール・アート―現代美術が開示する学校・教育・社会』水声社, 2012
中川李枝子さく・山脇百合子え『なぞなぞえほん　1のまき』福音館, 1988
中沢新一『ポケットの中の野生』岩波書店, 1997
永野重史編『道徳性の発達と教育―コールバーグ理論の展開』新曜社, 1985
中西悟堂『愛鳥自伝』上下, 平凡社, 1993
永嶺繁敏『雑誌と読者の近代』日本エディタースクール出版部, 1997
中村滋『フィボナッチ数の小宇宙／フィボナッチ数, リュカ数, 黄金分割』日本評論社, 2002
西田幾多郎「私と汝」『西田幾多郎全集』第6巻, 岩波書店, 1948（1932）
西田幾多郎「教育学について」『西田幾多郎全集』第12巻, 岩波書店, 1948（1933）
西田幾多郎「弁証法的一般者としての世界」『西田幾多郎全集』第7巻, 岩波書店, 1948（1934）
西田幾多郎「論理と生命」『西田幾多郎全集』第8巻, 岩波書店, 1948（1936）
西田幾多郎「行為的直観」『西田幾多郎全集』第8巻, 岩波書店, 1948（1937）
西田幾多郎「歴史的身体」『西田幾多郎全集』第14巻, 岩波書店, 1948（1937）
西田幾多郎「人間的存在」『西田幾多郎全集』第9巻, 岩波書店, 1948（1938）
西田幾多郎「経験科学」『西田幾多郎全集』第9巻, 岩波書店, 1948（1939）
西谷修『夜の鼓動にふれる―戦争論講義』東京大学出版会, 1995
新田義弘『現代の問いとしての西田哲学』岩波書店, 1998
野家啓一「歴史の中の身体―西田哲学と現象学」上田閑照編『西田哲学―没後50年記念論文集』創文社, 1994
野家啓一『物語の哲学―柳田國男と歴史の発見』岩波書店, 1996
服部健二「『歴史的人間学』とその技術論―三木哲学の再検討」木岡伸夫・鈴木貞美編『技術と身体―日本「近代化」の思想』ミネルヴァ書房, 2006
浜田寿美男『子どものリアリティ　学校のバーチャリティ』岩波書店, 2005
檜垣立哉『西田幾多郎の生命哲学』講談社, 2011（2005）
檜垣立哉『ヴィータ・テクニカ―生命と技術の哲学』青土社, 2012
土方定一『日本の近代美術』岩波書店, 2010（1966）
藤田省三「或る喪失の経験―隠れん坊の精神史」『精神史的考察―いくつかの断面に即して』所収, 平凡社, 1982

藤本浩之輔「子ども文化の変容にかんする研究—枚方市における天下町人ゲーム十三年間の変容」京都大学教育学部『京都大学教育学部紀要』第29号, 1983
藤本浩之輔「子どもの文化としてのヤンマ釣り」谷川健一編『日本民俗文化資料集成 動植物のフォークロアⅡ』第12巻, 三一書房, 1993
藤本浩之輔編『子どものコスモロジー—教育人類学と子ども文化』人文書院, 1996
古屋恵太「『自然な学び』の論理から『道具主義』は離脱できるか？—現代社会的構成主義への進歩主義教育の遺産」教育思想史学会『近代教育フォーラム』第14巻, 2005
別役実『イーハトーボゆき軽便鉄道』リブロポート, 1990
本田和子『子どもが忌避される時代』新潮社, 2007
前田愛『近代読者の成立』岩波書店, 1993（1973）
前田英樹「ベルクソン哲学の喜び」『思想』第4号, 2011
松尾芭蕉『おくのほそ道』久富哲雄編, 講談社, 1980（1702）
松下良平「学ぶことの二つの系譜」佐伯胖監修『「学び」の認知科学事典』大修館書店, 2010
松宮秀治『芸術崇拝の思想—政教分離とヨーロッパの新しい神』白水社, 2008
まど・みちお『新訂版 まど・みちお全詩集』理論社, 2001
三浦雅士『青春の終焉』講談社, 2001
三木清『構想力の論理』『三木清全集』第8巻, 岩波書店, 1967（1939-1946）
宮澤賢治「雪渡り」宮沢清六ほか編『【新】校本 宮澤賢治全集』筑摩書房, 第12巻, 1995（1921）
宮澤賢治「やまなし」宮沢清六ほか編『【新】校本 宮澤賢治全集』筑摩書房, 第12巻, 1995（1923）
宮澤賢治『注文の多い料理店』宮沢清六ほか編『【新】校本 宮澤賢治全集』筑摩書房, 第12巻, 1995（1924）
向井周太郎『生とデザイン—かたちの詩学』Ⅰ, 中央公論社, 2008
柳田國男「後狩詞記」『柳田國男全集』第5巻, 筑摩書房, 1989（1909）
矢野智司『子どもという思想』玉川大学出版部, 1995
矢野智司『ソクラテスのダブル・バインド—意味生成の教育人間学』世織書房, 1996
矢野智司『自己変容という物語—生成・贈与・教育』金子書房, 2000
矢野智司『動物絵本をめぐる冒険—動物・人間学のレッスン』勁草書房, 2002
矢野智司『意味が躍動する生とは何か—遊ぶ子どもの人間学』世織書房, 2006
矢野智司『贈与と交換の教育学—漱石、賢治と純粋贈与のレッスン』東京大学出版会, 2008

矢野智司「教育人間学が自己変容する『限界への教育学』という運動—語ることの不可能性と可能性」平野正久編『教育人間学の展開』北樹出版，2009

矢野智司「『子どもの人間学』の新たな転回に向けて—ランゲフェルト‐和田の教えへのオマージュ」和田修二・皇紀夫・矢野智司共編著『ランゲフェルト教育学との対話—「子どもの人間学」への応答』玉川大学出版部，2011

矢野智司「生成と発達を実現するメディアとしての身体—西田幾多郎の歴史的身体の概念を手掛かりに」田中毎実編『教育人間学—臨床と超越』東京大学出版会，2012

矢野智司「人間学—京都学派人間学と日本の教育学との失われた環を求めて」森田尚人・森田伸子編『教育思想史で読む現代教育』勁草書房，2013

山名淳『「もじゃぺー」に〈しつけ〉を学ぶ—日常の「文明化」という悩みごと』東京学芸大学出版会，2012

和田修二『子どもの人間学』第一法規，1982

和田修二・皇紀夫・矢野智司共編著『ランゲフェルト教育学との対話—「子どもの人間学」への応答』玉川大学出版部，2011

Agamben,G., 2002 *L'aperto : L'uomo e l'animale*, Bollati Boringhieri. ＝岡田温司・多賀健太郎訳『開かれ—人間と動物』平凡社，2004

Alexander,C., 1965 "A City is not a Tree," *DESIGN*, 206, pp.46-55. ＝押野見邦英訳「都市はツリーではない」上下『デザイン』7・8月号，1967

Alpers,S., 1984 *The art of describing : Dutch art in the seventeenth century*, University of Chicago Press. ＝幸福輝訳『描写の芸術—17世紀のオランダ絵画』ありな書房，1993

Ariès,Ph., 1960 *L'enfant et la vie familiale sous l'Ancien Régime*, Plon. ＝杉山光信・杉山恵美子訳『〈子供〉の誕生—アンシァン・レジーム期の子供と家族生活』みすず書房，1980

Bataille,G., 1957 *La litterature et le mal*, Editions Gallimard. ＝山本功訳『文学と悪』筑摩書房，1998

Bataille,G., 1957 *L'erotisme*, Éditions de Minuit. ＝酒井健訳『エロティシズム』筑摩書房，2004

Bataille,G., 1967(1949) *La part maudite*, Éditions de Minuit. ＝生田耕作訳『呪われた部分』二見書房，1973

Bateson,G., 1972 *Steps to an Ecology of Mind : A Revolutionary Approach to Man's Understanding of Himself*, Ballantine Books. ＝佐藤良明訳『精神の生態学』思索社，1990

Bateson,G., 1979 *Mind and Nature : A Necessary Unity*, Bantam Books. ＝佐藤良明訳『精神と自然―生きた世界の認識論』思索社，1982

Bateson,G., 1991 *A Sacred Unity : Further Steps to an Ecology of Mind*, Donaldson,R.E., ed., A Cornelia & Michael Bessie Book.

Benjamin,W., 1962 *Berliner Kindheit um Neunzehnhundert*, Bd.2. der Bibliothek Suhrkamp, Suhrkamp. ＝久保哲司訳『ベンヤミン・コレクション』第3巻，筑摩書房，1997

Bergson,H., 1932 *Les deux sources de la morale et de la religion*, PUF. ＝森口美都男訳『道徳と宗教の二つの源泉』ⅠⅡ，中央公論社，2003

Burman,E., 2008 *Deconstructing Developmental Psychology*, Routledge. ＝青野篤子・村本邦子監訳『発達心理学の脱構築』ミネルヴァ書房，2012

Caillois,R., 1958 *Les jeux et les hommes*, Éditions Gallimard. ＝多田道太郎・塚崎幹夫訳『遊びと人間 増補改訂版』講談社，1973

Čapek,K., 1929 *Zajradinikův rok*. ＝小松太郎訳『園芸家12カ月』中央公論社，1975

Cassirer,E., 1923 *Die Philosophie der Symbolischen Formen*, Bd.Ⅰ. Die Sprache, Bruno Cassirer Verlag. ＝生松敬三・木田元訳『シンボル形式の哲学』第1巻，岩波書店，1989

Cassirer,E., 1944 *An Essay on Man*, Yale University Press. ＝宮城音弥訳『人間―シンボルを操るもの』岩波書店，1997

Clark,K., 1979(c1976) *Landscape into Art*, J.Murray. ＝佐々木英也訳『風景画論』筑摩書房，2007

Cobb,E., 1977 *The Ecology of Imagination in Childhood*, Columbia University Press. ＝黒坂三和子・滝川秀子訳『イマジネーションの生態学―子供時代における自然との詩的共感』思索社，1986

Cohen,M.N., 1995 *Lewis Carroll : a biography*, A.A.Knopf. ＝高橋康也監訳『ルイス・キャロル伝』上下，河出書房新社，1999

Cole,M., 1996 *Cultural Psychology : A once and future discipline*, The Belknap Press of Harvard University Press. ＝天野清訳『文化心理学―発達・認知・活動への文化‐歴史的アプローチ』新曜社，2002

Deleuze,G. & Guattari,F., 1972 *L'anti Œdipe*, Éditions de Minuit. ＝宇野邦一訳『アンチ・オイディプス―資本主義と分裂症』河出書房新社，2006

Derrida,J., 1989 *Derrida au japon*. ＝高橋允昭編訳『他者の言語―デリダの日本講演』法政大学出版局，1989

Dewey,J., 1990(1899) *The School and Society*, The University of Chicago. ＝市村尚久訳『学校と社会・子どもとカリキュラム』講談社，1998

Dewey,J., 1916 *Essays in Experimental Logic*, Dover Publications.

Doczi,G., 1981 *The Power of Limits : Proportional Harmonies in Nature, Art & Architecture*, Shambhala Publications. ＝多木浩二訳『デザインの自然学―自然・芸術・建築におけるプロポーション』青土社，1999

Erikson,E.H., 1959 *Identity and the life cycle*, Norton. ＝西平直・中島由恵訳『アイデンティティとライフサイクル』誠信書房，2011

de Fontenay,E., 1998 *Le Silence des Bêtes*, Librairie Arthème Foyard. ＝石田和男ほか訳『動物たちの沈黙―《動物性》をめぐる哲学試論』彩流社，2008

Engeström,Y., 1987 *Learning by expanding : an activity-theoretical approach to developmental research*, Helsinki:Orienta-Konsultit. ＝山住勝広ほか訳『拡張による学習―活動理論からのアプローチ』新曜社，1999

Fröbel,F., 1826, 1951, *Die Menschenerziehung*, Ausgewählte Schriften, Hrsg. v.E.Hoffmann, Bd.2, Verlag Helmut Küpper vormals Georg Bondi, Godesberg. ＝荒井武訳『人間の教育』上下，岩波書店，1964

Geertz,C., 1973 *The Interpretation of Culture*, Basic Books. ＝吉田禎吾ほか訳『文化の解釈学』ⅠⅡ，岩波書店，1987

Girard,R., 1961 *Mensonge romantique et vérité romanesque*, Éditions Bernard Grasset. ＝古田幸男訳『欲望の現象学―ロマンティークの虚偽とロマネスクの真実』法政大学出版局，1971

Huizinga,J., 1958(1938) *Homo Ludens : Proeve eener bepaling van het spel-element der cultuur*, Tjeenk Willink & Zooon. ＝高橋英夫訳『ホモ・ルーデンス』中央公論社，1973

Illich,I., 1993 *In the vineyard of the text : a commentary to Hugh's didascalicon*, University of Chicago Press. ＝岡部佳世訳『テクストのぶどう畑で』法政大学出版局，1995

Kant,I., 1968(1790) *Kritik der Urteilskraft*, In:Kants Werke, Akademie Textausgabe V, Berlin. ＝篠田英雄訳『判断力批判』岩波書店，1964

Keller,H., 1954(1902) *The Story of My Life : with her letters (1887-1901), A supplementary account of her education, including passages from the reports and letters of her teacher, Anne Mansfield Sullivan*/by John Albert Macy, Doubleday & Company. ＝川西進訳『ヘレン・ケラー自伝』ぶどう社，1982

King,S., 1982 "The Body," *Different Seasons*, vol.1, Kirby McCauley Ltd. ＝山田順子訳

『スタンド・バイ・ミー』新潮社,1987
Kittler,G., 1986 *Grammophone Film Typewriter*, Brinkmann & Bose Verlag. ＝石光泰夫・石光輝子訳『グラモフォン・フィルム・タイプライター』上下,筑摩書房,2006
Kohlberg,L. & Higgins,A., *Moral Stages and Moral Education*. ＝岩佐信道訳『道徳性の発達と道徳教育―コールバーグ理論の展開と実践』広池学園出版部,1987
Langeveld,M.J., 1944 *Beknopte theoretische paedagogiek*. ＝和田修二訳『理論的教育学』上,未来社,1971
Langeveld,M.J., 1964 *Studien zur Anthropologie des Kindes*, 2.erweiterte Auflage, Max Niemeyer Verlag.
Lave,J. and Wenger,E., 1991 *Situated learning : legitimate peripheral participation*, Cambridge University Press. ＝佐伯胖訳『状況に埋め込まれた学習―正統的周辺参加』産業図書,1993
Leach,E., 1970 *Lévi-Strauss*, Fontana Modern Masters, Fontana/Collins. ＝吉田禎吾訳『レヴィ＝ストロース』筑摩書房,2000
Lewis-Willams,D., 2002, *The Mind in the Cave*, Thames & Hudson. ＝港千尋訳『洞窟のなかの心』講談社,2012
Louv,R., 2005 *Last Child in the Woods : Saving Our Children from Nature-Deficit Disorder*, Algonquin Books of Chapel Hill. ＝春日井晶子訳『あなたの子どもには自然が足りない』早川書房,2006
Mario,L., 2002, *The Golden Ratio*, Broadway Books. ＝斉藤隆央訳『黄金比はすべてを美しくするか？』早川書房,2005
Nabokov,V., 1966 *Speak Memory : A Memoir*, Putnam. ＝大津栄一郎訳『ナボコフ自伝―記憶よ、語れ』晶文社,1979
Opie,I. and Opie,P., 1959 *The Lore and Language of Schoolchildren*, Oxford University Press.
Opie,I. and Opie,P., 1969 *Children's Games in Street and Playground*, Oxford University Press.
Opie,I. and Opie,P., 1985 *The Singing Games*, Oxford University Press.
Ortéga y Gassét,J., 1942 *Sobre la caza*. ＝西澤龍生訳『狩猟の哲学』吉夏社,2001
Postman,N., 1982 *The Disappearance of Childhood*, Dell Publishing Company. ＝小柴一訳『子どもはもういない―教育と文化への警告』新樹社,1985
Rawlings,M.K., 1938 *The Yearling*. ＝大久保康雄訳『子鹿物語』上中下,偕成社,1983
Rockwell,D., 1991 *Giving voice to bear : American Indian Myths, Rituals and Images*

of the Bear, Roberts Rinehart Publishers. ＝小林正佳訳『クマとアメリカ・インディアンの暮らし』どうぶつ社，2001
Schachtel,E.G., 1959 *Metamorphosis : On the Development of Affect, Perception, and Memory*, Basic Books.
Schwartzman,H.B., 1978 *Transformation : The Anthropology of Children's Play*, Plenum Press.
Sendak,M., 1963 *Where the Wild Things Are*, Harper & Row. ＝神宮輝夫訳『かいじゅうたちのいるところ』冨山房，1975
Smith,N.R., 1993 *Experience and Art : teaching children to paint*, Teachers College, Columbia University. ＝上野浩道訳『子どもの絵の美学』勁草書房，1996
Steiner,R., 1924 *Die Kunst des Erziehens aus dem Erfassen der Menschenwesenheit*, Rudolf Steiner Verlag. ＝西川隆範訳『人間理解からの教育』筑摩書房，2013
Sullivan,A.M., 1954(1902) Keller,H.,*The Story of My Life : with her letters (1887-1901), A supplementary account of her education, including passages from the reports and letters of her teacher, Anne Mansfield Sullivan*/by John Albert Macy, Doubleday & Company. ＝槇恭子訳『ヘレン・ケラーはどう教育されたか──サリバン先生の記録』明治図書，1973
Sutton = Smith,B.A., 1981 *History of Children's Play : New Zealand, 1840-1950*, University of Pennsylvania Press.
Tolkien,J.R.R. 1951(1937) *The Hobbit : or, There and back again*, George Allen & Unwin Ltd. ＝瀬田貞二訳『ホビットの冒険』上下，岩波書店，1979
Twain,M., 1993(1876) *The Adventures of Tom Sawyer*, Oxford University Press. ＝大久保康雄訳『トム・ソーヤーの冒険』新潮社，1987
Uexküll,J.v., 1921 *Umwelt und Innenwelt der Tiere*, Julius Springer. ＝前野佳彦訳『動物の環境と内的世界』みすず書房，2012
Uexküll,J.v. & Kriszat,G., 1970(1934) *Streifzüge durch die Umwelten von Tieren und Menschen : Bedeutungslehre*, S.Fischer Verlag. ＝日高敏隆・野田保之訳『生物から見た世界』思索社，1973
Van del Post,L., 1969(1958) *The Lost World of the Kalahari*, Morrow. ＝佐藤佐智子訳『カラハリの失われた世界』筑摩書房，1993
van Manen,M. and Levering,B., 1996 *Childhood's Secrets : Intimacy, Privacy, and the Self Reconsidered*, Teachers College, Columbia University.
Vygotsky,L.S., 1972 *Voprosy psikhologii*. ＝柴田義松監訳『心理学の危機』明治図書，

1987

Wertsch,J.V., 1991 *Voices of the Mind : A Sociocultural Approach to Mediated Action*, Harvard University Press. =田島信元ほか訳『心の声―媒介された行為への社会文化的アプローチ』福村出版，2004

Wilson,E.O., 1984, *Biophilia*, Harvard University Press. =『バイオフィリア―人間と生物の絆』平凡社，1994

Wittgenstein,L., 1984(1953-1958) *Philosophishe Untersuchungen*, Band 1, Suhrkamp Taschenbuch. =藤本隆志訳『哲学探究』『ウィトゲンシュタイン全集』第8巻，大修館書店，1976

【事項索引】

〈ア 行〉

遊び…… 5, 10, 53, 57, 81, 123, 134, 147, 148, 149, 150, 169, 191, 192, 193, 195, 216, 219, 237, 238, 239, 240, 241, 255, 260, 261, 263, 268
遊びの共同体……… 81, 124, 129, 135, 136, 138, 140, 141, 231
厚い記述……… 143, 196, 197, 198
在ることの不思議… 67, 112, 122, 166, 235, 256
異事………………………… 114
イニシエーション……… 108, 212, 230
イニシエーター………… 142
イノセンス…………… 195, 223
イノセント…………… 195, 225
命の教育………… 152, 153, 170
絵本…… 155, 157, 163, 164, 172, 237, 241, 251, 267
エロス……………… 56, 106, 263
エロティシズム…… 54, 214, 221, 222
オノマトペ……… 96, 97, 98, 99, 100, 193
音読………… 21, 85, 99, 101, 189

〈カ 行〉

学習理論…… 14, 24, 25, 37, 47, 48, 49, 58, 60, 82, 136, 137, 146, 234, 257
拡大体験………………… 81, 252
賭けの遊び………… 178, 215, 217, 218, 219
かたち……… 8, 27, 28, 245, 247, 250
鑑賞教育………………… 113
技術…… 37, 39, 41, 43, 44, 45, 46, 47, 48, 49, 52, 55, 56, 74, 84, 107, 117, 137, 142, 143, 155, 234, 245, 270
擬人法…… 89, 90, 105, 156, 163, 164, 246
逆擬人法…………………… 90
偶然の遊び……………… 148
供犠…… 53, 108, 176, 178, 213, 214, 225, 232
経験…………………………… 79
経験 - 発達の次元…… 20, 24, 57, 58, 66, 151, 171, 189, 231, 254, 257, 258, 261, 269
現象学………… 58, 69, 198, 210
子育て支援……………… 270
子育て体験…… 264, 266, 268, 269
子ども集団…… 15, 81, 123, 124, 125, 126, 128, 129, 130, 131, 135, 138, 141, 142, 143, 144, 234, 268
子どもという生の在り方……… 13,

121, 122, 126, 127, 128, 171, 178, 180, 189, 190, 191, 194, 195, 202, 203, 204, 205, 206, 208, 209, 225, 232, 234
子どもの時間……… 164, 190, 194, 202, 225, 269
子どもの哲学……………… 246, 251
子どもの人間学……………… 179
子ども文化………… 123, 124, 126, 127, 128, 129, 131, 135, 141, 142, 143, 144, 268
根源語…………………… 10, 83

〈サ　行〉

最初の先生………………… 263
自己変容…………………… 269
実践共同体……… 39, 47, 48, 49, 136, 137, 138, 139, 140, 141, 262
社会的実践………………… 137
シャーマン………… 158, 159, 160, 161, 162, 163, 173
狩猟………………………… 176
純粋贈与……… 88, 146, 214, 241
純粋な関心…… 91, 121, 191, 205
食育………………………… 172
新教育…………………… 140, 216
心象スケッチ…………… 106, 159
スポーツ…………… 69, 169, 175
生成………… 73, 80, 81, 259, 265
生成としての教育……… 261, 262, 264
生成の体験………………… 267

生成変容…………………… 114
正統的周辺参加……… 48, 136, 137
生の技法…… 105, 153, 161, 172, 252, 265, 268, 269, 270
生の合一…… 242, 243, 251, 252, 254
生の変容…………… 13, 15, 226
生命に触れる…… 11, 12, 13, 15, 16, 68, 121, 152, 164, 169, 170, 200, 207, 211, 226, 227, 229, 230, 234, 253, 255, 256, 258, 269, 270, 271
生命の次元………………… 213
生命論的転回……… 1, 11, 13, 14, 24, 30, 32, 33, 56, 57, 58, 60, 103, 179, 231, 234, 235, 241, 253, 270, 274
セミ・ラティス………… 16, 18, 247
創造的進化……… 12, 50, 52, 60, 245
贈与………… 86, 87, 88, 90, 159, 263, 267, 271
贈与交換…………… 131, 140, 141
ソフィスト………………… 263

〈タ　行〉

体験…… 55, 75, 79, 80, 84, 100, 120, 121, 164, 199, 200, 204, 207, 214, 223, 226, 227, 228, 229, 236, 244, 251, 253, 258, 259, 263, 265
体験‐生成の次元…… 20, 24, 25, 57, 59, 66, 82, 138, 151, 171,

261, 269
脱人間化……… 90, 156, 168, 171, 261, 269
タナトス……………… 57, 106, 263
知覚の経済学………………… 113
知覚の変容…………………… 113
ツリー…………… 16, 18, 21, 247
電子メディア…… 57, 81, 130, 258
道具…… 36, 37, 38, 39, 40, 41, 43, 44, 45, 46, 47, 48, 49, 52, 53, 56, 74, 84, 107, 117, 137, 142, 143, 155, 234, 245, 270
蕩尽…… 114, 193, 213, 219, 240
動物…… 92, 151, 152, 153, 154, 155, 156, 157, 158, 159, 162, 163, 164, 165, 166, 168, 171, 172, 173, 174, 176, 222, 223, 224, 225, 232, 237, 251, 255
動物性……… 158, 162, 163, 225, 260
トーテミズム……………… 154, 157

〈ナ　行〉

内的体験…………………………… 54
二重メディア身体………… 46, 139, 143, 262, 270
人間化…… 28, 36, 89, 106, 156, 163, 168, 171, 178, 261, 269
人間存在論……… 14, 24, 57, 60, 82, 234, 257
人間中心主義…… 50, 52, 81, 89, 90, 102, 105, 106, 120, 163, 164, 167, 179

ノスタルジー………… 81, 194, 202
呪われたもの……………… 214, 219
ノンセンス………………… 56, 93

〈ハ　行〉

バイオフィリア………………… 174
媒介者…………… 46, 47, 49, 143
媒体…………………………… 138, 139
発達としての教育……… 261, 262, 264, 266
発達の論理……… 69, 70, 71, 72, 73, 80, 178, 205, 259, 260, 265
ハビトゥス……………… 58, 137
ファンタジー…… 85, 93, 142, 247
フィボナッチ数列………… 250, 272
深い記述………… 18, 68, 83, 114, 192, 199, 203, 209, 232

〈マ　行〉

ミメーシス………… 116, 191, 223
メタファー……… 244, 245, 246, 247, 249, 251
メディア…… 4, 6, 7, 8, 10, 12, 13, 14, 20, 21, 24, 28, 29, 30, 37, 38, 39, 41, 42, 43, 44, 45, 46, 47, 48, 51, 52, 53, 54, 56, 74, 84, 85, 107, 110, 112, 117, 118, 126, 137, 155, 164, 166, 170, 171, 176, 205, 211, 227, 229, 230, 236, 243, 244, 245, 250, 257, 258, 267
メディア身体…… 14, 15, 60, 178, 234, 250

メディア身体論…… 6, 13, 14, 15, 16, 24, 49, 57, 58, 60, 66, 68, 82, 137, 143, 145, 257
メディアの変容………………… 131
眩暈の遊び………… 148, 178, 217
メンター……… 53, 138, 139, 140, 141
黙読………………… 85, 101, 189
モデル……………… 138, 139, 141
モラルジレンマ……… 91, 92, 93, 95, 102

〈ヤ　行〉

野生の思考………………… 126
遊具………………… 131, 237, 243
有用性……………………… 196
有用性の原理……… 71, 175, 214, 232, 260

溶解体験……… 3, 10, 67, 74, 75, 79, 80, 81, 83, 106, 108, 113, 116, 128, 161, 170, 191, 193, 203, 204, 205, 207, 208, 242, 243, 250, 251, 252, 253, 259, 263, 267
幼小連携……… 12, 67, 143, 236, 239
幼児理解……………………… 179
幼児理解の現象学……… 1, 3, 179, 203, 231
幼稚園教育要領…… 151, 172, 237, 260
欲望模倣……… 138, 139, 220, 221

〈ラ　行〉

ライフサイクル…… 179, 194, 195, 211

【人名索引】

〈ア 行〉

アガンベン（Agamben,G.） …… 31
麻生武……………… 19, 142, 143
アリエス（Ariès,Ph.）………… 181, 182, 185, 186, 187
アリストテレス（Aristoteles）… 39
アルキメデス（Archimedes）
　………………………………… 208
アレグザンダー（Alexander,Ch.）
　………………………………… 16
石原千秋………………………… 94
イニス（Innis,H.A.）………… 187
今井康雄………………………… 20
今村仁司………………………… 83
イリイチ（Illich,I.）…………… 21
ヴァルシナー（Valsiner,J.）… 146
ヴァン・デル・ポスト（Van del Post,L.）………………………… 158
ヴィゴツキー（Vigotsky,L.S.）……
　25, 48, 49, 50, 145, 146
ウィトゲンシュタイン（Wittgenstein,L.）……… 4, 5
ウィルソン（Wilson,E.O.）…… 174
上田閑照………………… 83, 103
上野紀子……………………… 157
ウェンガー（Wenger,E.）…… 48, 49, 136, 137
ウルフ（Woolf,V.）…………… 158
エッツ（Ets,M.H.）……… 89, 157

エリアス（Elias,N.）…… 186, 187
大村百合子…………………… 155
岡本太郎……………………… 114
小崎弘道……………………… 183
長田　弘………………… 78, 79
オーピ夫妻（Opie,I. and Opie,P.）
　………………………………… 144
オルテガ・イ・ガセット（Ortega y Gasset,J.）………………… 175

〈カ 行〉

海後勝雄………………… 58, 254
カイヨワ（Caillois,R.）…… 114, 148, 149, 217
カズオ・イシグロ（Ishiguro Kazuo）
　………………………………… 213
片山　健………………… 1, 19
カッシーラー（Cassirer,E.）………
　144, 145, 146
カンディンスキー（Kandinsky,W.）
　………………… 110, 111, 112
カント（Kant,I.）………… 27, 144
ギアーツ（Geertz,C.）………… 197
北村透谷………………… 183, 184
北村三子……………………… 183
北　杜夫……… 199, 201, 202, 203
キットラー（Kittler,F.）……… 20
城戸幡太郎……………… 58, 254
木村　敏………………… 59, 60
木村素衞……………………… 60

キャロル（Carroll,L.）............... 86
キング（King,S.）............ 212, 224
国木田独歩........................ 183
倉橋惣三.......................... 256
グロース（Groos,K.）............... 149
ゲーテ（Goethe,J.W.v.）............ 212
ゲーレン（Gehlen,A.）.............. 36
ゴッホ（Gogh,V.v.）......... 53, 109
古東哲明.......................... 122
小林敏明.......................... 103
コメニウス（Comenius,J.A.）
.... 249
コールバーグ（Kohlberg,L.）...... 92

〈サ 行〉

齋藤　孝......................... 104
作田啓一............ 10, 81, 243, 252
サットン＝スミス（Sutton=Smith,B.A.）
.... 144
佐藤公治........................... 58
佐藤秀夫................... 117, 118
佐藤　学......................... 140
サン＝テグジュペリ（Saint-Exupéry,A.d.）
.... 213
ジェームズ（James,W.）............. 32
シェリング（Schelling,F.W.J.）
.... 12, 32, 257
島尾敏雄.......................... 228
島尾ミホ.......................... 228
シャトー（Chateau,J.）............ 149
シャハテル（Schachtel,E.G.）
.... 191
シャモワゾー（Chamoiseau,P.）
.... 199
シュタイナー（Steiner,R.）
.... 12, 105, 106, 173, 243
シュワルツマン（Schwartzman,H.B.）
.... 144
ジラール（Girard,R.）...... 50, 138, 139
スティーヴンソン（Stevenson,R.L.）
.... 87
セザンヌ（Cézanne,P.）....... 51, 110
センダック（Sendak,M.）...... 89, 163
ソクラテス（Sokrates）........... 263

〈タ 行〉

高橋由一.......................... 122
田邊　元...... 31, 35, 55, 58, 60, 146
ダリ（Dali,S.）................... 113
チャペック（Čapek,K.）...... 248, 271
デューイ（Dewey,J.）...... 12, 32, 139, 140, 146, 216, 217
デュシャン（Duchamp,M.）
.... 120
デューラー（Dürer,A.）........... 108
デュルケーム（Durkheim,E.）
.... 137
トウェイン（Twain,M.）........... 192
ドゥルーズ＝ガタリ（Deleuze and Guattari）................. 33, 60
徳富蘇峰.......................... 183

ドストエフスキー (Dostoevsky, F. M.) 218, 221
ドーチ (Doczi, G.) 250
鳥山敏子 104, 152
トールキン (Tolkien, J.R.R.) ... 247

〈ナ　行〉

なかえよしを 157
中　勘助 199
中川李枝子 155, 246
中沢新一 144
中西悟堂 161
夏目漱石 221
ナボコフ (Nabokov, V.) 199, 200, 201, 203
西田幾多郎 14, 15, 20, 21, 24, 25, 33, 34, 35, 36, 37, 41, 42, 43, 52, 54, 55, 58, 60, 103, 137, 145, 207, 234, 254, 257
新田義弘 58
ニーチェ (Nietzsche, F.W.) 12, 32, 175, 263

〈ハ　行〉

ハイデガー (Heidegger, M.) 144
パース (Peirce, C.S.) 146
バタイユ (Bataille, G.) 32, 33, 53, 54, 71, 83, 114, 213, 214, 215, 217, 219, 222
バフチン (Bakhtin, M.M.) 145
ハブロック (Havelock, E.A.) 187
バリー (Barrie, J.M.) 87
ピアジェ (Piaget, J.) 116, 145, 178
檜垣立哉 31, 32, 60
ピカソ (Picasso, P.) 51
土方定一 122
ファン=マーネン (van Manen, M.) 210
ファーブル (Fabre, J.H.) 161
フィヒテ (Fichte, J.G.) 60, 105
フェルメール (Vermeer, J.) 122
フォークナー (Faulkner, W.H.) 232
福沢諭吉 186
フーコー (Foucault, M.) 31, 58
藤田省三 11
藤本浩之輔 124, 125, 126, 127, 128, 144
フッサール (Husserl, E.) 58
プルースト (Proust, M.) 202
ブルデュー (Bourdieu, P.) 58, 59, 137
ブルーナ (Bruna, D.) 155
ブレイク (Blake, W.) 195
フレーベル (Fröbel, F.W.A.) 12, 73, 195, 196, 217, 241, 242, 243, 244, 245, 248, 249, 250, 251, 252, 253, 254, 256, 257, 268, 269
フロイト (Freud, S.) 91

ベイトソン（Bateson,G.）… 19, 32
別役 実……………………… 89
ヘミングウェー（Hemingway,E.M.）
　………………………………… 232
ヘリゲル（Herrigel,E.）………… 53
ベルクソン（Bergson,H.）…… 12, 32, 33, 60
ベロニカ（Veronika,M.）…… 157
ベンヤミン（Benjamin,W.）………
　10, 20, 33, 199, 200, 201, 203, 209
ホイジンガ（Huizinga,J.）…… 147, 148, 149, 207
ポストマン（Postman,N.）…… 20, 185, 186, 187, 188, 189
ポター（Potter,B.）…………… 155

〈マ　行〉

マグリット（Magritte,R.）…… 113
マクルーハン（McLuhan,M.）……
　20, 187
松尾芭蕉……………………… 166
マッハ（Mach,E.）…………… 146
まど・みちお…… 76, 77, 79, 83, 114
マルクス（Marx,K.）…… 25, 145, 146
マン（Mann,T.）……………… 212
三木　清…… 20, 27, 28, 58, 145, 254
宮澤賢治…… 15, 87, 88, 89, 99, 100, 102, 104, 105, 106, 114, 159, 160, 161, 172, 173, 199,

209
村上春樹……………………… 221
村野四郎…… 69, 74, 76, 77, 79, 83
メルヴィル（Melville,H.）…… 232
メルロ＝ポンティ（Merleau-Ponty,M.）………………… 58, 59
モース（Mauss,M.）………… 38, 114
モネ（Monet,C.）……………… 109
モンテッソーリ（Montessori,M.）
　………………………………… 12, 243

〈ヤ　行〉

柳田國男……………………… 176
山下徳治……………………… 58, 254
山脇百合子（大村百合子）…… 246
ヤーン（Jahn,F.L.）…………… 73
ユクスキュル（Uexküll,J.v.）………
　14, 27, 50, 112, 144, 145
ユング（Jung,C.G.）…………… 158
吉川英治……………………… 212

〈ラ　行〉

ライプニッツ（Leibniz,G.W.）……
　33
ライル（Ryle,G.）………… 197, 198
ランガー（Langer,S.K.）…… 146
ランゲフェルト（Langeveld,M.J.）
　………………………………… 179, 210
リーチ（Leach,E.）…………… 154
リッケルト（Rickert,H.）……… 31
リルケ（Rilke,R.M.）…… 201, 202
レイブ（Lave,J.）…… 48, 49, 136,

137
レヴィ=ストロース（Lévi-Strauss,C.） ………… 154
レヴィン（Lewin,K.） ………… 60
レーニン（Lenin,V.） ………… 146
ローリングズ（Rawlings,M.K.）
　………………………… 224
ローレンツ（Lorenz,K.Z.）…… 173

〈ワ　行〉

ワーズワース（Wordsworth,W.）
　………………………… 195
ワーチ（Wertsch,J.V.） ……… 145
ワロン（Wallon,H.）……………… 59

初出一覧

　以下にそれぞれの章の初出を明記しておく。その他の章（序章）は新たに書き加えた章である。本書を制作するにあたり，全体の構成を整えるために，初出時の発表論文を大幅に加筆修正している。

序章
　書き下ろし
第1章
　第54回教育哲学会大会（2011年）のシンポジウム「教育はどのように問われるべきか」において，当日資料として配付したもの。
　寺﨑昌男編『教育名言辞典』東京書籍，1999, pp.376-378
第2章
　「非知の体験としての身体運動―生成の教育人間学からの試論」『体育の科学』日本体育学会，第48巻10月号，杏林書院，1998, pp.785-789
第3章
　「子どもの物語はどこから力を得ているのか―宮澤賢治の『雪渡り』におけるオノマトペの力」『別冊　子どもの文化』子どもの文化研究所，第7号，2005, pp.3-14
　「シュタイナーへの道―宮澤賢治の心象スケッチという通路」〈コメンテーター報告〉『近代教育フォーラム』教育思想史学会，第16号，2007, pp.171-172
第4章
　「世界を開くメディアとしての図画・工作―対話をうながす『問いの一撃』はなぜ必要か」『美育文化』美育文化協会，5月号，第59巻3号，2009, pp.13-17
第5章

「文化創造者としての子ども―藤本浩之輔の教育人類学」『臨床教育人間学』京都大学教育学研究科臨床教育学講座，第1号，1999，pp.19-25
「遊びのなかで育つ自主性―『遊び』が子どものなかに育てていたもの」『児童心理』金子書房，第920号，2010，pp.23-28
寺﨑昌男編『教育名言辞典』東京書籍，1999，p.234，pp.237-238

第6章

「命あるものの悦びと畏れ―動物と出会うこと・命を知ること」『学校運営』全国公立学校教頭会編集，第548号，2007，pp.6-10

第7章

「子ども―システムを侵犯する外部としての子ども」今井康雄・田中智志編『キーワード 現代の教育学』東京大学出版会，2009，pp.112-122
「ニール・ポストマン『子どもはもういない―教育と文化への警告』」佐藤学編『ブックガイド 教育本44』平凡社，2001，pp.270-276

第8章

「悪―悪の体験と自己変容」今井康雄・田中智志編『キーワード 現代の教育学』東京大学出版会，2009，pp.163-172

第9章

「幼児教育の独自性はどこにあるのか（1）〜（6）」『幼児の教育』第104巻4号，2005, pp.8-13／第6号, pp.36-41／第8号, pp.24-29／第10号, pp.30-35／第12号, pp.42-47／第105巻2号，2006, pp.8-13
「『子育て体験』の教育人間学的考察」沼田裕之研究代表『地域における子育て体験についての調査研究』（厚生労働省所轄事業：平成13年度児童環境づくり等総合調査研究事業報告書)，2002，pp.11-16（本論は2001年日本教育学会ならびに教育哲学会でのシンポジウムの発表を基に，大幅に書き直したものである。）
その他に「生命性と有能性の教育に向けて」京都大学大学院教育学研究科編『円環する教育のコラボレーション』京都大学大学院教育学研究科，2013，pp.13-26と一部分，重複しているところがある。

13巻の発刊によせて

　「幼児教育 知の探究」シリーズの企画がスタートしてから，ずいぶん多くの時間が流れている。いくつかの巻については，当初の計画よりも大幅にその発刊が遅れてしまった。それにもかかわらず，時に，未読の巻を楽しみにされているという声を寄せていただき，編者としては，うれしくもあり心苦しくもある。

　発刊の遅れの要因の一つは，編者の一人である私の力不足にあるのだが，実は企画当初のわれわれには，予想もつかなかった出来事にいくつも直面しなければならなかったからでもある。特に，この13巻については，われわれにとっては，まったく想定外の現実に向き合うことになってしまった。

　当初，この巻は，東京家政大学短期大学部の佐伯一弥氏に執筆していただく予定で，計画が進められていた。佐伯氏は，保育の実践の場に身を置きつつ，保育という実践とその研究の関係を探り続ける若手研究者のお一人で，この企画に賛同してくださり，意欲的にこの試みに取り組んでくださることになっていた。彼の若々しい感性と鋭い視点で，実践に浮かび上がる「事象そのものへ　Zu den Sachen selbst !」迫っていただけることを期待していた矢先，われわれは佐伯氏の訃報を耳にすることになった。まだまだやりたい仕事や取り組みたい課題，楽しみにされていたご家族との時間があったに違いないと思うと，われわれは言葉を失った。

　本シリーズが，幼児教育という複雑で多様な実践を読み解き，その実践の本質を多角的な視点から探究するための知を提起することにその目的があったため，われわれには，いくつかのこだわりたいタームとアプローチがあった。それらを各巻に散りばめ，シリーズ20巻を構成した次第であるが，その中で，「現象学」はどうしても整理しておきたいアプローチの一つであった。言うまでもないが，幼児教育学は，実践を抜きにして語ることはできない。しかし，この実践は，実に多様で複雑な物語でもある。今ここに生成する生

の物語を語ろうとして，言葉にしようとした途端，その多様で複雑で個別的な営みの前に，再び言葉を失うという循環の中に身を置かざるを得ない営為でもある。われわれが明らかにしたい実践とは何なのか。われわれが捉えたい子どもと教師の間に生成する営みとは何なのか。われわれは，常にその解き難い課題の中に身を置きながら，なお実践という営為を追い続けている。この複雑な実践の知を明らかにするための糸口の一つとして，ぜひとも整理しておきたいアプローチが「現象学」なのである。

　著者を失った13巻をどうするか。欠巻とすることも一つの選択肢としながら，編者であるわれわれと編集者の服部さんとで議論を続けた。そして，最終的には何らかの形で，シリーズを象徴する切り口で論を展開する一冊として発刊することが，われわれの役目でもあると確信するに至った。

　矢野智司氏には，この状況を理解いただいたうえで，われわれの無理な願いを快諾いただいた。われわれは彼の，「教育はどのように問われるべきか」（教育哲学会2012），「子どもの物語はどこから力を得ているのか―宮澤賢治の『雪渡り』におけるオノマトペの力」（子どもの文化研究所2005），『意味が躍動する生とは何か―遊ぶ子どもの人間学―』（世織書房2006），「シュタイナーへの道―宮澤賢治の心象スケッチという通路」（教育思想史学会2007），「世界を開くメディアとしての図画・工作」（美育文化協会2009），「生命性と有用性の教育に向けて」（『円環する教育のコラボレーション』京都大学大学院教育学研究科編2013）など，多数の論文にみる知見の新しさ，鋭さ，そして生命に向ける温かさを読み解いてきた。矢野氏にあらたな幼児理解・人間理解の「現象学」という切り口を示していただき，幼児教育の事象から，子どもという生命世界を論じていただくことになった。

　ここに第13巻が再び輝きを取戻し，読者の皆様にお届けできることになったことを，本当にうれしく思う。大変多忙な研究生活を送っていらっしゃる矢野氏には，依頼から1年の内に完全な原稿として本書をこのように仕上げていただき，心からお礼を申し上げたい。そして多くの方々に，複雑な幼児教育の事象を読み解く「幼児理解の現象学」の知見を自らの実践に重ねてい

ただくことができたら，幼児教育を語る言葉に命を慈しむ深みや広がりが生まれるに違いない。

　最後に，本書を天国の佐伯一弥氏に送りたい。読者の皆様のお手元に無事この巻が届いたことを，きっと誰よりも喜んでいらっしゃることだろう。また二転三転する編集方針の中，揺らがず発刊にこぎ着けていただいた服部直人氏にも深く感謝申しあげたい。

シリーズ編者

〈本巻著者〉　　**矢 野 智 司**（やの　さとじ）

　〈学歴・職歴〉
　　京都大学教育学研究科博士課程（教育学専攻）中退，香川大学教育学部助教授（幼児教育・教育哲学），京都大学教育学部助教授（教育人間学講座），京都大学大学院教育学研究科助教授（臨床教育学講座）を経て，現在，京都大学大学院教育学研究科教授（臨床教育学講座），博士（教育学）。

　〈専門領域等〉　教育人間学
　〈所属学会〉　教育哲学会・教育思想史学会・日本教育学会・関西教育学会
　〈主な著書〉
　　単著に，『子どもという思想』（玉川大学出版部，1995年）／『ソクラテスのダブル・バインド―意味生成の教育人間学』（世織書房，1996年）／『自己変容という物語―生成・贈与・教育』（金子書房，2000年）／『動物絵本をめぐる冒険―動物・人間学のレッスン』（勁草書房，2002年）／『意味が躍動する生とは何か―遊ぶ子どもの人間学』（世織書房，2006年）／『贈与と交換の教育学―漱石，賢治と純粋贈与のレッスン』（東京大学出版会，2008年）

　　編著に，加野芳正との共編著『教育のパラドックス／パラドックスの教育』（東信堂，1994年）／作田啓一・木田元・亀山佳明との共編著『人間学命題集』（新曜社，1998年）／皇紀夫との共編著『日本の教育人間学』（玉川大学出版部，1999年）／亀山佳明・麻生武との共編著『野性の教育をめざして―子どもの社会化から超社会化へ』（新曜社，2000年）／鳶野克己との共編著『物語の臨界―「物語ること」の教育学』（世織書房，2003年）／今井康雄・秋田喜代美・佐藤学・広田照幸との共編『変貌する教育学』（世織書房，2009年）／桑原知子との共編著『臨床の知―臨床心理学と教育人間学からの問い』（創元社，2010年）／和田修二・皇紀夫との共編著『ランゲフェルト教育学との対話―「子どもの人間学」への応答』（玉川大学出版部，2011年）

〈シリーズ〉
〈編　者〉

青木久子
青山学院大学大学院修士課程修了
幼稚園教諭より，東京都教育庁指導部 都立教育研究所統括指導主事，国立音楽大学教授 兼 同附属幼稚園長職等を歴任。
現在，青木幼児教育研究所主宰。

磯部裕子
聖心女子大学文学部教育学科卒業
8年間幼稚園教諭職を経，青山学院大学大学院後期博士課程満期退学。
現在，宮城学院女子大学児童教育学科 教授。

〈装幀〉レフ・デザイン工房

幼児教育 知の探究 13

幼児理解の現象学
メディアが開く子どもの生命世界

2014年3月10日　初版発行 ©
2017年3月30日　初版第2刷

|検印省略| 著　者　矢　野　智　司
発行者　服　部　直　人
発行所　株式会社 萌文書林

〒113-0021　東京都文京区本駒込6-25-6
TEL（03）-3943-0576　FAX（03）-3943-0567
URL:http://www.houbun.com
E-mail:info@houbun.com

落丁・乱丁本はお取替えいたします。
定価はカバーに表示してあります。

印刷／製本　シナノ印刷（株）

ISBN978-4-89347-113-0　C3037